投资的奥妙

做有智慧的证券研究

陈嘉禾 著

中国人民大学出版社
· 北京 ·

投资大概是世界上最难做好的事情之一。在嘉禾看来，无论是谈历史、谈文化、谈战争还是谈古董收藏；无论是在中国文化中上下求索，还是以国际视野睁眼看世界；无论是齐家、治国还是平天下，所有的学问都是相通的，所有的思考和顿悟都于投资有益。这正是查理·芒格所倡导的那种境界。

李剑锋　瑞士盈丰银行全球股票投资负责人、
晨星五星全球基金经理

我认为，一本投资书足够好的评价标准，在于要解答投资的两个最重要的问题：第一，投资者如何打下证券投资的根基；第二，投资者如何建立自己的投资体系。按照这个标准，好书真心不多，而嘉禾这本书很清晰地解答了这两个最重要的问题，因此我向读者朋友们隆重推荐。

王成　陆宝投资董事长

做好投资无疑是困难的。那么多的理论，似是而非还常常相互矛盾。价值评估，看似精确又往往雾里看花。还好，有嘉禾这本书，有理念，有方法，有数据，有案例。仔细阅读，必有所获。

王欢　朱雀基金总经理

投资总归是充满遗憾的，即便如大卫·斯文森、巴菲特等大师，离完美也还差一点点。这一点点中满是遗憾和割舍，也充满了人类把握平衡的智慧。嘉禾的归纳与思考将人类智慧的结晶映射到投资这一复杂的社会行为中，试图为我们找到更成熟的行为方式，我读之，受益匪浅。

于帆　信达国际控股董事会主席、信达澳银基金董事长

我建议大家全部投降，只买指数基金。可是，我知道你无法做到，因为你很喜欢选股的乐趣，享受积极投资的挑战。那么，你最好做点功课。嘉禾的这本书可以帮你分析股市和股票。他是学院派的，不信图表分析，也不迷信。我读了，很受益。

张化桥　中国支付通集团董事长

推荐序（一）

过去 20 年我读了近 2 000 本关于投资的书，我认为，一本投资书足够好的评价标准，在于要解答投资的两个最重要的问题：第一，投资者如何打下证券投资的根基；第二，投资者如何建立自己的投资体系。按照这个标准，好书真心不多，而嘉禾这本书很清晰地解答了这两个最重要的问题，因此我向读者朋友们隆重推荐。

一、如何打下证券投资的根基

这个问题在全书最后一节里才提出来，嘉禾还用了 1 600 多年前苻坚因为根基不稳而迅速失败的案例，生动地告诉读者，“唯有根基牢固者，才能度过这世上的风风雨雨，常盛难衰”。很多读者会说，我们知道这很重要，但是究竟如何打下证券投资的根基？其实，本书就是嘉禾证券投资的基石，这也是我三个月内反复读了三遍的原因。

要想建立证券投资的根基，首先要建立一个知识框架，这个框架大概就是本书的八个部分，包括投资理念、投资态度、投资方法和技巧、建立大局观、具备行业知识、具备公司分析知识、懂得各种资产类型、了解资产管理本身。

说起来不容易，做起来可就更难，让这八个部分的根基丰满起来真不简单。我对本书做了统计，嘉禾至少引用和阅读了 67 本书，主要集中在证券投资研究、中国历史文化和公司行业分析领域。书中研究了 12 个资产类型，包括分级 A、比特币、可转债、房地产等；研究了大大小小 29 个行业的特点和分析方法。不仅研究了具体的行业，比如调味品行业、保险业、证券业等，而且对于能抽象归纳成某一种独特类型的行业也进行了研究，比如竞争性行业、周期性行业、成王败寇型行业、卖铲子行业等，这样读者不仅能学到具体行业分析方法，并且即使看到一个新行业，也可以对其进行归纳，了解其行业属性。书中还多角度探讨了公司研究的方法，比如生意模式分析、企业文化分析等，而仅是对于企业增长的分类分析就有 19 种之多，这对于我这个专门投资成长股的投资者也大有帮助，我已经将其补充到了我们公司的研究清单系统里。细读下来会发现这个根基非常牢固，同时也包含浩繁的内容，这样的研究可是嘉禾在过去不到两年内完成的，因此，没有这样的功夫和努力，证券投资的根基无从建起。

书中的八个部分都是不可或缺的。即使是信奉价值投资理念的大师们，也不是只看公司就够的，毕竟公司是在行业和宏观大势下存在。没有美国的超级大国地位就没有巴菲特，没有这些年中国政治稳定、经济兴盛发展，也就没有此起彼伏的 A 股投资机会。分析公司也不是仅有财务分析就够，还要研究企业文化，要懂生意模式本身，比如一味迎合客户的生意不是好生意。本书中，我印象最深的是明相丙吉在调研民情时，如何抓住大方向、忽略小问题的案例，可以为很多投资者提供借鉴。“在分析企业、调研行业时，我们也需要遵从这样的原则，寻找会影响企业长期发展、竞争力的大原则和大方向，避免因弄懂一些细枝末节的小问题而沾沾自喜”，相当多的投资者迷失在看企业的方方面面，而忽略了最重要的那几个因素。

全书八章内容有机联系在一起，正对应了投资者要建立的根基中，理念、方法和投资结果往往是一脉相承的。就拿嘉禾来说，他有如下的理念：“在社会生活、经济投资等各个领域里，有一种现象叫作‘三不管现象’。简单地说，就是一个事物（往往是新生事物），由于其特殊性，并不明确属于任何一方的既定管辖范围，同时管理这一事物又没有什么好处，所以就出现‘三不管’或者‘多不管’‘没人管’的现象。而这种现象，经常能带来不错的机会”。有这样的理念，就自然会去按照相应的方法找寻对应的投资机会。拿国内的分级基金来说，嘉禾就发现“导致一些分级基金尤其是分级基金A端极度低估的原因之一，是这种产品的‘三不管’……经常导致分级基金没有人看”。这种投资机会在国内投资市场并不罕见。所以，在投资者都去看个股，都去猜指数涨跌的时候，嘉禾在分析行业公司之外，专列一章分析资产类型，就从三不管现象中发现了投资机会。

这本书能让不同读者各取所需，有人会喜欢看书中阐述的结论，有人会喜欢学习书里的方法，有人会喜欢探究书中的理念深度。比如，喜欢结论的，会发现香港中盘股相对机会最大，也可以由此学到嘉禾做出判断的方法，而判断背后是嘉禾很正点的价值投资理念。其实，塑造正确的理念更重要。比如，嘉禾认为，证券研究希望回答的三个问题是“能不能赚钱、能赚多少钱、什么时候赚钱”。大多数人认为什么时候赚钱应该最值得研究，但是嘉禾认为最容易回答的是第一个，能不能赚钱，这个问题可以显著提高投资成功的概率。第二个问题稍难一些，但有经验的投资者能给个大概的范围，可以显著提高投资的赔率。而什么时候赚钱，由于证券市场是个非线性复杂动态系统，这个问题答对的概率太低，围绕这个理念设计投资策略，收益率必然是不确定的。

“理念正确，不怕路远”，嘉禾写书的努力塑造了他的投资根基，读者沿着这条路走，可以少走很多弯路。只要付出相应的努力，假以时日，你也会有很坚实的证券投资根基。

二、如何建立自己的投资体系

因为工作，嘉禾见过太多的投资者，他发现一个有趣的现象，聪明投资者的工作重心，往往放在如何建立一套成熟的投资体系上，要么试图学习那些更好的投资者的体系，要么正在努力建设体系，要么天天想着如何完善体系。而更多的投资者关心的是下个月大盘会往哪里走，龙头板块在哪里，手里的股票能不能涨，什么时候能回本。

依靠体系，可以高效率地发现、评估投资机会。就我的经验来说，体系非机构投资者所独有，我认识的聪明的个人投资者也都有适合自己的一套不断完善的投资体系。一个投资体系首先要解决的问题是如何在海量的数据里筛选出符合自己理念的标的，嘉禾在书中贡献了“股票基本面筛选模型”，其次需要对历史数据进行分析，这需要“单个公司历史数据分析模型”，而这些模型通过一系列简单的 Excel 表格就可以搭建完成。

嘉禾认为，建立一个好的投资体系说起来复杂，实则很简单，就是能够找到一个投资者自认为又好、又便宜、又分散的投资标的。这个好、便宜、分散取决于你如何去定义和理解。举例来说，便宜可以是相对于资产、利润来说更便宜的价格，也可以是相对于现金流、企业发展前景、基金净值来说更便宜的价格。就我个人来说，十几年前，我理解的证券便宜就是市盈率相对于历史和可比公司来说处于低估区间，后来我发现这个估值模型存在很大改进空间，因为它不能解决很多问题，很多结论也显得粗糙。而最近我对便宜的定义，则是一个多变量估值模型，不仅考虑到常规因素，也考虑到了估值的跃迁因素，比如企业战略改变、商业模式变革、竞争优势变化等，同时也考虑了成长股的估值循环，而这两个因素对于成长股投资来说有着更重要的意义。

体系包括模型、标准和条条框框，但它们都不是机械的、呆板的，这种体系的学习也不是完全可复制的，正如书中所说“学我者生，似我者死”。嘉禾的成长也一样，他的投资体系不断迭代，这种迭代往往来自对于体系问题的更深的认识和修正。比如，在前一本书《投资精要》里，嘉禾提到过一个简易的“两低一高模型”选股模型，选择市盈率低、市净率低、股息率高的股票，组成一个组合，在 A 股的历史回测中，能够有不错的超额收益。而在本书“按图索骥：依靠两低一高模型选股可能遇到的问题”一节里，嘉禾进一步展开，提到了这个模型的问题，并进一步改进。

嘉禾的文笔一如既往通俗易懂，引用的案例和故事非常接地气，读者可以从书中每个部分寻找到一些有价值的内容，无论是结论、方法还是理念。但我要再次强调，打下根基和构建体系是每个聪明的投资者孜孜不倦所追求的，这并不容易，需要漫长的时间，需要像嘉禾一样思考和努力。千里之行，始于足下。这本书值得你拥有并精读。

王　成

陆宝投资董事长

推荐序（二）

投资大概是世界上最难做好的事情之一，其挑战性来源于世界本身的复杂性和不确定性。投资者需要在这个充满复杂性和不确定性的世界中不断做出投资决策，以寻求实现超额收益。而支撑决策行为的，归根结底是我们的认知体系。这就意味着，构建并不断完善自己的认知体系，是投资者最重要的修炼。

诺贝尔经济学奖得主、著名心理学家丹尼尔·卡尼曼认为：人类有两套决策机制——系统 1 和系统 2。系统 1 基于直觉、本能、情绪和经验，而系统 2 基于理性思考。在人类的决策机制中，这两个系统都会发挥作用，缺一不可。系统 1 的优点是反应速度快，脑力消耗少，无须意识控制，可以帮助人类在任何情况下做出决策，包括信息不全甚至没有信息的时候。因此，系统 1 在多数时候占据主导地位。但系统 1 的缺点是容易出现各种认知偏见，导致决策失误。系统 2 是基于理性而非直觉的体系，需要有意识地运行，需要保持足够的专注，反复推演比对，才能做出决策。因此，系统 2 决策准确率更高。但同时这也意味着决策时间长，脑力消耗大，所以系统 2 往往在思维过程中比较懒惰，多数时候任由系统 1 摆布，甚至经常沦为系统 1 的说客，用看似理性的外衣包装一个拍脑袋的决定，以美化这个决策的合理性。

如果我们套用卡尼曼的理论，就不难看出，上面我们所说的认知体系的修炼，究其本质，就是对系统 2 的训练。训练的目的是把系统 2 训练激活，让它不再懒惰，在决策中夺回主导地位。就像人的肌肉一样，用进废退，需要去健身房反复高强度锻炼才能让它强壮起来。

但是，练肌肉要讲究方法，不能瞎练，否则很可能造成肌肉拉伤，结果适得其反。同样，认知体系的修炼也需要正确的方式。

投资大师查理·芒格认为，世界上有一些基本的普世智慧（elementary worldly wisdom），来自人类所有的主要学科领域。每个人都应该广泛涉猎和系统学习所有重要的学科，并把这些学科的理论精髓总结成一个个思维模型（mental models）。芒格反复强调，一个人要有多元化思维模型，结合多种模型去认识和理解这个复杂的世界。否则思维太过狭隘，用同一个理论解释所有事情注定是行不通的。芒格所阐述的，正是他心目中的系统 2 的理想结构。这种结构就像我们走进中药铺看到柜台后面的那一排排抽屉，每个抽屉装着一味药，遇到什么症状，打开几个抽屉，几味药一组合，就能够药到病除。如果不管什么病都用同一味药，那恐怕是会出人命的。

大学教育的初衷，本来正是这种跨学科的通才教育。令人惋惜的是，大概是为了追求效率和成本，后来的教育体制把我们限制在各个专业的条条框框中，不同学科老死不相往来。这样构建的认知体系，犹如管中窥豹，必定是片面的、有局限性的。许多经受了学院派训练的经济学家，到现在对有效市场、理性人假设等理论还奉若神明，即便现实世界中反例比比皆是，他们也只是对这些理论修修补补，而不敢越雷池一步。因此，每个投资者构建认知体系的必经之路，就是对自己进行艰苦卓绝的通才教育，打通各个学科，把分散的普世智慧联结起来，形成多元化思维模型。一个优秀的投资者，必定是一个能够横跨所有重要学科的通才。文艺复兴时期的达芬奇，在绘画、音乐、建筑、数学、几何学、解剖学、生理学、动物学、植物学、天文学、气象学、地质学、地理学、物理学、光学、力学、发明、土木工程等领域都有巨大的成就。中国东汉时期的张衡，官至太史令、侍中、尚书，但他同时也是天文学家、地理学家、数学家、科学家、发明家、文学家。当今世界知识爆炸性增长，在如此众多领域成为专家已经极为困难，但这种海纳百川、兼收并蓄的态度，却应该是我们努力的方向。

更有趣的是，当我们用正确的方式反复训练系统 2，量变导致质变的时候，我们会进入更高的一个境界。在这个境界中，基于理性的系统 2 的运作已臻化境，甚至强大到把系统 1 也拉进自己的阵营，成为既高效又准确决策的利器。换句话说，到了这个阶段，理性本身就变成了直觉和本能。这种境界，大概就是投资大师查理・芒格所说的具有了“常识”。跟芒格对过话的人常常会发现，芒格思考速度极快，对于多数问题已经形成了条件反射般、几乎不假思索的准确判断。不可否认，这个境界，需要更加艰苦卓绝的修炼。芒格曾说：“我们在说某个人有常识的时候，我们其实是说，他具备平常人没有的常识。人们都以为具备常识很简单，其实很难。”

当然，大多数人出生、成长、生活的环境相对并不复杂，所从事的行业专业化程度相对也较强，因此他们需要面对的决策数量不多，复杂程度也有限。对于他们，多数时候没有必要也没有动力去完成这样的修炼。

但我依然认为，对自己认知体系的构建，与每个人都息息相关。我长住英国伦敦，有幸亲历英国脱欧全民公投的全过程，对普通民众认知局限性带来的灾难性后果深有感触。在脱欧公投前各方如火如荼的宣传攻势中，有一则标语让我印象尤为深刻："We send the EU £350 million a week.Let's fund our NHS instead. Vote Leave!"（"我们每周送给欧盟 3.5 亿英镑。让我们把这钱花在全民医保上吧。快投脱欧一票！"）当时这句话在各大媒体和大街小巷铺天盖地，可谓深入人心。之所以深入人心，是因为一度让英国人引以为傲的全民医保（NHS），早已年复一年陷入严重的赤字中，令在英国需要排队看病的民众苦不堪言。可想而知，这样一记直击痛点的口号，引起了英国老百姓多少共鸣。但稍微有点经济学常识的人就知道，这句话严重断章取义，误导民众。

首先，给欧盟的 3.5 亿英镑是什么性质、起什么作用，口号撰写者没有交代。如果这笔钱是让欧盟给英国提供服务呢？如果这些服务英国自己提供需要花费 5 亿英镑呢？其次，这 3.5 亿英镑为英国带来的好处是什么，也没有人过问。如果这笔钱给英国带来 10 亿英镑的收入，这还是个赔钱买卖吗？再次，没有人可以保证，这 3.5 亿英镑如果不给欧盟就一定会被用来资助全民医保。如果是英国因此损失了 10 亿英镑的收入，那么 NHS 的赤字只会更大，而不是变小。然而，多数民众是没有能力如此思考的。相反，留欧派的宣传极为理性，摆事实，讲道理，但效果有限。毕竟普通民众是跟着感觉走的，脱欧派极具渲染力的宣传攻势，最终把英国推入了万劫不复的政治灾难。至今，英国脱欧前景依然扑朔迷离，无法预测，给英国社会的方方面面蒙上巨大的阴影。而 NHS 的财政困境也愈演愈烈，飘摇欲坠，医疗人员、设施等各方面经费严重不足，医护人员因为薪资问题屡次罢工，病人平均手术等待时间以数月计。不知道被那传说中 3.5 亿英镑的口号洗脑而投了脱欧票的民众现如今作何感想。

历史上，偏见、误解和片面的认知，屡屡给人类造成无穷的灾难。宗教争端和极端主义政治，都是错误和片面认知的产物。现如今，纵观世界，这些都有复苏和抬头的趋势，令人忧虑。奥勒留在《沉思录》里写到，“我们听到的一切都是一个观点，不是事实。我们看见的一切都是一个视角，不是真相”。世界上又有多少人真的明白这个道理，并有兴趣做出那么一点点努力，去接近“真相”呢。

那么我们应该如何构建这样一个认知体系呢？

首先，我们要态度端正。前提条件是我们必须对世界有无穷的好奇心，对奥勒留所说的世界的“真相”和“事实”要在意。否则，这项艰苦卓绝的旅程恐怕坚持不下来。我们还需要有开放的心态，兼收并蓄各种不同的思维模型。

其次，通过海量的跨学科阅读，掌握各个学科最重要的普世真理，使之成为构建思维模型体系的基石。芒格 90 多岁高龄，依然每周阅读 20 多本书，阅读范围之广，学科之杂，令人赞叹。

再次，我们需要多经历，在各种成功和失败的经历中去检验我们的认知体系，去伪存真。

最后，也是极重要的一个修炼途径，就是向已经建立了认知体系的人学习。这样可以极大提高我们的学习效率，事半功倍。霍华德·马克斯关于周期的论述，瑞·达里欧关于债务周期对人类各种周期的影响的分析，陈雨露老师用金融作为主线串讲的中国和世界历史，都是近年出现的极好的思维框架。我们完全可以搬过来，消化之后，为我所用。

嘉禾正是这样一位良师益友。他是一个爱思考的人，学贯中西，博古通今，在构建自己的认知体系的过程中兢兢业业，且乐在其中。尤其难能可贵的，是他一直致力于把自己的思考和顿悟记录下来，笔耕不辍，每周一篇，从不间断。这才有了他的上一本书《投资精要》和眼前这本《投资的奥妙》。这本书里充满了嘉禾对于投资认知体系中很多关键问题的思考。在嘉禾看来，无论是谈历史、谈文化、谈战争还是谈古董收藏；无论是在中国文化中上下求索，还是以国际视野睁眼看世界；无论是齐家、治国还是平天下，所有的学问都是相通的，所有的思考和顿悟都于投资有益。这正是查理·芒格所倡导的那种境界。

据说伯克希尔选接班人的条件是：第一，独立思考；第二，情绪稳定；第三，对人性和机构的行为特点有敏锐的洞察力。在我看来，这句话描述嘉禾也颇为合适。

祝大家阅读愉快！

李剑锋

瑞士盈丰银行全球股票投资负责人，晨星五星全球基金经理

目录

第一章

究竟什么是价值？

苏轼在《范增论》中有一句千古名言：“增不去，项羽不亡。”熟悉历史的人都知道，对于项羽来说，范增是有巨大价值的。但是，为什么项羽就不能用范增，最后就得把老先生气走呢？究竟项羽是不知道范增的价值，还是知道但不能用，或是两者兼而有之？

今天，摒弃价值投资的投资者们，究竟是不知道价值投资的益处，还是知道了却不能坚持，抑或两者兼而有之？识别什么是价值，知道如何把价值应用在投资中，并且有能力坚守价值，值得每个价值投资者践行。

究竟什么是价值?

"价值投资"这个词，我们聊了很多年。但是，许多人可能没有想过这个问题：究竟什么才是真正的价值？有人说这还不简单，有钱就是价值啊！可是在许多时候，有钱根本不是价值。

中国历史上有个叫邓通的人，是皇帝的宠臣。有一次算命先生告诉皇帝，邓通以后会饿死。皇帝大吃一惊，我这个好朋友命中会饿死？那简单，我是皇帝啊，来来来，邓通我允许你凿山铸钱。也就是说，把一座铜山的开采权以及铸币权（中国古代铸币主要用铜，尤其盛世更是如此，乱世有时候会铸些铁钱或者合金钱之类）都给了邓通。这下你有钱啦，我看算命的说得准不准！

结果呢，邓通后来还是饿死了。

有钱没啥用这个事，在历史上例子不要太多。在迦太基和罗马的战争中，迦太基有钱啊，有钱就可以雇佣军队作战啊。但是雇佣的军队，最后也输给了罗马。中国的南宋王朝，被认为是历史上最有钱的朝代之一，甚至用钱买来几十上百年的太平。但是有什么用呢？最后还是亡于蒙古。IBM 有钱吗？有钱。但是当年怎么就想不起来搞操作系统，结果让比尔·盖茨的微软公司搞，眼睁睁放掉这么大一个市场机会。

同理，有钱不一定是价值，有武力、有权力、有名声、有美色，都不一定是有价值。这正应了一句老话，“运去黄金顽铁色，时来尘土也生辉”。运气不好的时候，一件东西就算再好，都不一定有什么价值。

但是，运气好的时候，你手里的随便什么破烂儿，都特有价值。这就叫“中河失船，一壶千金，贵贱无常，时使物然”，意思就是说，船到河中间突然要沉了，你包包里有两个大可乐瓶，平时卖破烂最多也就两三毛，但这时候抱着能救命啊，就能卖个万八千的。不买我的瓶子没问题，你自己游泳呗。所以，贵贱本无常，只不过是不同的时机所导致罢了。

说到什么叫“最糟糕的东西，也能有大价值”，我觉得最好的一个例子，就是核武器对人类社会的作用。

在核武器刚发明出来并且被美国人扔了两颗到日本以后，人们被这种毁灭性的武器所震撼。核武器对平民和军人无差别的打击，一颗炸弹就可以把一座城市像蚂蚁窝一样抹去的残酷，让人们无法接受。最先揭示核能量公式的阿尔伯特·爱因斯坦，甚至认为当初提倡美国应在纳粹之前研制出核武器，是他一生中最大的错误和遗憾。

从这个角度看，核武器可以说是人类历史上最糟糕的东西之一。但是，恰恰由于核武器的发明，以及之后在冷战中的扩大化，导致在人类历史上，大国之间第一次拥有了彻底毁灭对方的能力。无论是爱好和平的人们，还是向往暴力的人们，都难以接受这种武器带来的同归于尽的结果。

最后，在核力量的制衡下，我们看到了人类历史上从未有过的和平与繁荣。大国之间不再有全面甚至是局部的战争，小国在大国势力范围的划分下，也少有太出格的行动。国家和国家之间的疆域基本稳定，政权的颠覆较之以前少之又少。纵观人类文明史，今天这个世界的繁荣，如人类寿命的长度，社会法制的完善，远远好于历史上任何一个时期。

回到我们最开始提出的那个问题，人人都在谈价值投资，但是究竟什么是价值？我想，真正的答案是，这个世界上没有固定的价值。所谓价值，指的应该是这样一种定义：在当时的社会文化、科学技术、自然资源、政治形态、国际形势等条件下，在最长的可以预见的时间内，可以预测的、最为有用的方面，就是价值。

所以说，价值这个词，看似是一种信仰，是“我这个有价值、你那个没价值”的一种批判，价值投资看起来也是一种特高大上、特有信念的投资方法，但实际上，价值是一个最为世俗、最为实用主义的概念。

正是由于价值并不执着在任何一种事物上，而是基于这个世界上所有事物的综合的、相互的作用，且由于事物都在变化，它们之间的相互关系也在不断变化，因此价值是不断变化的。而价值投资，也是一种最为实用主义的投资方法。它不拘泥于任何一个概念，不断寻找在所有事实上存在的因素下，对投资者最有利的投资方向。

所以，任何拘泥于一种价值而看不到它潜在变化的人，都没有理解价值的真谛。唯有不断审视这个世界、修正自己的人，才能不断发现这个世界上不同的市场、不同的经济领域、不同的资产类别、不同的具体投资标的中，那不断变化的、真正的价值。

从人类演化史说市场情绪化的来源

在资本市场里，所谓情绪化，说白了主要是两个方面：涨了以后兴奋，觉得更容易涨；跌了以后沮丧，觉得还要继续跌。也就是所谓追涨杀跌，买在山上卖在沟里。其实，价格涨了以后东西更贵，因此更难赚钱；跌了以后东西更便宜，因此更容易赚钱，这个道理说起来很多人都懂，但为什么就是控制不住自己呢？

从本质上来说，人类之所以会产生这种情绪化思维，是由我们看待这个世界的根本方法导致的。而这种根本方法，是几百万年以来，人类在和自然界的斗争中学会的。正是这种根本的方法，使人类（以及其他许许多多的动物）能够从蛮荒时代一路走来，繁衍至今。

这里，就让我们仔细分析，这种探索世界的根本方法是什么，它如何产生，以及为什么它并不是最优秀的方法，因此导致许多投资者失败。

对于蛮荒时代的人类（以及动物）来说，他们是绝对无法用今天的科学手段去理解这个世界的。而蛮荒时代的世界是如此不友好（毒蛇猛兽出没，没有什么东西可吃——绝大多数今天我们吃的农作物当年都不长今天这样，风霜雨雪没有房子住，等等），因此，如果当时的人们不能有效地理解这个世界，他们就会被迅速淘汰。

没有复杂的分析手段，可又需要理解世界，怎么办呢？我们的祖先使用了一种简单、有效、低成本的方法：不问道理、不断试错，只要一种行为的短期结果是好的，就将其长期化。

在蛮荒时代，这种不问原理、只问结果的方法收到了很好的效果。一种果子吃下去感觉不错，那么吃得更多一定可以果腹，甚至植物的基因遗传也被这种方法在无意中发现和利用：先民们每次种下最大的果子的果实，就能不断收获更大的果子——今天的绝大多数农作物都是这么搞出来的。

也就是说，蛮荒时代的人们，无法通过原理去理解这个世界（看看当年有多少图腾崇拜，这种情结在今天看来完全不可理喻），这对他们来说太复杂了。所以，人类选择用简单的结果来判断自己的尝试是否正确，而不是真理。也就是说，只要短期有利，就是对的；只要短期有害，就是错的。

相比人类几百万年的进化历程，我们几千年的文明史实在是太短了，短到即使我们已经掌握了一些科学分析手段，能够在一定意义上用原理来分析事物的好坏，但是我们的本能反应、那些存在于我们身体里的各类激素和神经，还是让我们本能地按照祖先使用了几百万年的方法，去判断自己遇到的事物，选择自己的行为。

所以，当面对甜食、酒精时，我们仍然无法控制住自己。当身体过度肥胖需要运动时，我们仍然无法驱使自己动起来。当面对虚伪的美誉时，我们仍然感到高兴。当面对善意的劝诫时，我们仍然感到沮丧。原因无他，几百万年以来，我们习惯了用当时的感觉去评价一种事物的好坏，不习惯从源头上分析事物的本质，仅此而已。

而当投资者面对资本市场时，他们的“分析无力感”是非常明显的：我们怎么能知道一家上市公司到底好不好呢？怎么能知道一家公司到底低估没低估呢？（看看有多少种估值方法，你就会有多少种疑惑。）怎么能知道利率在未来的走向到底是怎样呢？怎么能知道一只基金的管理者到底有没有能力、是否尽责呢？

在面对不确定的资本市场时，投资者心中那使用了几百万年的方法，迅速让它的主人找到了慰藉。只要短期给人带来快乐的上涨，就很容易被认为是好的。反之，下跌让人痛苦，那么就会被人本能地认为是坏的。

于是，人们放弃了追求资产涨跌背后的真理，听从自己的本性，在市场中一路狂奔。而情绪化，也就因此成为资本市场的主旋律，古今中外，概莫能免。

由于资本市场的情绪化本质上是来自人类几百万年来面对世界时所使用的根本方法，因此我们几乎可以预言，只要人类看待世界的根本方法不变，或者说绝大多数人的方法不变（少数聪明人已经开始使用新的方法，但他们是绝对的少数），资本市场的情绪化本质也就不会消失。而我们看到的涨者愈涨、跌者愈跌，也就会一直持续下去。

而这对于价值投资者来说，恰恰是长期收益不竭的源泉。

求木之长者，必固其根本

打开中国地形图，你会发现我们的祖国山峦起伏，除了华北平原、东北平原和长江中下游平原这三大平原以外，就没有多少大片平地。而在中间靠下方的位置，你会找到一块面积不算小的平地，这就是四川盆地，古称蜀。

在上古时代，蜀地还没有今天这么发达。在战国中期，秦惠王在战略选择上遇到一个难题。他既想先伐韩国，控制周王室，“挟天子以令天下”，又想征服位于秦国后下方的蜀地，巩固秦国的国力。但是，先伐韩则怕国力不够，先伐蜀呢，又不忍放弃伐韩、控制周王室这件风光的事情。

于是，他找来大臣张仪、司马错商议。张仪建议先伐韩，韩国临近周王室，那是天下重器所在。一旦控制这个地区，手握九鼎，足以名震天下，“天下莫敢不听，此王业也”。而蜀地偏远穷困，况且离中原太远，拿来也意思不大，“不足以成名”。

司马错却说：“欲富国者，务广其地；欲强兵者；务富其民；欲王者，务博其德。三资者备，而王随之矣。”也就是说，王业这个东西，不是强求能求来的，而是你国家广大、人民众多、政治清明、兵强马壮，然后自然会实现的事情。与其到韩、周的地方，去抢天下人都关注的热点地区，用非常大的力气，招来天下的嫉妒、怨恨与攻击，不如深耕基础，拿下容易搞定的蜀地，把秦国西南方的战略要地巩固扎实，这样国力强劲，自然可以雄踞天下。

秦惠王听从了司马错的建议，举兵伐蜀，十月而取，于是“蜀既属，秦益强富厚，轻诸侯”。秦国的国力从此大增，而且占据了对于最强对手楚国而言的上流位置（古代战争中运输至关重要，因此河流的上流往往意味着更强的运输和补给能力），从此甲于天下诸侯。

从这个历史故事里我们可以看到，秦惠王没有选择最热点、最吸引眼球、名声最大的事情去做，而是选择了相对容易，但是更有助于巩固根基的行动，因而奠定了秦国的百年基业。其实，人心与社会的根本逻辑千年不变，在投资中，我们也经常会面临这样的选择：到底是要做对投资组合的长久价值有利的事情，还是做最热点、最让我们热血沸腾的事情？

举例来说，在 2015 年以小盘股、创业板泡沫为主的 A 股市场结构性泡沫最热火的时候，投资者如果能坚持价值，买入最有价值的公司，好好经营自己的“蜀地”，不去争夺天下最热点的资产，那么在之后的一两年中，虽然市场指数下跌了不少，但是价值股的跌幅却十分有限，有不少甚至在一两年里就创出新高。

又比如说，当投资者在阅读资讯的时候，市场上每天最容易得到的、流传最广的、关注度最高的信息，往往来自新媒体上铺天盖地的热点文章，其次是传统报纸、杂志、电视上的评论观点。至于上市公司的原始公告，恐怕看的人就不是太多，而像沃伦 · 巴菲特、霍华德 · 马克斯、彼得 · 林奇这些投资大师撰写的经验总结，恐怕经常拿出来看看的人就更少。

但是，新媒体上点击上万乃至几十万的文章，往往只是市场情绪的反映，是因为大众对一件事情关注，它才被抛上云霄的，它本身往往只能告诉你现在什么最热门，不能告诉你如何寻找下一个投资机会。因此，这些大家看得最多的东西，往往正是最没有用处的。而原始公告经常是发掘投资机会的绝佳场所，投资经典文集则是投资智慧的最优载体，这二者才是一个优秀投资者真正的“蜀地”。

再比如，在挑选股票时，即使是看基本面的投资者，大多数也都非常关注短期的公司业绩变动，比如签订了大的合同，当期财报增长，公司实行股权激励，等等。殊不知，这些短期的关注点虽然很吸引眼球，常常占据新闻报道的头条，但是和公司的长期价值并没有太大的关系。

而公司的长期价值，往往来自更加基础的东西，比如产品的不可复制性如何、产品对客户的作用和产品价格的比值如何、行业是否存在潜在的技术换代等。只有这些最基础的东西，才会决定公司的长期基本面是否优异。

所以，“求木之长者，必固其根本；欲流之远者，必浚其泉源”（魏征《谏太宗十思疏》）。不管是治理国家、经营企业、投资资本还是修身养性，最重要的不是去争抢最风光、最热点的东西，而是扎牢根基、打好基础，如此，则所求的目标自然会水到渠成。

轻松投资稳赚大钱，是祸非福

人人都喜欢胜利，但是，什么样的胜利才是好的胜利？你也许会觉得这个问题很奇怪，难道还有不好的胜利吗？胜利不是多多益善吗？投资赚钱难道不是越多越好吗？还真不是，有的胜利通向的却是失败，有的盈利通向的却是亏损。这里，就让我们先来看两个战国时期的故事。

两千多年前，战国时的君主魏武侯问自己的大臣李克："请告诉我，吴国为什么灭亡？"李克回答道："骤战而骤胜。""骤"此处作"多次"解。李克的意思就是，吴国屡战屡胜，因此灭亡。

魏武侯感到奇怪，就问："屡战屡胜，这是国家的福气啊，怎么会因此灭亡呢？"可不是吗？想打别人就打，经常打还经常赢，别人都求饶叫你老大，这是好事啊！说吴国因此却灭亡了，逻辑又在哪里呢？

李克回答说，多次作战，这样的国家容易消耗实力，消耗实力老百姓就穷困。同时，多次胜利，君王就会骄傲。以骄傲的君王，指挥穷困的百姓，国家还不灭亡的，天下少见。吴国拖了这么长时间才灭亡，还算是撑得久啊！"骤战则民罢，骤胜则主骄。以骄主使罢民，然而国不亡者，天下少矣。吴之亡尤晚。"

在历史上，魏武侯并不是一个后世评价特别高的君王。他在位期间，屡次对外用兵，消耗国力，看似功劳甚伟，实则虚耗国力。同时，在内政方面，魏武侯比起他的父亲魏文侯也差了很多。魏文侯留下来的战国名臣吴起，就是在魏武侯时期为谗言所害，逃离魏国。李克的这一番话，恐怕正是想劝解魏武侯，不要征伐四方、滥用刀兵吧。

战国时代赵国的创始人赵襄子，就比魏武侯要有智慧得多。有一次，赵襄子派军队攻打翟国，打了个大胜仗，一天攻下两座城池。听到前线传来的捷报时，赵襄子面露忧色。左右的人就问，一天打下两座城池，这是好事啊，但是您却面露忧色，这是为什么呢?

赵襄子说，天下的事情，强极必弱，盛极必衰，今天我赵氏的根基仍然不厚，一天打下两座城池，这难道是要衰弱吗? “江河之大也，不过三日。飘风暴雨，日中不须臾。今赵氏之德行无所积，今一朝两城下，亡其及我乎? ”(《淮南子·道应训》) 孔子听说这件事以后，说道:“赵氏其昌乎! ”忧虑是昌盛的开始，得意欣喜是覆亡的开始，赵氏这是要走上昌盛的道路啊! 之后，赵氏果然从赵襄子一代开始繁盛，最终建立赵国，成为战国七雄之一。

看完这两个故事，读者可曾感慨? 屡战屡胜、一天打下两座城池，听起来是多么美妙的事情啊，这难道不是绝大多数投资者所梦寐以求的状态吗? 轻轻松松做投资、轻轻松松赚大钱，世界上还有比这更让人开心的事情吗? 魏武侯说，“骤战而骤胜”是国家之福，赵襄子的左右说“一朝而两城下，此人之所喜也”，难道许多投资者不正是认为，轻松投资、稳赚大钱，正是投资的最高境界吗?

日常生活中，看看绝大多数推荐投资的人，难道不都是向我们兜售一种“轻松投资、稳赚大钱”的理念吗? 看看下面这些场景，你在生活中曾经遇见过多少?

场景一：只要您购买我们公司的理财，您的钱就会由最专业的人投资到最好的项目上。您不用自己操心，资金就会得到每年 30% 的增值，本金也绝对安全可靠。您可以在投入本金一年以后的任何时间赎回，而如果介绍朋友来投资的话，您还可以获得更多奖励。

场景二：下面我们来介绍一种技术指标，这种指标可以让您从痛苦的股票选择中解脱出来，获得丰厚的收益。只要在股票图形中发现这种指标，那么股票上涨的概率就是100%。想要学会这个指标的具体细节，请致电××××××。

场景三：这家公司虽然你并不了解，但是我跟你讲，他们下一季财报要放一个大招，最近还有若干项目要做，股价也开始走出趋势，还有好几个金主要一起炒作。只要你现在买进去，我保证你轻轻松松稳赚不赔。

这三个场景，你是不是经常会碰到？它们有一个共同点，就是“轻松”，不用什么思考、调研、分析、研究比较，直接把钱投进去就行。这种轻松的投资，通常带来的都是亏损。但是，有时候有些投资者运气特别好，居然在这种投资里也还真能赚到钱。

不过，对于这些轻易投了钱的投资者来说，如果他们真的赚钱了，那么绝对是一件更加糟糕而不是更好的事情。轻轻松松做出的投资决策，其投资的标的往往不是精挑细选出来的，质量会比较糟糕，根本没有给投资者带来长期回报的坚实基础。

而随便听来的建议，就照着投资，居然还赚到了钱，这时候投资者难免心浮气躁。心浮气躁的骄傲状态，会使得投资者进一步扩大投资规模，在不坚实的资产和虚高的利润上，赌上更大的赌注。于是乎，得意的投资者在风雨飘摇的资产上加注，这样还能不亏大钱的，少之又少。

在金融市场上，我们看到惹了最大麻烦的那些历史事件，往往都不是一开始就亏钱，而是一开始赚得很开心，但是实际的底层资产很脆弱，最后大量的赌注在开心的账面浮盈诱导下，压在脆弱的底层资产上。最终，沙地上的大厦轰然倒下，留下一地鸡毛。

这样的例子举不胜举，1998年垮掉的长期资本管理公司（Long-Term Capital Management），在垮台之前，曾经为投资者赚到了非常漂亮的回报。而2006年在天然气期货上巨亏的不凋之花顾问公司（Amaranth Advisors），之前也为投资者赚来了不论回报率还是稳定性都堪称上佳的利润。

霍华德·马克斯在2006年所写的备忘录*Pigweed*中，就曾经对不凋之花顾问公司的案例有过深入分析。至今读来，仍然发人深省："公司在脆弱的资产和投资方法上，赚到了漂亮的收益，让投资者对他们趋之若鹜。大笔资金不断涌入，但却没有几个人仔细分析他们到底是怎么赚到这些钱的。最后，骄傲的基金公司在脆弱的资产上，投下越来越重的赌注，崩盘的到来，也就只剩时间早晚而已。"

在2015年A股市场的杠杆交易中，投资者也正是因为在之前尝到了巨大的甜头，才会借如此巨量的资金炒作股票，甚至把当时的创业板指数炒到150倍市盈率的估值。在2008年的全球金融危机中，也正是之前多年里，基于美国房地产价格的衍生品给投资者带来了唾手可得的easy money（容易赚的钱），才导致衍生品这个沃伦·巴菲特先生所说的"大规模杀伤性武器"（weapons of mass destruction, WMD）增长到了疯狂的地步。结果，随后到来的金融危机，给全世界经济都带来了巨大的损失。

所以说，如果一定要在沙地上盖房子（不盖是上策），还是盖帐篷好，至少砸下来不太疼。“骤战而骤胜”“一朝而两城下”，在两千多年前就是亡国的主因。“轻松投资、稳赚大钱”，在今天又何尝不是许多投资者亏损惨重的根源？

投资决策中的美女衡量法

在乔治·索罗斯写了一大堆关于怎么理解市场的哲学理论以后（很多理论还不是太好懂，不信你去看他写的《开放社会：改革全球资本主义》），有人问索罗斯：“那么请问，你是依据什么来最终判断市场的时机呢？”索罗斯想了半天说：“我要是判断错了的话，我会背疼。直到我改变决策，我的背才会好起来。”

一句听起来好像是玩笑话的“背疼”，道出了投资的一个真谛，那就是综合感觉的重要性。尽管投资中有着成百上千的数据、林林总总的指标，最后起决定作用的却是一个综合的感觉。许多人喜欢执着于其中的一个甚至几个指标，比如某个估值到多少、某个利润率到多少就一定怎样，就难免错过投资的真谛，变成“一叶障目，不见泰山”了。

拿最简单的例子来说，有人喜欢看低估值，比如低市盈率、低市净率、高股息率，但是，低市盈率一定好吗？不一定，说不定这公司今年盈利高，只是因为有一笔不可持续的额外收入。低市净率一定好吗？不一定，说不定这公司只是因为有一堆没用的资产，甚至是会计减值处理不到位的账面资产，比如一大堆虚高的商誉和无形资产。高股息率够好了吧，分到手的真金白银哎，但是在香港市场，我们偶尔也能见到有公司因为业务前景黯淡，干脆把现金分光了事的，甚至有上市公司为了欺骗投资者，故意一边抬高分红一边融资的。这些，明摆着都不能算是好股票的标准。

有人又喜欢看公司的高成长性，仿佛成长性高就一定好、成长性差就一定糟糕（这种现象在2010—2015年间特别普遍）。其实，有时候有的上市公司业绩的成长性来自会计政策的调整造成的一次性成长，有的成长来自没有利润的“赔本赚吆喝”，有的来自海量的广告宣传（同样不赚钱），有的则来自行业最近周期性好转的“一把梭”。而有的公司，尽管有质量优秀的可持续性成长，可是公司的估值又实在太贵，那么好公司也不一定等于好股票（看看美国科技股泡沫中一些公司的例子就知道）。

也有人喜欢看企业在行业中的垄断地位。的确，垄断地位往往意味着更深的企业护城河，但是能够让一家或者几家企业获得垄断地位的市场，常常是比较成熟的市场。而成熟的下一个阶段，经常就是衰退。随着技术的日新月异，成熟市场能够保持不走向衰退的并不太多。想想柯达所处的胶片行业、传统能源行业，都是从成熟慢慢走向衰败的典型。在这种情况下，行业的垄断地位之外，往往孕育着更大的危机。

要是把讨论的范围扩大，甚至用任何标准来衡量股票都不可能放之四海而皆准，因为这个世界上还有很多非股票类资产。美国的股票类著名投资者，也都常常对非股票类资产发表看法：彼得 · 林奇曾经在20世纪80年代的国债大熊市中成功赚了一大笔钱，而沃伦·巴菲特也曾经在2002年的垃圾债市场赚了不少钱。“(那时候)垃圾债的到期收益率有30%的、35%的、40%的。我们是把垃圾债当股票买的。”他的助手查理·芒格这样描述当时的情况，“还没到12个月，垃圾债的收益率就降到了6%。在这12个月里，根本没什么大事发生，价格的变化真让人看不懂。”

那么，为什么又有许多人喜欢看着死板的指标做投资呢？因为我们人类天生没有洞察全局的能力，又渴望确定的感觉。所以，我们经常希望能抓住一些固定的标准，来掩盖我们在试图把握整个世界时所体验到的无能为力。君不见，有人觉得有钱就有了一切，结果为赚钱掏空了身体。有人觉得有权就有了一切，结果为升官赔掉了自己的灵魂。有人觉得有了暴力就有了一切，结果暴力最终带来了法律的制裁。有人认为有了美貌就有了一切，结果美貌吸引来的却是好色的负心人。如此种种，千百年来，周而复始，层出不穷。

所以说，拿一个指标去死板地衡量投资机会，就好像拿一个指标来选择美女一样荒谬：你见过哪个选美大赛，是只衡量一个指标的？体重轻就是美吗？身高高就是美？还是学历高就是美？正确的衡量方法，就如《世界是部金融史》一书在讨论何为世界强国时所说的那样：“评价强国，如同评价美女，虽然没有标准，但一眼望去你就知道。”好的投资，也没有一定的标准，但是在综合了各方面信息以后，加上你充足的经验，那么当一眼望去时，你就应该知道答案。

好得难以置信，往往不是真的好

在收藏家马未都先生的书里，马先生经常提到一个收藏时需要注意的地方，就是常识，或者说平常心，不要瞎想一些概率很低的事情，诸如此类。

比如说，马先生经常碰到别人给他看一个藏品，一看就知道是假的，或者按收藏界比较委婉的说法，不讲“假”字，太直接、不好听，就说这东西不真，或者更委婉一点，说这东西看着比较新。

为什么呢？很多时候不是说从细节上一看就知道是现代造的，而是这东西实在太好了，好到几乎不可能出现在收藏市场上。

比如说，某种玉器全世界只有三件，两件在故宫一件在大英博物馆，放在你面前的是第四件，这有多大可能性呢？

再比如说，某种珍稀瓷器，一个朝代三个版本，前后十五个朝代，结果有个人轻轻松松就在一个商店里看到了四十五个大全套，那么这个大全套是真品的概率又有多大呢？

还有的情况，就是某人跑到乡下很偏的地方，结果正好村民一锹从地里挖出个宝贝，正好这路过的某人就是搞收藏的，正好这宝贝全国已知只有五件，此为价值连城的第六件，正好这种地的村民不懂行只要十万块。这事儿听起来是不错，可是靠谱的概率又是多少呢？

都是资本市场，收藏和证券行业，在这个问题上碰到的情况如出一辙。在证券投资中，我们经常能碰到一些看起来“好得难以置信”的投资机会，给投资者带来优异回报的却寥寥无几。

就拿最近几年经常有投资者赔了本金的一些集资项目来说，每年拿到百分之十几的固定回报，本金安全无忧，还没有长期债券动不动锁定七八年的期限问题，是不是一件很好的事呢？

对比一下，银行利息才两三个百分点，一般不错的上市公司，RoE（净资产回报率）也就十来个百分点，还得忍受估值上下波动的风险，相比之下，每年百分之十几的固定收益简直太好了，对不对？

问题是，这么好的项目，为什么没有人竞争加入呢？为什么那么多的社会资本都不去追逐这么优异的机会呢？这么高的融资成本，究竟由谁在付出呢？他们得赚多少钱才能负担这成本呢？这么好的机会，怎么就突然轮到兜里只有十几万元的市民了呢？这么一想，这看起来很好的项目，突然就变得值得怀疑起来。

我们再看有些对企业的分析，动不动就说，全国有近 14 亿人口，只要这个企业能拿下其中百分之几的市场，每年的销售收入就有多少多少，利润就有多少多少，所以虽然现在公司估值很高（一般这种分析针对的企业，估值还都不低），但是不要紧，和广阔的未来比起来，这个估值一点都不高。

问题是，全国有那么多省份，从塞北雪飘到岭南风光，怎么大家就一起看上一家公司的产品了呢？这么高的利润率，怎么就没人眼红呢？这么好的市场，会有多少人盯着加入呢？这门槛真的有那么高吗？这些问题一想，这全国百分之几的人口等于一个多大的市场，顿时就变得模糊起来。

还有一种类似的情况，企业开发了一种新产品，可以弥补某个市场缺陷，似乎也能赚多少多少钱。问题是，企业长期利润的最重要来源，其实并不是开发新的产品，因为竞争对手也能模仿，做出大差不差的产品。问题的关键是，一个企业能不能在长期保持某种意义上的竞争、盈利优势。如果能，那么哪怕这个公司是做麦片的，盈利能力都不会太差。反之，企业的盈利情况就不一定像新产品本身表现得那么酷炫了。

话说回来，一种资产的估值低特别是极度的低，往往是看起来好实际上也确实好的东西（比如 2014 年只有几倍 PE 的 A 股蓝筹股）。

问题是，大多数人都没法发现这种真的好东西。低估值必然伴随市场行情的冷淡，也就必然伴随舆论的漠视或者贬低：你什么时候见过长期占据舆论头条的资产估值很低过？伴随着社会大众的漠视和贬低，低估值——这种真正的优秀投资，也就很难被一般投资者所享受了。

看基本面做投资，不是等基本面好转再做投资

价值投资的核心逻辑，就是基于基本面做投资决策。但是，许多人把看基本面做投资错误地理解成了“看到基本面好转再做投资”，这其实偏离了价值投资的本质。

这种错误的理解，主要出于人类固有的知识储备不足、恐惧和从众心理。由于现实社会过于复杂，因此在面对绝大多数投资机会的时候，绝大多数投资者都没有足够的知识储备。他们并不了解自

己面对的投资产品和投资环境究竟是怎样的情况，会向哪个方向发展，在投资之后究竟是会亏钱还是赚钱。

由于这种不确定性，绝大多数投资者在投资的时候，天生是恐惧的。而消除这种恐惧的方法，就是从众。大家怎么做，我就怎么做。市场已经发生了什么，我再做出相应的决策。

这种方法其实不太赚钱，但是心里感觉却好得多。对于绝大多数人来说，做"感觉舒服的事情"，比做"实际正确的事情"，要容易太多太多。

与这种状态相反的一个极端例子，是从地上捡起来掉落的钱。在这个极端例子中，投资者有足够的认知，完全了解自己在做什么，以及这样做的结果（就是从地上捡张钱而已，一不偷二不抢，能有什么风险，而且钱就放在那里）。所以，人们在从地上捡钱的时候，一点都不恐慌、不焦虑，也绝对不从众。

对于价值投资来说，尽管其核心的精髓是把投资建立在价值基础之上，但是这绝不等于"看到基本面好转了再投资"，或者是"只投资基本面没有问题的产品"。要知道，当基本面开始好转或者一直没有问题的时候，投资者一定得付出一个不太理想的价格。

在华尔街有一句话，"buy on the rumour, sell on the fact"，意思就是说，在有谣言的时候买入，等谣言变成事实的时候卖出。为什么呢？就是因为在谣言变成事实时，所有人都知道事情就是这样了，市场价格就已经充分反映了所有的基本面情况。这时候再买入，是没有便宜可以赚的。

在最近几年，随着高铁的开通，许多高铁到达的地方，房价都出现上涨。但是，由于高铁开通是一个缓慢的过程，人们往往能提前几年就知道，因此我们就经常能看到，高铁开通以前一直传闻房价上涨，真正开通以后反而涨不了多少钱，交投也十分冷淡。

再比如，最近热议的中美贸易战，让许多投资者不敢投资。一问对市场的看法，大家都说，贸易战还不知道怎样呢，现在不敢投资。可是，那应该什么时候投资呢？等贸易战打完吗？如果贸易战都打完了，你知道别人也知道，那时候你还指望市场是这个价格吗？

说到 2018 年的 A 股市场，实际上跌幅已经非常之大。截至本周五（2018 年 8 月 17 日），今年上证综合指数已经下跌了 19.3%。从 1990 年至今，只有 4 个年份的跌幅大于今年，分别是 1994 年的 22.3%、2001 年的 20.6%、2008 年的 65.4% 和 2011 年的 21.7%。而其中的 1994 年、2001 年和 2011 年，跌幅已经和今年上证综指的跌幅基本相等。同时，以上 4 个年份，无一不是大牛市之后的下跌，而 2015 到 2017 年其实算不上什么牛市。尽管现在有一些中小市值的公司，估值仍然不算太便宜，但是 A 股市场如此的整体跌幅和估值（其实港股也一样），已经让投资者能挖掘到不少又好又便宜的投资标的，或者一些坚守价值投资的聪明的基金。

这就好比在 2014 年市场最低迷的夏天，专业投资者大都知道 A 股证券行业股价低估，也都知道只要市场牛市到来，按证券行业的业绩高弹性、估值高弹性，容易带来一个戴维斯双击（指在行业景气时期，股票估值和基本面同时上涨，两者相乘带来价格大涨的现象）。问题是，在当时，没有人知道什么时候牛市会来。几乎所有人都在说，等牛市来的时候，我再买证券行业的股票不迟。

问题是，牛市哪天来，和你家门口超市哪天打折，不是一样的事情。牛市来的时候，不会有海报公布，也不会有人讲一个具体的日子，更没有特定的指标。通常我们在几年以后回过头来，才能说，上一次牛市从某年某月某日开始。而在当时，人们并不知道这次市场的上涨到底是一个牛市，还是只是一次波动。

所以，当 2014 年市场开始上涨的时候，上证综合指数从 2 000 点涨到 2 300 点算是牛市吗？ 300 点好像不能算，而且这 300 点上涨得很慢。那再等等，再涨 300 点算是牛市吗？似乎也不能算，600 点也不算太多，市场热情也仍然很一般，何况万一只是市场波动上来，那么波动回 2 000 点，就要赔掉不少钱。那再涨 300 点呢？到底什么时候算牛市呢？而如果在 2014 年一定要等到牛市“确认”才动手买股票，投资者就会面临一个尴尬的事情，2014 年证券行业股票的上涨时间只有大概两个月，股价却上涨了 200%。

这种绝大多数人都认为自己能判断牛市，能等到“基本面好转再下注”，实际上却无力判断基本面的情况，和 20 世纪 80 年代英国政治喜剧《是，首相》(Yes, Prime Minister) 里的一个片段十分相似。

在该剧以冷战时代为背景的一集里，英国首相表示现在我们有核潜艇了，所以可以大量裁撤传统陆军，苏联人打过来我们发射核弹就完事了。陆军大臣却说，不能裁减传统陆军，苏联人不会真的“打过来”，他们会采取一片片慢慢切的方法 (slice by slice)。

陆军大臣说，如果现在联邦德国有暴乱，烧了一些楼，民主德国的消防队员过来救火，首相你能按核按钮吗？民主德国的警察也过来帮忙维持秩序，顺便过来几个民主德国士兵，只是为了帮助维持社会稳定，你能按核按钮吗？现在民主德国的士兵换防回去，苏联士兵过来帮忙顶替，你能按按钮吗？然后苏联士兵不走了，他们说当地需要他们帮助建设民用设施，你按按钮吗？慢慢地苏联军队用这种方法待在了比利时、荷兰然后是法国，过程都一样，你也不能按核按钮吧？那你打算什么时候按核按钮呢，等苏联士兵到伦敦的时候吗？你的核按钮永远没有能按的时候，你还是需要传统陆军。

所以，那些一定要等到基本面改善才投资的投资者，就像《是，首相》里的首相一样，天真地认为投资像“等信号枪响了就起跑”“苏联人敢入侵我就按核按钮”那样简单。其实在这个复杂的世界上，要么根本就没有信号枪，要么等信号枪真响了你才发现，比赛早已开始多时。

别再寻找股价催化剂了！

催化剂，英文 catalyst，大概是绝大多数做证券研究的人最喜欢寻找的东西。对于买方来说，找到催化剂似乎就意味着可以熬过漫长的等待与煎熬，不再受短期考核压迫。对于卖方，找到催化剂则意味着吸引全市场的注意力，瞬间蹿红。毕竟，谁不喜欢马上就涨的东西呢？

问题是，催化剂的不靠谱程度，超过绝大多数人的想象。而催化剂的实际意义，其实没有多大。

从证券研究希望回答的三个问题来说，即“能不能赚钱，能赚多少钱，什么时候赚钱”，最容易回答的是第一个，能不能赚钱。第二个问题稍难一些，但有经验的投资者能给个可能非常宽泛的范围。比如这个股票应该能大赚，最后有可能赚到 3 倍，也可能只赚 30%，但总比债券一年 5% 要强。

而催化剂试图解决的，是第三个问题，什么时候赚钱。由于市场复杂，这个问题受到太多因素的影响，因此也就极难确定。

打个简单的比方，一个大学生勤奋踏实、作风正派、聪明有思想，那么我们几乎可以肯定他以后会发展得不错，可是他究竟什么时候、由于什么原因，会达到事业的爆发点？

在实际的资本市场举例中，我们可以看到，很多次大行情，其真正的催化剂几乎没几个人能事先预测到。比如，2013 年秋天的债券市场大底，主要由钱荒导致，而钱荒这个问题，在之前几乎没有被人提及。

2014 年 11 月的 A 股市场大涨则更为奇特。这一波大涨以蓝筹股尤其是银行板块打头，很多股票短短一两个月就上涨 50% 甚至更多，而仅仅在行情启动前夕，中国人民银行进行了不对称降息，即基准贷款利率降得多、基准存款利率降得少（还允许一定程度的上浮）。

不对称降息明明是一个利空银行的消息，因为息差必然因此收窄。那么，我们能说它是银行股价上涨的催化剂吗？可是银行股价确实上涨了，背后的因素来自更强大的情绪推动。

由此可见，判断催化剂最难的地方就在于，影响每一件事情的原因往往有很多种。而你在事前几乎不知道在什么时候哪种力量能够起多大的作用。

催化剂判断如此之难，以至于有经验的投资者往往不会对预测它抱太大的期望。霍华德·马克斯在笔记中就曾直言不讳，他判断市场时点往往不是太准。

不过，对于成功的投资者来说，催化剂其实根本不重要。否则，霍华德又怎么能成为如此成功的投资者呢?

瓦罐不离井上破，将军难免阵前亡。也就是说，瓦罐什么时候破不好说，放在井上用，总是会破的。将军什么时候倒霉也不好说，仗打得多了，总是容易阵亡的。“井上”“阵前”，才是问题的关键。

举个简单的例子，一个人天天喝酒抽烟不运动爱吃油腻，那么对于他的健康来说，是最后发病时的病因重要呢，还是之前的生活习惯重要?我们分析清楚最后的病因，他就不会生病了吗?如果没有不良的作息习惯，我们又有必要分析病因吗?

如果一只股票，增长慢、护城河差、产品过时、管理团队不敬业、估值很贵，那么我们有必要判断它的股价什么时候会跌吗?而如果有一种每张售价1元，却有0.01%的概率能中100万元的彩票，我们又有必要判断买哪张能赚钱吗?

在2008年的全球金融危机中，美国市场跌得惨烈凶猛、鬼哭狼嚎。但是，在危机发酵到最猛烈的时候，沃伦·巴菲特却开始抄底，并写下了一篇短文《我正在买入美国》(“Buy America, I am”)。

巴菲特是看到股价上涨的催化剂才买入的吗？并不是，他看到的是美国经济的长期活力和证券的低估。至于催化剂这种东西，在股神眼中，如浮云耳。

三千年前，武王伐纣，匡定天下，太公、伯禽分别被派往齐、鲁建立诸侯国。太公五个月就立国完毕，回报周公，而伯禽花了三年。周公问你们怎么一个这么快、一个这么慢？太公回答，我“简其君臣礼，从其俗为也”，所以快，而伯禽说自己“变其俗，革其礼”，所以慢（出自《史记·鲁周公世家》）。

周公听罢，慨然感叹道，为政之要，在于简单易行、顺应人心。齐鲁之差别，将来必判若云泥，“鲁后世其北面事齐矣”。结果，数百年之后，齐国果然成为鲁国上流，至今我们仍称山东一带为齐鲁，而不是鲁齐。

那么，聪明的读者，请你告诉我，周公在几百年前看到的，究竟是催化剂呢，还是基本面呢？而一个几百年都没有改变的基本面，是不是比那些催化剂，比如“齐国这个将军很能打”“这个齐王很聪明”，来得重要一些呢？

鲁公伯禽之初受封之鲁，三年而后报政周公。周公曰：何迟也？伯禽曰：变其俗，革其礼，丧三年然后除之，故迟。

太公亦封于齐，五月而报政周公。周公曰：何疾也？曰：吾简其君臣礼，从其俗为也。

及后闻伯禽报政迟，乃叹曰：呜呼，鲁后世其北面事齐矣！夫政不简不易，民不有近；平易近民，民必归之。（《史

记·鲁周公世家》)

中国西北地区两场战争对投资的启示

战争作为人类利益冲突的矛盾中心，无论从人文智慧到科技发展，从来都展示了人类最高的技术水平。而投资，作为市场经济的核心，也往往成为社会活动的重中之重。君不见，各个基金公司、证券公司雇佣的大学生，学历在全社会都是首屈一指的。

这里，就让我们来看两个历史上也许不太有名，但是却很有启发性的战争案例及其中体现的智慧。这两场战争，都发生在中国的西北。有意思的是，在投资中我们也可以找到这些智慧的身影。

《三国志·武帝纪》记载，曹操讨伐马超时，与马超在渭水相拒，马超的援军源源不断地从关中赶来。每来一支军队，曹操都会面露喜色。战胜马超以后，曹操的将军们很不解，就问曹操：为什么敌人越来越多，你却越来越高兴呢?

曹操答，关中地势辽阔、路途遥远，如果这些军队不来增援，各自在自己的地盘凭险固守，那么我们打败马超以后要想将他们一一歼灭，起码得花一两年。今天他们一起聚在此处，互相之间协调不一，我们一举歼灭之，事半功倍，所以我很高兴。

可以看到，曹操这位被诸葛亮称为“用兵仿佛孙吴”（像孙子吴起一样，语出《出师表》）的军事天才，在看到对自己不利的形势时，并不情绪用事，反而能发现危中之机，一战大胜。

在投资中，我们经常能看到投资者对市场的下跌忧心不已。在熊市的时候，电视报纸上总是一派悲观情绪，大家都很不开心。可是，一些著名的价值投资者，尽管自己也有持仓，也在亏一些钱，却往往是越跌越高兴。

原因很简单，东西便宜了嘛。本来好公司价格贵，确定性一半对一半，要赚钱好费力。现在呢，好东西白菜价，一打一个准。由此观之，曹操是敌人越多越高兴，好的价值投资者是越亏钱越高兴，真有异曲同工之妙。

另一场战争也发生在中国的西北地区，记载在《中国历代战争史》一书中，说的是左宗棠收复新疆。清朝光绪元年，左宗棠被任命为钦差大臣，着手收复叛乱的新疆。

同曹操一样，聪明的左宗棠意识到了新疆的土地辽阔、军队补给困难，一个在前线作战的士兵往往需要十个人做后勤保障，这也是历史上在新疆展开的战争往往给国家带来巨大财政压力的原因。

由此，左宗棠制定了“缓进、急战”的作战理念，即利用大量时间准备后援，然后选择最精锐的少数士兵，突然出击、迅速进军、一战溃敌。这样，他不仅可以把己方的战争消耗降到最低，避免陷入长期消耗战、补给战的泥潭，也可以用最精锐的军队给对手最致命的打击，避免陷入长期的追击战中。

结果，战争最终在1876年4月打响，1878年1月即告结束，清军大获全胜，历时仅仅两年不到。在当年人靠腿走、粮靠马拉，新疆又路远千里的情况下，简直可以称得上闪电战。相比之下，乾隆皇帝集举国之力打了三十年最后才惨胜的大小金川之战，相形见绌。

回到投资里，有多少人在面对大千世界中眼花缭乱、林林总总几千几万个公开交易产品时，这里也投一下、那里也投一下，最后陷入这里亏一点、那里赚一点，加起来好一年坏一年平平淡淡又一年的尴尬中？那些优秀的投资者，往往在平时能按兵不动，仔仔细细准备，在真正看到又好又便宜的机会时，却能够果断出击、重仓交易，一战大胜。

不过，历史上毕竟没有多少个曹操、左宗棠，资本市场里也没有太多真正优秀的投资者。这，也许又是历史有趣的巧合之处吧。

第二章

有智慧的研究态度

《孙子兵法》有云：“多算胜，少算不胜，而况于无算乎？”意思是说，胜利的来源在于精妙思考与规划。在一些人看来，投资是非常刺激的，每次下赌注，往往都伴随着肾上腺素的飙升。但是实际上，投资是一件最需要冷静的事情。用冷静的心智，匹配上精妙的研究，能让你无往不利。

纪念一个不再更新的指数

花开花落，月圆月缺，天下之事从来分合无常，盛衰不定。最近，我发现一个十分有意义的指数，在发布了将近 20 年以后却不再更新了。想到这样有意义的指数以后无法再查阅、无法再提醒投资者们应当如何投资，惋惜之余，就打算写一篇小文章，以资纪念（本文成文于 2017 年 6 月 10 日）。

这个指数，就是申万活跃股指数，代码 801862。该指数基期设定于 1999 年 12 月 31 日，起始点位 1 000 点。根据公告，自 2017 年 1 月 20 日收盘后，该指数不再更新。（听说通达信里也有一个活跃股指数，亏得也只剩几十点了，但还在更新。我曾在通达信中查询，可惜没有找到，读者可以自己尝试一下。）

活跃股指数编制的意义，就是假设投资者一直投资于 A 股市场最活跃的股票，最终看看能取得怎样的回报。其基本编制规则，是选取周换手率最高的前 100 家公司，计算其涨跌幅，然后每周轮换股票。也就是说，假设投资者一直买入交易最活跃的 100 个股票，并按周更新。

结果，这个指数在发布 18 年以后的 2017 年 1 月 20 日，报收于 10.11 点。是的，你没看错，从 1 000 点跌到 10.11 点而不是 1 011 点，下跌幅度 99%。而且，这还没考虑调仓中可能产生的冲击成本和交易费用。

所以，如果有这样一个投资者，在这 18 年之中孜孜不倦地持续买入 A 股交易最活跃的股票，那么他可以亏得几乎一分钱不剩。这就是申万活跃股指数给我们带来的启示。

其实，这个活跃股指数属于申万风格指数族，而风格指数包含了其他指数。就其他指数来说，从 1999 年 12 月 31 日的 1 000 点至今，表现最好的是低价股指数，2017 年 6 月 9 日（下同）收于 9 175 点，其次则是低市盈率和低市净率指数，分别收于 6 671 点和 6 305 点。而表现最差的，则恰恰是高市盈率指数、高市净率指数，分别收于 1 036 点和 1 314 点。当然，如果活跃股指数还在的话，那么它会以 10 点左右，妥妥排在倒数第一。

这样的分布几乎完美展示了价值投资的魅力，以及不按价值投资所带来的问题。从 1999 年 12 月 31 日到 2017 年 6 月 9 日，上证综合指数从 1 366 点上涨到 3 158 点，涨幅 131%，而低市盈率和低市净率指数分别涨了 567% 和 630%。

而且，大凡懂得价值投资的投资者一定会知道，只看低市盈率和低市净率做价值投资，那基本只能算摸到了门，价值投资的殿堂里奥妙无数，又怎是两个估值指标所能讲得明白。

单纯指标会受到很多因素影响，比如盈利的构成，是否有非经常性损益，净资产的重估情况是否良好，等等。举个极端的例子，一家公司在20年前花5 000万元买入一座楼，那么如果不算重估，这座楼现在的价值可能只有两三千万（要计算折旧）。但事实上，楼的实际价值可能已经有5亿元。另一方面，即使是同样的盈利、净资产、现金，其来源也十分不同。比如，一个人早上卖油条赚了10块钱，另一个人早上出门捡到10块钱，还有一个人早上在街上卖唱赚了10块钱，是完全不同的10块钱。第一种可以持续但没有增长，第二种无法持续，第三种可以持续但有被城管整顿的风险，但是可能爆发性增长（被星探发现成了歌星之类）。

当然，同期低价股指数上涨818%的突兀表现，让人仍然对在A股市场“炒”股票而不是“投资”股票有所遐想。毕竟，投资只看股价，是人都知道和价值投资基本无关，可这个指数在所有风格指数里却表现最好。至于这到底是由于指数编制没有考虑一些特殊情况，比如停牌、新股持续上涨等，还是因为当前正好低价股热门，或是因为A股就是适合低价股投资，又是一件需要深入研究、见仁见智的事情了。

回到活跃股指数，仔细拆开看，追热点、找活跃的股票投资，取得的回报不光总体差，几乎每年都差。我比较了从2000年到2017年的18年中（截至2017年1月20日），这个指数每年的表现和当年上证综合指数的表现，结果发现，在18年中，有17年这个指数表现得比上证综合指数差，只有2010年略好，当年高出上证综合指数区区1.6%。

那么，为什么按股票活跃度表现去投资，业绩能这么差？因为指数的编制并不包含交易点差和交易费率，所以频繁交易并不是导致指数惨淡的主要原因（虽然这会导致投资者实际交易的时候赔得更多）。想来最主要的原因是，股票大凡热门，那么多半遭人追捧、价格虚高，在此时买入，接盘吃亏的概率也就大，长期自然就亏损严重。

可惜，如此有教育意义的指数，以后却再也看不到了。投资者遏制不住自己的从众欲望，想跟风短炒的时候，也再难看到如此炒作的前车之鉴，不得不让人感到惋惜。

记得唐朝大宦官仇士良在退休之前，教自己的党羽如何控制皇帝，曾讲出一段千古名言："慎勿使之（天子）读书、亲近儒生，彼见前代兴亡，必知忧惧，则吾辈疏斥矣。"也就是说，只要皇帝不看书、不见聪明的人，就不知道前代兴亡的惨痛，就不知道怕，宦官和当权小人们也就可以得志。

其实，富有四海的天子如果真要看书，又岂是仇士良所能拦得住。今天的投资者们如果真想科学地总结投资规律，在资讯越来越发达、电脑技术越来越方便的今天，又岂是一个不再更新的指数所能困扰得了的。

所以说，指数不再更新事小，头脑不主动去更新，才是最要命的事。

一切正常，除了市场上的那只猫

在第一次世界大战中，有一个著名的战例。德法两军在一个地区胶着不下，当时特有的壕堑战，使得两军都无法给对方以致命的打击。一天，一个德军参谋通过望远镜，发现法军方面的一片荒地上，有一只干干净净的波斯猫在晒太阳。

德军参谋欣喜若狂，持续观察了几天以后，发现这只波斯猫几乎每天都在一个时间出现，舒服地晒太阳。于是，德军集中了大批重炮，轰击这片荒地，结果成功打掉了一个法军司令部（也包括那只倒霉的猫），赢得了一场大胜。

德军参谋的逻辑简单而清晰，波斯猫是长毛猫、名贵猫，能打理得干干净净，绝对不会是野猫或者一般人家的猫。这样一只猫，突然出现在阵地附近的荒地上，而且定时出现，这不是法军高级将领的猫，还能是什么呢？

在投资分析工作中，我们也会看到大量这样的例子。不同于AlphaGo和柯洁厮杀的围棋棋盘，真正的世界复杂多变、非标准化、真假难辨，很难把所有的资料分析得滴水不漏。而在海量资料中，寻找相互矛盾的地方，以验证一个推论或者证伪一个逻辑，也就显得尤其重要。

举例来说，前段时间固定收益界的前辈杨爱斌先生，自己出资成立了一家公募基金公司，名字叫鹏扬基金，发行了两只固定收益方面的公募基金。我在分析他的产品时，一个朋友告诉我，这位前辈经常上电视参加直播节目。我立即回答，不可能吧！然后很仔细地在网上寻找他的节目视频，结果发现他只是最近参加了一次直播，而不是经常接受直播访谈。

朋友很奇怪，问我说，你为什么对他是不是经常做电视直播这么在意？投资不是应该更重视数据和财经消息吗？我说，很简单，固定收益的投资不像投资单个股票，其整个分析系统往往非常复杂，因此优秀的投资者一旦说起固定收益的理论来，往往滔滔不绝，5 分钟绝对打不住。而固定收益和日常生活相去甚远，其中又常常夹杂大量普通投资者并不熟悉的名词。同时，以视频、实时传播为特征的直播节目，对收视率有明确的需求，往往需要通俗易懂、吸引人的回答，而且一个答案一般控制在 1 分钟左右，至多不超过 3 分钟。也就是说，如果这位前辈真的如我所想，是一位专业的固定收益投资者，那么他所叙述的东西，多半不会受直播节目青睐，也就不可能经常参加直播节目。

所以，当我听说他经常在电视上参加直播节目的时候，就好比听说有一只波斯猫经常出现在荒地上：不注意是不可能的。而正如我所料，不光没有找到此类视频，而且唯一的一次采访——从媒体传播的角度来说，也实在算不上一个好节目——讲的东西对于大众来说，实在是太长、太难懂了。

这样“分析奇怪的不该出现的干净波斯猫”的例子，在资本市场上实在是数不胜数。举例来说，在分析一家公司的时候，许多投资者往往只注重公司的利润情况，实际上，仅公司公告本身，就有很多小的细节值得投资者仔细推敲。

财务报表中的所得税，是否和收入与利润变动趋势匹配？现金流量表是否正常？审计师有没有出具无保留意见，有没有无故更换？高管有没有频繁离职？高管的工资涨跌和公司发展匹配吗？大股东持股情况稳定吗，有没有频繁减持、质押？公司的实际市场地位和财报情况是否吻合？收入和利润匹配得上吗？非经常性损益有多少？公司的经营情况和行业周期匹配吗，和行业内市场地位匹配吗？诸如此类，举不胜举。

第二次世界大战中，德国名将埃尔文·隆美尔在北非的一场胜利后从缴获的美军辎重中发现了一块生日蛋糕，当即脸色阴沉。副官不解，问将军为何战胜了反而沮丧。隆美尔说，你看，这是从美国本土寄来的给一个普通士兵的生日蛋糕。美国人有这么多的石油和船只，能给一个普通士兵万里迢迢寄生日蛋糕，我们德国的坦克却都快没有燃料了，这仗还怎么打呢？

所以，在投资中，面对海量的、残缺不标准的、真假不定的各类资料，想做到事无巨细的全盘分析，是不可能的。（我见过不少投资者尝试过，最后无一例外都失败了。）我们需要敏锐观察其中的关联，对随时可能在不正确的地方出现的“漂亮波斯猫”保持足够的警惕，才能在有限的分析力量下，更加接近事情的真相。

好的证券研究，不容易被市场认可

对于绝大多数人来说，我们被这个社会赋予的一种思维定式，是“当时得到别人认可的工作才是 / 就是好工作”。从我们小时候开始，这种观念就被深深烙在我们的意识中。

比如，在学校，按时交作业、作业写得让老师满意的小朋友，会得到老师的赞许。回家把房间打扫得整整齐齐的小朋友，会得到父母的夸奖。甚至当步入社会以后，我们中绝大多数人也把上司满意、客户认可作为最主要的工作评价。

对于人这种群居动物来说，这种特质是远古时代遗留下来的本能。个体之间互相合作，对对方的工作给予评价，然后大家通过这种评价来判断个体的价值。从智人开始，我们的这一套系统运行了几十万年。

但是，对于涉及分析、判断的工作来说，这种方法却谈不上太好。在历史上，最好的谋士提出的见解往往与众人不同。而他们的生活圈子，也往往与大众割裂。

据《三国志》记载，曹操的大谋士郭嘉“匿名迹，密交结英俊，不与俗接”，就是隐姓埋名、不和大众来往，“故时人多莫知，惟识达者奇之”，所以也没有多少人认识他。但是他提出的计谋，直至今日，仍然为人称道。

在官渡之战以后，曹操追击袁绍的两个儿子袁谭、袁尚，二袁败走。将军们都想一鼓作气结束战争，郭嘉却说：袁绍宠爱这两个儿子，没有定下唯一的继承人。两人不分高下、早有不和。如今“急之则相持，缓之则争心生”，你把他们逼急了，就会互相救援，放他们一马，他们就会内斗。不如缓兵不攻、坐待其变，“变成而后击之，可一举定也”（语出《三国志》）。曹操依计而行，果然事半功倍。

郭嘉当时的建议并不被大家认可，曹操手下众将都觉得应该一鼓作气、追击到底。连当年从死人堆里爬出来、久经沙场的将军们都不认可郭嘉的想法，可见他这个想法有多小众。

在证券研究中，事情也差不多。在多年的证券分析师生涯中，我发现事后看起来非常优秀的投资建议，在当时往往不被主流市场认可，甚至会被主流市场嘲笑。

在 2015 年夏天，我们公司新来了一个研究消费行业的同事。她之前在咨询公司工作过，行业经验丰富，但是没怎么接触过证券市场。她对我说了一个困惑，就是她怎么看怎么觉得，二级市场消费行业里，确定性最高的公司是几家家电的龙头企业，其他公司资质相对更差、估值也太高了。但是，当时市场上小公司股票价格高企，投资者趋之若鹜，几乎没有人认可她的观点。

我对她说，也许你就是少数但是正确的那个，在这个市场，对错从来都不以认可的人数多少来评价。果然，在接下来的几年里，几家龙头公司的股价涨了不少，而市场却动荡不安，不少之前高估的小公司股票价格尤其糟糕。

事实上，市场的价格，就是由绝大多数人“用钱投票”投出来的。所以，当前的市场价格，也就基本上反映了绝大多数人的看法。因此，和当前价格不一致的观点，也就必然遭到当前绝大多数市场参与者的反对：无论这种看法是好还是坏。

由于绝大多数市场参与者在长期是没有超额收益的，因此那些能够产生超额收益的看法在当时也就很难被大众接受。只有事后再翻出来，才会发现那些想法的价值。不过，资本市场又善于淡忘，以至于在能够明显发现这些想法的价值时，已经没有人再有兴趣去思考当年那些想法的对错了。

记得在 2016 年的 2 月份，香港市场跌到历史最低的估值水平线。在一片凄风冷雨中，我觉得港股的投资机会已经非常明显，于是我做了一件比较耿直但是一点也不明智的事情：跑出去对投资者说，港股是个好机会。

在一个星期里，我路演了十来家投资机构，你猜结果怎样？没有一家机构对港股有兴趣，最短的路演只持续了不到 10 分钟，而那个研究员还在一直看手机。只有一个研究员私下对我表示，他个人认可我的观点，不过他们公司并没有兴趣。

在路演中，我得到的答案包括：港股这么差的市场你们还推，你们有没有专业性？我们不覆盖港股的，而且这个市场也赚不到钱。这个市场没有希望，香港不行了，你平时不看新闻吗？你们推荐的标的和我们的研究方向不一致，下次不用来了。

后来，港股指数在一年多的时间里上涨了大概 50%，算上汇率波动和股息还要更多（一般股票指数不包含股息）。我反思自己当时的路演，错在什么地方？是没有把投资逻辑说清楚吗？还是数据不够详细？或者表达不够清晰？都不是。真正的原因是，当时港股的价格就是由糟糕的情绪导致的，而糟糕的情绪就来自绝大多数的市场参与者。

当你和市场参与者说“你们错了”的时候，你觉得有多少人能听进你的意见？事实上，没人能抓着自己的头发把自己提起来。在这个社会上，能够意识到自己思维错误的人，实在是少之又少。

在 2015 年以前，我一直在说，A 股的蓝筹股估值合理、小公司太贵。但是，由于市场的偏差持续了许多年，以至于最后几乎没有人爱听我的分析，即使在 2015 年最狂热的时候，小公司的估值有蓝筹股的几乎 10 倍。在当时，市场把“大蓝筹”谑称为“大烂臭”，认为“公司如何不要紧，股价能涨就行”。后来，许多小公司的股价一泻千里，优质蓝筹股的价格却涨了不少。

是我之前“根据基本面和估值判断企业的长期投资价值”的逻辑不对吗？并不是，真正的原因就是“市场的价格和市场的流行观点，一定是一致的”。而这，就是好的证券研究在当时不容易被市场认可的原因。

专业投资者应该如何阅读

现在这个时代，是一个信息大爆炸的时代，海量的信息唾手可得。这种现象一方面为投资者带来了优势，可以用很小的成本取得大量的信息，了解大量的实时情况，另一方面也为投资者带来了海量的困惑、骚扰型的信息，扰乱着人们的判断。

那么，专业的投资者应该如何管理自己的阅读呢？我以为，为了用最小的代价取得对世界最精准的把握，从而提高投资回报，应该以三种态度，阅读三种不同的资料。

第一种资料，是正式、专业的书籍和著作。

众所周知，书籍的出版是非常困难的，需要与出版社合作、申请书号、正式印刷等，而书籍的时效性又比较差，这就注定了在大多数情况下，读书是一个学习规律、学习思想，而非了解实时情况的途径。

由此，我们在阅读这些资料的时候，目的是学习超越已有认知的思想、知识，这也就意味着我们必须保证，书籍的内容必须担当起这个“老师”的责任。如何确定一本书可以合格地当自己的老师呢？最简单的做法，就是看作者。

所以，在读书以前，我们需要仔细查查作者的背景资料。撰写投资类书籍的作者，是不是一个成功的投资者？是不是在行业内有丰富的经验？撰写历史类书籍的作者，是否已经阅世丰富、饱经风霜？

这样严格挑选作者的结果，一定会让我们错失一些优秀的作品，但是基本可以保证，我们花时间读到的、花精力思考领悟的，都是精品。

而一旦我们从精品中得到了足够的智慧，这就将成为我们行事的基础和成功的思想保证。君不见战国的苏秦，在游说列国之前，“得太公《阴符》之谋，伏而诵之，简练以为揣摩。读书欲睡，引锥自刺其股，血流至足”。由此，苏秦通读太公《阴符》一年以后，游说六国，终于成就一番事业，名载史籍。

第二种资料，是对时事的客观描述，各类新闻、公司年报、市场交易数据、股票估值数据等，都属此类。这些资料直接、客观地反映了各种情况，一个企业每月生产多少量汽车？保险公司这个月保费收入多少？今年火电增长情况怎样？诸如此类。

这一类资料，是我们了解事物的第一手判断依据。但是，这些资料一方面不能保证完全准确，由于疏忽或者造假的存在，我们总会得到一些错误的信息；另一方面这些资料极为庞杂。因此，在阅读这类资料的时候，要特别注意把握大的方向和趋势，通过不同组的信息、数据、资料互相印证，万万不可死抠一个信息点，导致一叶障目，不见泰山。

在发动太平洋战争之前，日本面临工业能力远不足美国的问题，但日本军方找到了一个支持资料：日军的战术能力优良，比如炮击命中率是承平日久的美军的20倍，所以用1/20的战争物资也可以打赢对手。

结果呢？日军找到的资料确实不错，但是这个资料太孤立、太小、太容易改变。在战争开始以后，美军迅速开始训练军队，日军精锐慢慢损耗，这种差距很快就消失了。

所以，《三国志》注引《魏略》对诸葛亮的描述，是在看书时，他人都“务于精熟，而亮独观其大略”。对于具体的细节，我们一定要从资料中互相印证，把握大方向、大趋势、大规律，万不可执着一点、不顾其他，最后自我麻醉、自我欺骗。

第三种资料，则是对当前事件的分析。在古代，这种资料类似于军队谋士给主帅提供的谋略，在互联网时代，这种资料极易获取，尤其在新媒体诞生以后，这类资料简直铺天盖地。

一方面，这类资料杂乱无章，大多分析浅显而又极尽吸引眼球之能事，势必会给经常阅读此类资料的读者造成巨大的困扰。另一方面，这些资料因为成文简洁、发表方便，因此触角极广，又往往能给我们带来海量的信息和分析。利害相权，竟至难以取舍。害处固然可恨，利益却又不可取代。

因此，我认为，对于这种资料，一定要明确它可能带来的危害，不要轻易被一篇危言耸听、谈天说地的文章改变自己的思路，同时又要多从中吸取有益的材料，作为自己更深入地了解这个世界的基石。同时，尽量筛选一些可靠的消息源，多阅读数据和资料翔实、分析缜密的消息源，远离标新立异、哗众取宠的消息源，以提升阅读的效率，减少无谓的干扰。

萧何入咸阳先取典籍图册不问金玉美女，魏武帝曹操于行军之中手不释卷，林彪在战前总把地图背在脑子里，由此可见，阅读是人类最有力的武器之一。而如何阅读最有效率？怎样阅读最能理解事实、远离偏见？这是所有读者，包括今天的专业投资者，非常需要注意的事情。

你看到的预测，真的揭示了真相吗？

霍华德 · 马克斯先生发表于 2017 年 7 月 26 日的投资备忘录引用了巴菲特的一句话：“（流行的）预测告诉我们的，往往并不是真正对未来的预测，而是预测者本身的状态。”（Forecasts usually tell us more of the forecaster than of the future.）在分析市场时，这句话真是至理名言。

面对市场，我们每天都会听到各种各样的声音，它们大都在进行各种各样的预测。当你打开电视机、调响收音机、打开财经网站、在手机 APP 里点开文章、展开报纸、下载一份研究报告甚至去茶水间倒一杯咖啡时，都会看到、听到无数对未来价格走势的预测，其数量如此之多，用“无孔不入”四个字来形容绝不为过。

但是，这些预测中，有多少是对未来的正确预测？又有多少是预测者本人的呓语？

很显然，这些预测不太可能都是对未来的准确预测。否则，我们就不会听到众多投资者天天抱怨投资是艰难的事情。毕竟，如果天天听到的预测都能对未来的价格提供准确的判断（哪怕是大概率准确），那么听到这些预测的投资者，又怎么会赚不到钱呢？

同时，如果这些预测有效，那么其价格也就会变得非常昂贵。想想看，如果有一个信息源能够每年提升投资回报率哪怕1%（但是保证能提升1%），那么人们愿意花多少钱买这样的信息？你还能随处免费听到这样的信息吗？

实际上，我们需要认识到，在那些每天进行价格预测的人中，真正能够预测未来的其实并不多。绝大多数人只是为了交差而给出一个预测。而这类观点，无疑受到当时市场情绪的极大影响，而不是被未来市场可能演化的方向所影响。

一方面，做预测的人本身往往受到市场情绪的影响。他的耳中所听、眼里所见的，都是市场情绪的波动。而能够抵抗住这般渲染的人，是非常罕见的。因此，大部分的分析观点，都会被当时的市场情绪所左右。

简单来说，在牛市的时候，我们就更容易看到乐观的观点，而在熊市中则更容易看到悲观的观点。但是，带来长期超额收益的举动，恰恰是在牛市中高价卖出、在熊市中低价买入。

另一方面，做预测的人也容易受到历史行为的影响。也就是说，人们倾向于认为，历史上曾经发生过的事情，未来还会继续发生。所以，在市场持续上涨时，大部分观点会认为上涨会持续，反之则认为下跌会持续。

在“受到历史影响”这一方面，不光是普通人，即使统一天下的秦始皇，也难免受到历史经验的影响。

秦灭六国以后，为了避免分封的诸侯国继续像战国般征战不断，秦始皇置谋士分封天下诸侯国的建议不顾，对自己的子孙亲戚并无一点分封。结果，当秦末农民大起义爆发时，秦帝国孤立无援，几年就一败涂地。这段历史，在《史记》的《李斯列传》《蒙恬列传》等文章中被清晰地记载下来。

最后，预测观点之所以不能真正预测未来，而是更多反映了对过去的解读和对市场情绪的表达，还有一个很重要的原因：利益机制。

对于绝大多数观点的提供者来说，如果要逆市场情绪而动，往往会付出巨大的代价。抛出一个不受市场情绪所喜好的观点，记者会面临点击量下降的窘境，电视媒体会遭遇收视率下降，证券公司的分析师会面临路演不受人待见的困局，诸如此类。毕竟，绝大多数人都喜欢听和自己意见相同的话，而如果说出和市场情绪相反的观点，则在绝大多数时候，注定吃力不讨好。而吃力不讨好的工作，又有几个人肯做呢？

而且，往往这些与市场相左的观点还会在短期因为市场情绪的进一步发酵，而被市场热情所打脸，从而给泼冷水的观点提供者带来压力。哪怕这些观点在几个月以后被证明是正确的，可到那个时候，谁还会记得几个月前，那位因为提出这些观点而被丢去坐冷板凳的人呢？

所以说，“圣人者，天下之利器也，非所以明天下也”（语出《庄子》)。当我们审视在那些大牛市中曾经听到的预测时，这包括 2007 年的前半年、2015 年的上半年，以及在各个大熊市中曾经听到的预测时，我们会发现，大多数的预测都是当时情绪而非未来情况的真实反映。由此可见，预测之难，不光在于预测本身之难，也在于好的预测产生之难、传播之难。

研究市场？你需要自制一堆小模型

俗话说得好，“工欲善其事，必先利其器”。在面对错综复杂、天天在变化的市场时，投资者想要研究透市场，也就需要一堆小模型来帮助自己。

鉴于投资这个行业的专业性、小众性，在绝大多数时候，这些有用的小模型在市面上都不太容易找到现成的版本，或者找到的现成版本多少有这样那样的问题。所以，就需要大家自己动手，多做一些适合自己的小模型。

这里，就让我们来看一些有用小模型的例子，希望能对大家有所启发。

货币基金收益率高低比较模型：一般来说，货币基金的短期收益率高低，呈现比较强的连贯性。也就是说，之前几十个交易日收益率高的，之后几十个交易日就容易高。因此，在进行短期资金管理时，一个比较所有货币基金收益率孰高孰低的小模型就会帮到你。

基金超额收益率排名模型：一只基金是好是坏，光从业绩涨跌本身其实很难看出来，我们需要比较它相对基准指数的超额收益率。而对于同属一类的几百个基金，我们就需要一个小模型来比较它们的超额收益率，尤其是长周期的超额收益率谁更高、谁更稳定、谁从市场当时波动的特殊情况来看更有价值（短期业绩往往不说明什么问题）。当然，对于历史上超额收益率更优秀的基金，当前基金经理是否更换，也是需要仔细观察的。

单个公司历史数据分析模型：企业的财报重要，它的历史财报往往更重要，在理解行业历史变动、企业长期竞争优势、复权基本面增长等方面，有莫大的帮助。但是，现成的资讯软件常常不能提供足够完善的历史数据分析模型，这就需要投资者自己动手。

股票基本面筛选模型：一只股票估值可能不高，可是在资质相同的股票中，它的估值是不是最低的呢？一家企业的成长性可能还可以，但有没有比它更好的呢？在 A 股上市股票已多达数千时，进行股票基本面的各个角度的筛选，也就显得尤为重要。

最近表现最好 / 最差的产品：一般来说，投资者很容易在资讯软件上找到当天表现最好或最差的股票，或者一年之内表现最好的基金。不过，这些数据的时间跨度往往不够完美，如果想看几年里的产品表现，或者一个自定义时间段的表现列表，比如从 2015 年 6 月 12 日股市最高点以来的表现，一个自制的小模型往往就更方便。

指数精准估值模型：指数的估值对于投资的重要性不言而喻，但是，我们在市场上看到的绝大部分的估值数据，都是依据成分股的总市值权重，而不是在指数中所占的实际权重计算的（两个权重常常不一样）。这时，为了得到一个指数的精准估值数据，投资者就需要自建一个小模型。

股票精准估值模型：相对指数，单个股票的估值数据更容易取得，但也更容易产生偏差。比如，净利润里是否要扣掉非经常性损益？净资产中应该包括永续债吗？DCF 模型里贴现率到底取多少合适？是现在一年期定存的 1.5%，10 年期国债的 3.7%，企业普遍的借贷成本 5% ～ 8%，还是过桥贷款的 10% ～ 15%？这时候，为了搞清企业在各个口径下精准的估值，投资者必然需要一个自己的小模型。

指数基金跟踪误差模型：对于指数基金投资者来说，最担心的事情往往是购买的指数基金产生了跟踪误差，尤其是逆向的跟踪误差。简单来说，就是涨幅小于标的指数，或者跌幅大于标的指数。这种误差的产生，往往和基金经理的管理能力有关。因此，建立一个模型分析指数基金历史上的误差，也就颇有裨益了。

封闭式基金折价模型：封闭式基金的折价，尤其是高于 20% 甚至达到 30% ～ 40% 的大折价，往往在熊市中随着投资者的信心萎靡而产生。伴随着市场信心恢复，标的资产（往往是股票，但也有一些债券等其他产品）价格的上升和信心回暖带来的折价率回升，会使得封闭式基金的交易价格大幅上涨，在 2005 年年中、2015 年 7—9 月份 A 股市场封闭式基金的大折价中，我们都可以看到这样的例子。因此，投资者就需要一个可以自动监测封闭式基金折价情况的模型。

在研究市场时，投资者可以建立的小模型还有很多，这里不再一一列举。有了这些小模型，就好比有了一群忠于职守、高效准确、永不辞职的小助手，时时刻刻提醒可能出现的理性投资机会在什么地方，让投资者能够更好地把握这个市场。

大众爱机会，聪明人爱体系

作为一个证券分析师，我在工作中经常能见到各种各样的投资者。从海外最负盛名的资产管理公司和基金公司，到北京、上海和深圳大大小小的机构投资者，到内地各个省份的股民（俗称散户），我见过各种各样的投资者，也听过各种各样的投资理论。

说来有趣，虽然我的工作是给别人提供投资建议，但是其实绝大多数时候，倾听比演说要容易得多。绝大多数人其实并不想知道你在想什么，他们只想告诉你他们在想什么，而且希望你做出“这实在太有道理了”的表情。

见过太多的投资者以后，我发现一个有趣的现象，那就是聪明投资者的工作重心，往往放在如何建立一套成熟的投资体系上（可惜的是，这种人很少）。他们或许已经建成体系，天天想着如何完善体系，或者正在努力建设体系，并且试图学习那些更好的投资者的体系。这些投资者往往经验更丰富，资产管理规模更大，历史业绩更好。但是，相对于下一个投资机会在哪里这样的话题，他们更关心怎样可以建立一个能够持续发掘投资机会的体系。也就是说，他们深深懂得“授人以鱼，不如授之以渔”的道理。

对于机构投资者来说，建立一个标准化的投资体系尤为重要。在一个标准化的投资体系之下，每个研究员和投资经理，都可以按照统一的程序，对不同的股票进行打分。这种制度设计，就能够把整个公司所有人的行为统一到一个轨道上，从而能够形成合力。在海外市场，大多数成熟的机构投资者都已经建立了这样的一整套体系。在国内市场，一些有先见之明的机构投资者也开始搭建自己的投资分析体系。

对于大众而言，他们却不常关心投资体系如何建立（很多人甚至根本没想过投资体系这种东西），而是更关心类似赌博的问题：下个月大盘会往哪里走？龙头板块在哪里？我这个股票能涨吗？（更多的时候问的是什么时候能回本。）一句话，他们更关心投资机会尤其是短期的投资机会在哪里，而不是如何建立一套可以持续复制的投资体系。

如何建立一个好的投资体系？说起来复杂，实则很简单，就是寻找又好、又便宜、又分散的投资标的。什么是好？好的行业，好的公司，好的基金经理，好的管理层，好的利润率，好的议价能力，好的业务，好的护城河，好的基金公司和投资文化，等等。什么是便宜？相对于资产、利润、现金流、企业发展前景、基金净值来说，更加便宜的价格。什么是分散的投资？当你买了 20 个企业债券的时候，你不能算太分散；当你买了 20 家同行业公司股票的时候，你肯定也不能算太分散；甚至当你买了一堆相似行业的股票时，你的分散程度仍然有待商榷。正确的分散投资，虽然不能给投资者带来多少超额收益，但是能让投资者避免巨大的亏损。

拥有一个好的投资体系，就像拥有了从采矿业到机器加工到造船业等一体化的社会生产体系。依靠这套体系，投资者可以不断生产出自己的战舰，甚至可以不断更新技术造出更好的战舰。而没有投资体系的投资者，即使他们能够找到一两个好的投资机会，但是这种机会带来的作用，就恰似清朝建立的北洋水师：就算他们能买到当时世界一流的铁甲舰，却也无济于事。

在和那些更喜欢追求投资机会而不是投资体系的投资者沟通时，我发现他们更喜欢重仓压在一两个投资机会上，而背后的逻辑则常常混乱不堪。比如，现在在内地市场，有多少投资者的家庭资产，绝大多数投资在房地产上？有多少人真正了解自己买的股票业务到底是什么，行业情况究竟怎样，估值到底如何？

我见过最极端的一个例子。有一次打车，出租车司机听说我是证券公司的，就问："你觉得我这三只股票怎么样？"说完报了三个名字。说实话，我对这三家公司都不熟，我就问司机，这三家公司是做什么的？你为什么买它们？你猜我得到什么答案？"做什么的我也不知道，三个公司的名字（简称）里都有个 × 字，我特喜欢这个字，所以就买了啊！"

然后司机扭头问我，你还知道什么好投资机会不？

投资研究的三字利器：不得不

《孙子兵法 · 虚实》里有这样一段话，堪为兵家至理："我欲战，敌虽高垒深沟，不得不与我战者，攻其所必救也。"意思就是，如果我方要进攻，敌人虽然不想打，但必须硬着头皮跟我们打，是因为我们进攻的地方是他们不得不救的要害。

这里，孙武抓住的关键点，就是对手“不得不”防守。而在投资中，最好、价格最合适的一种投资机会，也恰恰来自这三个字：“不得不”。

虽然有些时候这个市场会失去理智，但是，很多时候市场并不是那么笨，基本的逻辑仍然存在于许多投资者的心中。要打败竞争对手、取得超额收益，一种可靠的机会来源，就是你的投资竞争对手“不得不”的时候。

如果他们不得不做某件事，那么即使这件事是错的，而且他们自己也意识到这件事是错的，他们将仍然“不得不”进行交易。

举例来说，在冯邦彦先生所著《香港地产业百年》中，记载着 20 世纪 60 年代到 20 世纪 80 年代之间，香港房地产市场上开发商的兴亡史。当时的香港房地产市场经历了几次大的涨跌。在市场的最低谷，有一些开发商资金链压力巨大，“不得不”卖地卖房，偿还银行贷款。更有甚者，资产直接被银行收回，低价拍卖。

为什么贷款资金的提供者，比如银行，其拍卖的资产往往是低价？这是因为对于资金提供者来说，将资产拍卖出高价并没有实际意义，偿还贷款后剩余的部分仍然要还给资产所有者。

但是，拍卖的速度却至关重要，万一拖得时间稍久、市场继续在短期下跌（哪怕以后再反弹也无济于事），那么拍卖价低于贷款额带来的损失，就要由资金提供者承担。而拍卖的时候，往往市场趋冷（否则也不至于沦落到还不起钱要拍卖）。所以，一般的资产一旦进入拍卖环节，往往会以低价快速成交。

在当时的香港地产市场，资金链断裂的开发商的资产进入拍卖环节以后，就给了在泡沫顶端积攒现金的另一些开发商极佳的捡便宜机会。这种建立在对手“不得不”基础上的投资机会，成就了今天香港市场上最负盛名的那些开发商的基础。

同样的机会，在2008年的全球市场、2010—2011年的欧洲市场、2013年秋天的内地债券市场、2015年夏天的A股市场、2016年的港股市场，我们都能看到。

造成投资者“不得不”做一些事情，哪怕他们自己已经意识到不应该这么做的原因有很多。

举例来说，价格跌得太惨投资者被吓到；之前牛市杠杆用得太高，碰到市场波动太大导致被拍卖；市场跌得太惨，投资经理觉得是机会，但是基金持有者被吓到要赎回；市场虽然没有大跌，但是邻国的市场跌得很惨，所以投资者要从这个市场赎回以保持资本充足率（2008年全球金融危机中，这类例子比比皆是）；价格下跌，投资者没有被吓到，银行也没有要求补充资本金，但是投资经理怕和别人差别太大，更愿意选择抱团取暖导致不肯买入/卖出，如此种种，不胜枚举。

以最后一种情况来说，在股票大牛市里，尽管不少投资经理都会觉得市场太贵、估值太高不能再买，但是60%的最低持仓限制会导致其中一部分人不得不保持高仓位，而担心“万一我卖了，市场继续暴涨，投资者大规模赎回，我赚不到管理费怎么办/赎回以后熊市没人申购我赚不到管理费怎么办”的心理，也会导致一些投资者不敢下单。所以，“不得不”的情况，绝不是只在最惨的熊市才会出现，而是在许多不同的情况下都会出现。

以上的例子，还主要集中在交易层面。就基本面分析来说，我们也往往可以看到不少“不得不”的行为逻辑。

比如说，一家公司上市，筹资丰厚挖人墙脚，于是竞争对手公司的员工“不得不”跳槽；一家公司估值太高，大股东觉得实在离谱，“不得不”减持；一家公司的产品对客户的黏性太强，客户虽然吐槽不断，但仍然“不得不”一直用下去，等等。

以最后一个例子来说，你喜欢微软 Office 系统的稳定性吗？Excel 编了一个小时突然死机了，感觉抓狂吗？但是你有其他选择吗？选了其他系统，换一种文件格式发给你的同事，结果别人打不开怎么办？

所以说，“不得不”的路径选择，实在是这个市场上交易、研究、分析的制胜法宝。不得不做的交易、不得不采取的行动、不得不做的决策，抓住了这些，就能让投资者在分析中先人一步、无往不利。

你不需要有趣的观点，你需要事实

在最近一个时期，人类社会发生了一个巨大的变化，电子信息取代纸质信息，成为这个时代信息的主流。由于电子信息生产成本很低、传播成本更低，因此今天的人们所能够获得的信息量，是几十年前的无数倍。

在纸质信息时代，人们养成了一个习惯，就是特别喜欢听不同的观点，而对观点的对错没有那么计较。开卷有益、兼听则明，某些方面来说都是纸质信息时代留下的遗迹。这是由几方面因素造成的，一则纸质信息时代，信息量实在有限，相对来说人的信息处理能力宽裕得多，所以宁可错听、不可漏听。二则由于信息传播成本太高，因此能够传播出来的信息，其含金量也比今天的许多信息要高一些。君不见，在进入数字媒体时代以后，无论是国内还是海外，我们看到的大量文章和言论，质量相比传统的报纸和杂志时代，都有明显的下降。

对于投资者来说，纸质信息时代留下的一个鲜明痕迹，就是很多会人说“我喜欢听不同的观点”，“这个观点虽然不一定对，但至少它很有趣”。这些投资者这也听听、那也学学，好像自己因此掌握了很多知识。

问题在于，资本市场不是图书馆，也不是博览会，绝对不是观点越多越好。投资者所需要的，其实并不是有趣、新鲜、听起来好玩的观点，而是正确的判断。

毕竟投资者所面对的市场是一定的，市场只有一个，那么真正的事实也只有一个，能够阐述事实的看法，也不用太多。而把各种不同的观点作为智力玩具来罗列，这本身就偏离了理性研究和投资。这就好比当一个人得了绝症的时候，你觉得他是需要一大堆花里胡哨的诊断报告和康复指南，还是一个行之有效的治疗方法呢？可惜的是，这年头个人投资者有太多的网络文章要看，机构投资者有太多的研究报告要看。数字化的产品在极大提升了信息传播效率的同时，也降低了信息的质量。

对于许多投资者来说，他们之所以对各种投资观点都感到新鲜、稀罕，恰恰是因为他们见到的观点太少。想象一下，如果你是沃伦·巴菲特，作为全世界最知名的投资者，全世界的投资者都想见你、都想告诉你他们的观点（你跟他们吃个午饭他们都肯掏几百万美元）。这时，你还希望听到更多有趣的观点吗？不，你希望听到那个正确的观点，仅此而已。我看了大量关于巴菲特的介绍，印象中从来没有听他说过这样的话，“这个观点很有趣，不一定对，但是很有趣”，他好像从来没有说过这样的话。巴菲特经常说的是：“这个是对的，那个是错的，事实就是如此。”

大道以多歧亡羊，学者以多方丧生。不光投资不需要“有趣的观点”，各行各业也大都如此。中国传统武术历来以招数众多出名，但是在现代格斗体系中，却无一例外采用了简单、直接的训练体系。美国陆军部甚至出版了一本书叫《一招制敌》，解放军曾经将其翻译过来作为训练参考。为什么只学一招，不学很多花招呢？就是为了让士兵学会最直接的格斗技巧。花招虽然有趣、好看，但是不实用啊。

在《吕氏春秋·察传》一文中，我们的先人也对这种“似是而非的道理”进行了严肃的批判，认为如果只是听取意见、不加判别，就会黑白颠倒。狗看起来和玃（一种猴子）差不多，玃看起来和母猴子差不多，母猴子看起来和人差不多，那么人和狗看起来一样吗？当然不一样。所以，不加思考接受错误的观点，以讹传讹，发展下去会偏离万里，是最为要命的。（夫得言不可以不察，数传而白为黑，黑为白。故狗似玃，玃似母猴，母猴似人，人之与狗则远矣。此愚者之所以大过也。）

所以说，在这个由事实组成的世界上，对就是对、错就是错，信息不够无法判断，那也就是无法判断。如果听取一个观点，只是因为它有趣、好玩、新鲜，就不去辨别对错真假，也不管它能对投资者的知识体系起到怎样的作用，最后就会导致投资者成为信息的垃圾场，在脑子里堆下大量好玩有趣但是没用，甚至会帮倒忙的信息。

如何找到小众的优秀资产：多挖掘第一手资料

很多人都知道投资有个要诀，人多的地方不要去，又好又便宜的资产往往在人少的地方、小众的地方。但是，人少的地方也有很多价值陷阱，又便宜人又少的地方可能埋的真的就是垃圾。那么，我们应该如何发现优秀的、小众的投资机会呢？有一个习惯非常重要，那就是多挖掘第一手数据和资料。

很多投资者，习惯每天看新闻、看新媒体上流行的文章、看最热门的研究报告，这些信息来源固然可以让我们了解市场最新的变化，但是它们主要关注市场最热门的东西，因此很难让我们找到小众、冷门的机会，也很难让我们深入思考在投资冷门品种时需要注意的诸多细节。

举个例子，2011 年我研究分级基金 A 端时，分级 A 是一种非常小众的资产，几乎没有研究者进行研究。当时想找相关的研究报告、深度分析，几乎找不到。唯一靠谱的研究资料，是基金公司发布的招募说明书、基金合同等。

而就一些基金条款的解读，当时的投资者们对可能出现的变化也没有深入的研究。比如最关键的一点，大部分分级基金 A 端约定的收益率，是央行一年期定期存款利率加上一定百分比。问题是，如果央行取消公布一年期定期存款利率，怎么办？在这种情况下分级 A 的回报如何计算？（后来央行确实在 2014 年取消了 5 年期定期存款基准利率。）

对于这一问题，我当时完全无法在主流研究中找到答案，后来直接联系了几家基金公司的法务部，才得到一些算是中肯的猜测。由于基金公司并没有考虑到这种取消的情况，也就没有在基金合同中列明，所以我得到的也就只能算是猜测而不是答案。由此，这可以看做一次深度挖掘一手资料的经历（挖到最后都没有资料了）。

这类“小众机会往往不在主流信息渠道出现”的现象，在 2017 年 4 月底再次上演。随着市场的调整、情绪对小股票的恐慌和银行委外和同业核查造成的资金面紧张，一些场内定增基金价格大跌、折价率大增，折价率最高者迅速扩大到 20% 左右。

在扫描程序发现了这些基金的折价以后，我试图去寻找一些对定增基金近期折价迅速扩大的分析，以完善自己的想法，但是却发现竟然没有几篇针对定增基金场内份额突然大幅折价的研究和分析。对于定增基金的报道，甚至远不如一两年前这类基金火爆的时候来得多。

就投资机会来说，折价 20% 的定增基金，当然远大于当年平价认购的定增基金。但是，由于定增基金行情走熊、热度下降、淡出市场视野等原因，在投资机会上升了 20% 时，市场的关注度却下降了远远不止 20%（感觉快下降 100% 了）。如果不是我有一个定期扫描市场所有基金、挖掘第一手数据资料的小程序，恐怕我自己也不会注意到这个冷门的角色。

当然，这里并不是说当前折价 20% 的定增基金是一个多么难得的机会。要知道，定增基金存在股票锁定期太长、投资经理没法根据市场风格灵活调整、小股票整体仍然略贵等不少问题。这些问题是否能够被区区 20% 折价所覆盖，仍然值得商榷。在这里我只是想指出，当投资机会最起码比当年平价时大了 20% 时，流行资料里却很难找到当时热火朝天的定增基金的身影。

其实，正如清代纪晓岚所说，好道理前人都已经说尽（所以他才只写了一本谈鬼神狐怪的《阅微草堂笔记》），聪明的中国古代谋略家早就意识到了搜集第一手资料的重要性。《孙子兵法》中专门有一篇《用间》，就是依靠间谍搜集第一手资料。战国四公子之一的魏国信陵君公子无忌，更是此道中的高手。

根据《史记》记载，信陵君有一次和魏王在一起赌钱，北方国境突然传报"赵军入侵"，魏王听后，打算不玩了回去集合军队，信陵君却说你不用担心，赵王只是出来打猎，来来来继续玩。

魏王心不在焉地玩了一会儿，探马又来报："赵王只是出来打猎，并非军队入侵。"魏王大惊，问信陵君你怎么会知道的？信陵君说，我在赵王身边有朋友，所以赵王要做的事情，我都知道啊。也就是说，我有第一手资料，才能知道这么多你不知道的事啊。

说句题外话，这其实是一个悲伤的故事：魏王由此惧怕信陵君的能力和势力，就不敢任信陵君以国政了。（是后魏王畏公子之贤能，不敢任公子以国政。）

投资者需要经营自己的“朋友圈”

在儒家传世经典《论语》中，有这样一段对话：“子贡问曰，乡人皆好之，何如？子曰，未可也。乡人皆恶之，何如？子曰，未可也。不如乡人之善者好之，其不善者恶之。”在传世的格言中，这段话算不上特别经典，但是其中蕴含的深意，却值得今天做投资研究的人仔细揣摩。

这段话的意思就是说，子贡问孔子，有一个人，大家都喜欢他，或者都讨厌他，那么大家的这种态度，是不是就足以说明问题？孔子说这都不一定，但是如果有一个人，民众中的好人都喜欢他、坏人都讨厌他，那么根据这种态度，我们基本就可以做出明确判断了。

这个故事教育我们，在听取意见的时候，不能就逻辑分析逻辑，我们得看这个逻辑是谁给出来的。在今天的投资市场里，我们往往能听到无数种声音。而我们应该做的，不是每听到一个声音就直接去阅读理解、就去想有没有道理，我们得先看这个声音是谁发出的。

也就是说，在思考一个声音以前，我们得先研究，这个发出声音的人或者机构，在历史上的水平怎样，到底是不是有水平的投资者、研究者，他做出投资评论是有感而发还是为了吸引眼球，等等。在今天的信息时代，搜索一个信息源历史上的声音变得格外容易，比如搜索引擎一般有一个“按特定时间段搜索新闻”的功能就十分好用，有兴趣的读者可以自己动手尝试一下。

举个例子，在2016年年初的时候，香港股票市场大跌，主流指数的估值一度达到历史最低。当时，市场上各种声音都有，看空者有之，看崩溃者有之，唯独看多者寥寥无几。

但是当时，内地一些知名的价值投资机构，如平安资产、重阳投资、高毅资产等，在接受媒体采访时，却常常流露出对港股机会的看好。

这些媒体报道往往不是很引人注目，因为资深价值投资者一般不会用太耸人听闻的标题发表自己的意见，也就不太容易上头条。但是，如果有心留意他们的观点，却可以在当时不起眼的报道中发现蛛丝马迹。

与之相对应的，是在港股估值极低、行情一塌糊涂的时候，许多点击量极高的分析和报道，对港股持一边倒的悲观看法。回想起来，当时提出“香港衰退论”者有之，提出“香港被中国经济抛弃论”者有之，提出“香港市场边缘化”者亦有之。结果，事后证明，这些新生代思考者的观点，并没有在事实面前站稳脚跟。

所以，我一直认为，投资者需要建立自己的“朋友圈”，要有选择性地寻找、跟踪一些高水平的投资者、研究者，而不能随大流吸取送到嘴边的信息和养分。这就要求投资者主动、有计划地去做一些信息挖掘工作，通过特定的信息检索手段（这在今天的信息时代很容易），去寻找特定目标发布的看法，而不是没有选择性地阅读推到眼前、送到嘴边的每一篇文章和报道。

须知，这世界上的好东西，并不容易主动送上门，往往你得追着它才行（追还不一定能追到，但总比不追强）。而主动找上门的，却常常是宣传材料多于扎实的研究资料，广告标语多于严肃的科学论证。

其实，不仅在今天的投资界，许多历史上有名的人物，都非常在意经营自己的“朋友圈”。三国时期的曹操，就曾拥有一大批著名谋士，包括郭嘉、荀彧、荀攸、贾诩等。这些人为曹操出谋划策，建议往往与众不同，却又细致入微、精准有效。

郭嘉英年早逝，曹操曾在打了败仗以后感叹：“郭奉孝在，不使孤至此。”由此可见，曹操对郭嘉这个信息来源是多么看重，而优秀的信息来源又是多么难得，以至于在郭嘉去世后，曹操举国搜罗，也没能找到一个合格的人来代替他。

这位辅佐曹操创立大业、同是聪明人的郭嘉，在与人交往时也很重视经营自己的“朋友圈”。据《三国志》记载，“嘉少有远量。汉末天下将乱，自弱冠匿名迹，密交结英俊，不与俗接。故时人多莫知，唯识达者奇之”。郭嘉这人很有想法，当时天下将乱，他隐姓埋名，交结英雄，不和凡俗人等一起玩。所以当时大家都不太知道他，只是有些有本事的人才很欣赏郭嘉。

不光不跟大家玩，连当时威震天下的袁绍，郭嘉都没肯放在自己的朋友圈里。

在投奔曹操以前，郭嘉曾经拜访过袁绍。时年只有二十多岁的郭嘉，在考察以后断定，袁绍“多端寡要，好谋无决，欲与共济天下大难、定霸王之业，难矣”。结果，郭嘉就此把袁绍踢出自己的朋友圈，选择了曹操，在三国的历史上写下奇伟瑰丽的一笔。

所以，智慧往往有高下之分，见解常常有聪愚之辩。而正如孔子所说，最好的情况是“乡人之善者好之，其不善者恶之”，我在多年的市场研究中发现，当主流的观点朝着一个方向去，但是那些最聪明的市场参与者的观点却（声音微弱的）朝着另一个方向去的时候，事后往往证明主流观点错、小众观点对。

可惜的是，小众观点的声音往往太小，表现形式又往往太学术化，于是在今天这个信息大爆炸时代，就常常被淹没在信息的汪洋大海中，不为广大投资者所熟知了。

其出弥远其知弥少：分析信息比获取信息更重要

一直以来，资本市场的参与者对获取信息就有特殊的偏好。而独特的信息，也曾给正确掌握、使用它的人带来不菲的收益。在拿破仑战争时期，内森 · 罗斯柴尔德依靠更加迅捷的情报系统，比英国市场提前一步获悉拿破仑在滑铁卢的战败。在早于市场数个小时知道滑铁卢战况以后，内森假装抛售英国公债，制造市场恐慌情绪，实则偷偷大笔吃进英国公债。结果，当拿破仑战败的消息最终传到伦敦时，罗斯柴尔德家族就大赚了一票。

这个金融故事说起来很有意思，许多人听了以后也摩拳擦掌，想着自己怎么也能赚到这样的“快钱”。可是，如果同样的故事发生在今天，内森 · 罗斯柴尔德在赚钱以后，就可能被监管机构以两个罪名追责：获取和利用内幕信息以及操纵证券市场。

当人们依然沉浸在早期金融家们狂野又胆大的信息打探和使用时，我们的社会和证券市场早已发生了天翻地覆的变化。在今天的信息时代，信息的传播速度、公开程度，已经远非几百年前可比。同时，现代证券监管的核心要旨之一，就是保证投资者尽可能公平地获取信息，包括获取信息的时间和质量。

今天，上市公司被要求不得提前泄露内幕信息，在发布公告的时候公平对待所有投资者；证券公司的研究部门被要求在发布研究报告的时候，对大小客户一视同仁；投资者被要求不得利用内幕信息交易；等等。这种社会形态和监管理念的双重变化，使得获取比对手更快、更好的信息，不仅越来越难，甚至有可能背上法律风险。

相对于获取信息，在今天的证券市场上，投资者更容易在分析信息上找到优势。尽管我们的社会已经进入信息时代，但是这个信息时代更多指的是有海量的、未经处理的信息，而不是信息得到了有效的分析与利用。当大家获取的信息相似时，谁能够更好地分析信息，谁就有了在这个时代的投资优势。

其实，更好地分析信息而不是获取信息带来的优势，并非如今才有。举例来说，在太平洋战争期间，日本军国主义政府对国内采取新闻封锁，日本国民当时只能看到日军不断胜利的消息。（关于那段时间的历史，前坂俊之所著、新星出版社出版的《太平洋战争与日本新闻》中有详尽的描述。）但是，当时日本国内却有人通过虚假的新闻，发现了日军其实正在太平洋上战败的事实：如果日本真的节节胜利，那么为什么取得胜利的地点却离本土越来越近了呢？

在辽沈战役期间，林彪更是通过精妙分析一个看似平常的数据，打掉了国民党军的指挥部，活捉了廖耀湘。在东北野战军与廖耀湘兵团混战之中，一天深夜，林彪在听部队报上来的数据时，突然问读数据的参谋：为什么在胡家窝棚发生的那场战斗，缴获的短枪与长枪的比例、缴获和击毁的小车与大车的比例、俘虏与击毙的军官与士兵比例，都比其他战斗要高？结果在林彪的指挥下，廖耀湘兵团的指挥所被打个正着，廖耀湘也被俘虏。在听说林彪是通过这种方法抓到自己后，廖耀湘说："我服了，败在他手下不丢人。"通过一个平常的信息，加以精妙的分析，打出一个大胜仗，这正是林彪作为军事指挥官的过人之处。

在《吕氏春秋·精谕》中，记载了一个通过常人都可以见到的信息，分析出常人看不到的事情的故事。有一次，齐桓公姜小白召集诸侯开会，卫国的人迟到。齐桓公很生气，就和管仲商量，想揍卫国一顿。退朝以后齐桓公回到后宫，卫姬（卫国来的美女）看到齐桓公，施礼说，卫国有罪，请您宽恕我的祖国。

齐桓公说，你怎么知道我要揍卫国？卫姬说，我看到您"足高气强，有伐国之志也。见妾而有动色，伐卫也"。意思就是说，桓公您意气高昂，有要攻打别的国家的志气，而您见到我这个卫国来的美人，面色有变，那么就应该是要打我的祖国，因此见到我不好意思了。

夫人求情，加上卫国确实也没干什么十恶不赦的事情（就是迟到而已），齐桓公不能不同意，就当下在后宫决定不打卫国。第二天齐桓公上朝，见到管仲，还没开口说话，管仲就说，哎呀您不想揍卫国了吧？齐桓公说你怎么知道？管仲说，您今天神色谦恭又安然，看到我有惭愧的神色，所以我知道您要变卦，不打算揍卫国了。“君之揖朝也恭，而言也徐，见臣而有惭色，臣是以知之。”齐桓公感叹道，有仲父你和夫人这样能干的人帮我治理齐国，“寡人知终不为诸侯笑矣”。

回到我们的证券市场来说，那些最重要的投资决策，所涉及的信息往往都是公开的，人们缺少的是分析信息的能力而已。在2014年夏天，A股市场的蓝筹股平均PE（价格和每股净利润的比例）只有5～6倍。这个数据人尽皆知，却有多少投资者敢于买入呢？在2015年夏天，创业板市场的PE达到了150倍，这个数据也无人不晓，却有多少投资者敢于远离呢？在这些决定性的投资决策中，获取信息与分析信息，前者的作用轻如鸿毛，后者的作用重于泰山。

也许，对于仍然沉迷于获取信息而不爱下功夫分析信息的投资者来说，获取信息的简单、方便，似乎掌握了别人没有的东西的快感，分析信息所需要的费力、缜密、独立的思考，以及远离主流的、孤独的决断，才是让他们更爱获取信息，而不是分析信息的根本原因。可惜，“其出弥远，其知弥少”，获取信息带来的优势在这个时代日渐式微，而分析信息带来的智慧上的优势，却更容易长久保持下去，为掌握它的投资者带来持续不断的超额收益。

第三章

证券投资的技巧

战国末期，赵王欲用赵括为将，对抗秦国数十万大军。赵括之母极力阻拦，其中有一个理由是，赵括的父亲赵奢以前带兵时，军中大小将官多与他交情莫逆，赵奢知道军中的无数细节：弓箭有没有受潮，马匹有没有喂饱，士兵有没有生病，将领们的脾气秉性怎样，等等。而赵括则只会摆官架子，对军队的细节则所知寥寥，“父子异心，愿王勿遣”。赵王不听，遂有长平大败。

投资的世界也是一样，如果一个投资者虽然认可价值投资的好处，但是却不探究竟，不重视研究价值投资中的技术细节和技巧，那么往往会画虎类猫，难免可惜。

金字塔式投资法

1966 年英国拍摄的经典电影《喀土穆》的开头，有一段关于尼罗河的特写。这段特写气势磅礴，画面中充满了历史的深沉与凝重。而这段特写的第一幕，就是尼罗河两岸最经典的标志物——金字塔。

金字塔上尖下方，稳稳坐落在尼罗河的两岸，看河水涨落、政权兴衰，到今天已经有三四千年。在金字塔的注视下，埃及王朝、希腊文明、罗马和波斯帝国如同画卷一般，开而复合，兴而复衰。人类社会却在这开合兴衰中，一步步走向文明。

而金字塔的设计理念，直到今天，仍然能够在一系列建筑中找到。无论是三峡大坝还是上海环球金融中心，多多少少会采取一点这种“上小下大”的设计模式。原因很简单，重力作用乃是自然规律，这种形态的建筑物最为稳固。

在投资中，也有一种“金字塔”式的投资法，可以为投资者带来更大的胜算，在价格的涨跌中屹立不倒。简单来说，所谓“金字塔式投资法”，就是当资产本身质量不发生巨大改变的前提下，价格越低就买入越大的仓位。反之，当价格越高时，则买入更小的仓位，甚至卖出仓位。

越跌越买、越跌买得越多，这么简单的方法，一句话就能说完，但是实际做起来，却是反人性的。

按照乔治·索罗斯在《开放社会：改革全球资本主义》一书中提到的理论，对于绝大多数人来说，他们对资产的好坏并没有自己确凿的判断。因此，很多人是依据最近价格的涨跌来判断资产好坏的。也就是说，涨价的就是好东西，跌价的就是坏东西。同理，姑娘觉得追着我送花的男生就是好男生，孩子觉得给我买甜品吃带我打游戏的家长就是好家长，老师觉得课堂上听话回家乖乖写作业不捣乱的学生就是好学生，道理都是一样的。（仔细想想看，你现在觉得房子是个好东西，除了因为价格在涨，还有什么理由？）

因此，让绝大多数投资者在价格下跌、对资产印象变坏的时候买入比以前更大的仓位，等于是让他们挑战自己的思维，等于让一个娇气的孩子去吞苦涩的药丸。而正如大力士无法拽着自己的头发使自己离开地面一样，绝大多数人也没有挑战自己思维的能力。

那么绝大多数人是用什么样的方法在投资呢？在陈雨露和杨栋所著《世界是部金融史》一书的第 142 页有这样一段话：“典型的‘倒金字塔’：牛市前期并没有进入，看到收益后投资者才携资金而入，此时往往是牛市中后期，投资额先小后大，故曰‘倒金字塔’。”

越贵越买、越贱越卖，自古以来好生意就没有这么做的，倒金字塔式投资法的危害自然不言而喻。在提出上述定义之后，《世界是部金融史》用粗体字强调："倒金字塔投资是证券投资的兵家大忌，尽管您可能从无数资料中看到过这个法则，但是，我保证，绝大多数人是没有记性的。"

没有记性的事情，说了恐怕也是白说。不过，讲到兵家大忌，和投资大忌还真有相似之处。在《中国历代战争史》一书中，不少有实际带兵经验的编者不断提到一个概念，叫"依次投入不足之兵力"。意思就是说，在作战中不能一次将"兵力仓位"用到点子上，而是不断投入一小股部队，结果被对方优势兵力依次歼灭。

在淞沪会战中，这种情况尤为明显。由于当时中国军队的运输能力不够，加之没有空中优势，无法安全地大规模集结，结果部队是开到战场一批上去一批，上去一批被日军优势兵力打败一批。如果说"依次投入不足之兵力"还勉强算得上是垂直式投资法（机会好坏加仓数量一样），那么比它更差劲的"倒金字塔式投资法"就显然更加糟糕。

看透人性的索罗斯则不然，这位深谙"看对不重仓等于看错"的投资大师，在1992年的英镑狙击战中对自己的助手说，你既然相信自己，那为什么只投入这么点钱？结果，他的助手因此投入了数倍的资金量。随着索罗斯的一战成名，这句话现在也成为金融圈的经典。

古埃及的历代王朝已经飘散在历史的烟尘中，金字塔仍然屹立在今天的尼罗河畔，淡看千帆过尽。而倒金字塔式的建筑，即使在建筑业如此发达的今天，也看不到几座。那么，在上证综指触及 2 700 点的今天（本文成文于 2018 年 6 月 30 日），你是想用金字塔式还是倒金字塔式的投资方法呢？

依赖择时

择时，是投资中一个永恒的话题。只要掌握了这种技能，就可以在市场上涨之前买进、在下跌之前卖掉，账户天天涨，财务自由唾手可得。

不过，在资本市场择时，说到底还是小事情，搞来搞去，不过是一些货币在打转，放在汉朝时候的邓通看来，那都不算什么。邓通在汉文帝的允许下，可以凿山铸钱，想要多少有多少。

和今天在资本市场的择时比起来，两千多年前，有两个人用天下做赌注、用国运做择时，那才叫大择时。这两个人，就是秦帝国的李斯和赵高。

据《史记 · 李斯列传》所载，李斯一开始和荀子（战国末期的思想家、教育家）学帝王之术，自己觉得学成以后，就向荀卿告辞，说“斯闻得时无怠”，我李斯听说啊，择时择到的时候，就不能放掉，一定要抓住啊，所以我现在要出山去做一番大事。于是李斯来到秦国，几经努力，协助秦始皇统一天下，终于做到秦国丞相。从正确择时开始，一路做到秦帝国丞相，说李斯会择时，实属恰当之至。

光阴荏苒，秦始皇三十七年，皇帝病逝于沙丘。这时，秦帝国又一个会择时的人出现了。宦官赵高劝公子胡亥矫诏，赐死本来应该继承皇位的公子扶苏，自己做秦帝国的皇帝。

胡亥一开始不肯干，毕竟杀兄长、自己做皇帝这事不太对劲。赵高于是苦劝胡亥，并说了一句千古名言："时乎时乎，间不及谋！赢粮跃马，唯恐后时！"意思就是说，时机啊时机，转瞬即逝，你一定要赶快抓住，过了这村就没这店了！胡亥在赵高的劝说下，抓住了这个万世一时的机会，赐死公子扶苏，自己顺利当上了皇帝。

从择时来看，李斯、赵高，都可以说是千古少见的奇才。不过，他们两位最终的命运怎样呢？不用我说你们也知道。

回到我们的资本市场，现在你去书店看看，有一本书经久不衰：《股票大作手回忆录》(*Reminiscences of a Stock Operator*)。这本书说的是美国传奇投机家杰西·利弗莫尔（Jesse Lauriston Livermore）一生的传奇故事。在这本书里，"投机""交易""判断""买入卖出""观望与等待"这样的词汇反复出现，把择时的智慧都传授给了读者。在一些中文网站上，利弗莫尔甚至被称为"投机之王"。

那么，利弗莫尔最后的日子如何呢？这些宣传利弗莫尔投机方法的文章不愿意告诉你的是，他在 1929 年以后投机失败，直至破产。1940 年，杰西·利弗莫尔在留下一封遗书以后，饮弹自尽。

让我们再来看一个现实点的数据，以证明投机是多么困难的一件事情。在我们的身边，总是有一些人号称自己可以判断市场的走势，对吧？那么，我们就假设有这么一个人，每个月都能准确判断上证综合指数这个最大、似乎最容易判断的指数的上涨和下跌。他在每个月上涨的时候就满仓买入、下跌就空仓，那么，他从 2000 年到 2018 年 6 月 22 日资产会增长到原来的多少倍？答案是 835 倍。

2010 年 4 月 16 日，中国正式推出了沪深 300 股指期货，投资者可以开始多空双向投资。那么，如果有一个聪明的投资者，能够在每个月（不用每个礼拜，每个月就行）上涨的时候就做多、下跌的时候就做空沪深 300 指数（这个看起来特别容易判断的大指数），而且我们假设这个投资者也比较胆小，一点儿期货杠杆也不用，那么从 2010 年 5 月到 2018 年 6 月 22 日，这个投资者会赚多少倍呢？答案是 113 倍。

以上的假设，都只用了每个月的数据而已，没有考虑杠杆，也没有考虑单个股票更大的波动，而只用了指数，就能得到如此惊人的回报。但是，大家又见过多少人赚到如此惊人的财富呢？说得容易，做起来难比登天，对不对？

我们大多以为，自己比别人聪明。于是，后来的人，只以为当年的人择时不够精明，自己只要再努力一下、变精明一点就可以。看看今天，《股票大作手回忆录》仍然如此畅销，打开电视、报纸、网络，看看分析技术交易、选择买卖时点的讨论有多少，李斯、赵高的诡计仍然通过电视剧被人们津津乐道，你就能明白。

可惜，磨砖作镜、积雪为粮，没有价值作基础的投机之路，走得越远，人就会越迷茫。而以价值为基础的投资者们，则一步一个脚印，积跬步以至千里。现在，你还想问市场近期的涨跌到底是怎样的吗？

从《股民的眼泪》学怎样不掉眼泪

纯粹从制度和客观情况来说，我认为内地股票市场的个人投资者（俗称股民），应该是世界上最容易赚钱的人群之一。

君不见，中国内地股票市场不征收资本利得税（在成熟市场，资本利得税是一个普遍税种，沃伦·巴菲特曾经就如何在投资中处理这种税发表过长篇大论，大意是频繁买卖会在资本利得税下导致长期收益下降），分红的红利税基本是0（尤其对于长期投资来说），券商不征收香港证券公司会收取的仓租费、代收红利费等一系列费用，基本面增长又快（不信你对比一下日本和英国市场的报表），还有涨跌停板，流动性也好，很少出现一下暴跌50%还卖不掉的情况（这在香港市场司空见惯）。企业也很少退市，做得差的企业还经常有人借壳来救；企业估值经常虚高，导致按合理估值买入的投资者往往能很轻松地赚一大笔。更不要提在当年股权分置改革时，给老股东免费赠送的大概相当于持仓量30%的对价股票。哦对了，内地股票市场还有一种特殊的新股申购制度，可以让资产在十几万到几十万的股民，每年轻轻松松赚到10%～20%的无风险收益。要知道，股神巴菲特的长期超额收益也没超过10%。

啰啰嗦嗦讲了这么一大堆，那为什么内地股票市场的投资者却经常抱怨自己没赚到钱呢？在张化桥先生的《股民的眼泪》一书中，你可以找到不少答案。

从第一本书《一个证券分析师的醒悟》开始，曾经在香港和内地市场打拼多年的张化桥先生，就不遗余力地告诉投资者，这个市场里需要避免的各种陷阱在哪里。尽管对如何赚钱着墨不多，但是张先生的书无疑是揭露这个市场中各种让人赔钱的陷阱的最佳指南之一。正所谓“幸福的家庭都是相似的，不幸福的家庭各有各的不幸”，避免了这些陷阱，投资者就能少掉眼泪，多绽放笑脸。

很多股民在分析上市公司的时候，盲目相信上市公司披露的消息。或者不客气一点说，股民有时候明知上市公司披露的消息是为了诱导股价（这点在牛市的时候特别常见），但是却认为“会说故事的公司才能忽悠来更多人，不跟这样的公司跟谁”，因而自愿选择忽视一些虚假的业绩、企业蓝图。长此以往，股民把自己的利润来源建立在虚幻的忽悠之上，焉有不亏之理？

那么，怎么才能看出上市公司的公告究竟有多少水分呢？张先生提出了一些非常有意义的点。首先，股民需要彻底了解这家公司的生产经营情况，企业的经营环境怎样？利润从哪里来？管理层水平如何？上下游行业如何？护城河在哪里？竞争优劣势在哪里？然后，依据这些信息，股民要试图理解上市公司的公告和财务报表：现金情况怎样？财务报表里有不匹配的地方吗？公司为什么要做出某种公告？只有这样，股民才能从根子上把握一家公司。

关于投资银行（内地也叫证券公司）和基金公司对投资者所做出的诱导，我记得有一本书里曾经说过一句经典的话，“投资银行对你说，你就是股神，你只要多交易就好了（这样它才能赚佣金）。而基金公司则想对你说，你不会投资，基金公司才会，把钱给基金公司就好了（这样它才能赚管理费）”。那么，到底谁是对的呢？或许，谁都不对。

在企业上市的过程中，券商考虑最多的，也是如何获得承销费、如何把股票卖出去（在香港市场），而不是卖出去以后投资者能赚多少钱。毕竟，有多少人会把别人的利益（股民的损益）放在自己的利益（承销费、佣金和管理费）之上呢？虽然这个道理一说出来大家都心知肚明，但是把它这么细致地写下来，甚至用自己工作中的所见所闻一一举例，张化桥先生是我看到做得最细致的人。在《股民的眼泪》一书中，开头第一章就叫“券商不知不觉帮了坏人的忙”。

每个人都想买到好股票，聪明一点的人会知道，买好公司就是买好股票。可是从投资的角度来说，如果按着好公司的表象去寻找好公司，那仍然可能是刻舟求剑、按图索骥。

在第三章“我从股票得到的深刻教训”和第四章“十倍股往何处寻”中，张先生从选择公司的原则上提出了几个很有代表性的观点：公司壮大不等于股民赚钱，好行业也有坏公司，便宜货里有不少是价值陷阱，小心竞争激烈的行业，警惕利润不再增长的公司，别碰需要营销的公司，等等。

一直壮大的公司，难道不是好公司吗？可不一定。有的公司一直壮大，却是典型的虚胖。随着公司的壮大，企业的收购越来越盲目、利润率越来越低、总部和分公司及子公司之间的关系越来越疏远，企业发展蓝图越来越空洞和不切实际（甚至按这几年流行的话说，变成 PPT 公司）。最后，看起来公司越来越大，老股东却不一定能赚到多少钱。

好行业里也能有坏公司吗？这个事情，不需要用理论辩解，看看事实就知道了。在过去几十年中，中国的汽车、白酒、空调、基金管理公司，这几个行业能不能算是好行业？出过不少大牛股，对吧？但是，里面有没有坏公司呢？事实上，有时候好公司的辉煌，恰恰是以坏公司的惨淡为代价的。好公司所抢夺到的市场份额，就来自坏公司所丢掉的。

便宜货里有不少价值陷阱这事儿，A 股的股民可能不算太了解。毕竟，内地资本市场一直是一个流动性过剩的市场，加上市场上经常有资产注入和借壳上市（香港叫后门上市），便宜货变成价值陷阱的例子还真不太多。但是，如果放眼香港市场，我们就会发现，A 股市场里经常说的破净（股票价格跌破每股净资产），在香港市场真不算什么。在香港股票市场，不要说破净，股价到 0.5 倍净资产乃至 0.1 倍净资产，也不是没有的事情（但是一旦从超低估值反弹，也能带来巨量回报，比如 02333 长城汽车历史上曾经有一段走势）。所以，如果一家企业前途渺茫，只是便宜，那么股民还是要三思而后行。

如此陷阱，还有许多。竞争太激烈的行业，有时候看起来新闻不断、故事频出，最好当作饭后的谈资，但是要在其中杀出一条血路，可不太容易。一个公司如果利润不增长，就算资产再雄厚、估值再低，却硬扛着不分给股民，股民也都无可奈何。而那些需要营销的公司，往往就算业绩没有造假，却也是由营销驱动的。一旦营销止步，业绩常常难以为继。我自己就曾经见过一家公司，靠着高于营业收入增长将近 1 倍的销售费用，驱动公司增长。早几年还能持续，可是越到后来，就越步履艰难。

在会计报表里，投资者经常可以看到一些上市公司会从地方政府取得一次性补贴，而这些补贴还是直接写在利润表里的。对于一些不是这么明显的补贴，比如税收优惠、当地准入政策、政府大订单合作等，常常要在年报里发掘，甚至通过看上市公司公告都不太能搞明白。

很多投资者觉得，地方政府支持，那当然比不补贴要好，这怎么着也是个好事儿啊。但是，对于那些依赖政府支持才能生存的企业来说，有时候这些支持，恰如父母娇惯孩子，得以享受一时之快，却不免教育出骄娇二气的子女来。如果一个企业的利润不是从市场上得来，不是依靠更好的管理、更干脆的执行力、更深厚的企业护城河所得到的，而是依靠和政府关系好才得到的，那么，这种企业究竟能在商海中走多远，也就难以预料了。

说一千、道一万，在内地股票市场这样制度上倾向于股民（也就是个人投资者）的市场（比一比个人和机构投资者的新股中签率、佣金率就知道），却赚不到钱，股民自己要说没有责任，也是说不过去的。张先生的一句“自设地雷，股民垂泪”，真实地写出了这种状态。而在摧毁股民财富的特质中，情绪化和无知，无疑是比较重要的两点。

就情绪化来说，如果不了解股民的情绪，那么找一个大涨或者大跌的日子，去一些还有现场客户的营业部，你就能感受到这种情绪。也许，在日常生活工作中情绪化是有好处的（你总不能指望老师发了小红花，小孩一点都不高兴，课堂还能正常运转），但是在投资中，情绪化有百害而无一利：它绝不会为股民带来哪怕一分钱的额外收入。

而知识储备的缺乏，则造成股民无法理性地下判断。人们在买卖一套房子、添置一台家电乃至挑选晚上吃饭的餐馆时，往往都会下功夫做一番仔细的比较。但是，在买卖股票时，许多人却连最基本的年报都懒得看。没有足够的知识储备，想要做出果断、正确的决策，无疑是困难的。

说到这里，有人也许会问，股市里让人落泪的陷阱怎么这么多呢？但是，世界上又怎么可能有一种市场，让任何没有准备的人，轻松点点鼠标就能赚钱呢？如果这样的市场真的存在，我们又如何让大家安于按月发钱的正常工作呢？

其实，在内地资本市场的制度设计下，股民本身已经是制度最占优的群体。而想要取得好的投资成绩、不掉眼泪，无外乎要遵从科学的投资方法。这方法总结起来就是，认真分析行业，好好研究企业，控制买入价格，分散持仓比例，然后耐心持有、少做交易。

西蜀之去南海，不知其几千里也，僧富者不能至而贫者至焉。只要按照正确的道路走下去，不断学习知识、磨炼见识，任何个人投资者或者说股民，最后都能取得好的投资业绩，难就难在这份耐心和决心少有人拥有罢了。

何知仁义，已飨其利者为有德

在《史记·游侠列传》中，有这样一句话：“鄙人有言曰，何知仁义，已飨其利者为有德。”意思就是说，许多人并不会管一件事情有没有道德、一个逻辑是不是真正正确，只要当时赚到钱、得到好处、“享其利”的，就是好的，很多人也都爱去做。

两千多年过去了，沧海桑田，人心却没有多少改变。在今天的资本市场中，这样的情况特别多见。在一个产品价格大涨的时候，我们能看到一大堆新理论解释，它为什么是一个好资产。但是，如果有一天这个产品的价格开始大跌，我们又会瞬间看到许多理论，说它为什么不可救药。往往这两者没有一个是对的。

但是，那些真正有经验的投资者，却会轻易发现这些理论之中的漏洞。而那些虽然没有足够经验，但是却能真实面对自己内心、细致分析理论、不人云亦云的投资者，也会在阅读完这些资料以后，困惑地问：“为什么这些理论我看得不是太明白呢？”“为什么这些理论和几年前的那些不太一样呢？”

举例来说，虚拟货币的价格在最近几年里大涨，我们就看到无数理论，证明为什么虚拟货币是如此优秀。至于背后包含的技术问题之复杂，一种没有任何背书的“货币”居然能有价值这种事情之奇异，恐怕连写下这些理论的人，自己都没有搞得太明白。（我曾经仔细问过一些推荐虚拟货币的人，区块链到底是怎么回事，具体程序怎么写，为什么据说很安全的虚拟货币仍然有时候被偷，但是没几个人真正讲得明白。）而虚拟货币在过去几年之所以广受美誉，恐怕最重要的原因只有一个：它的价格在上涨（本文首次发表于 2017 年 11 月，在后来的 2018 年中，虚拟货币大跌）。

再看 A 股的创业板，在 2015 年夏天，创业板指数（399006）的 PE 估值最高达到 140 ～ 150 倍。在历史上，几乎没有几次股票市场泡沫达到这个估值。但是在当时，我们看到宣传为什么创业板就值这么高估值的文章（和今天宣传为什么一线城市房子就该这么贵的文章逻辑神似），远远多于探讨风险的。为什么？还不是因为在此之前创业板一直在涨。要知道，这个指数从 2012 年底的最低 585 点，上涨到了 2015 年夏天的最高 4 037 点，让投资者足足赚了将近 6 倍（算上股息还得更多）。

反之，今天创业板指数的 PE 估值已经下降到了 42 倍（本文成文于 2017 年 11 月）。尽管 42 倍仍然算不上一个很有吸引力的估值，但是至少比 140 ～ 150 倍已经下降了 2/3 还多。可是，今天对创业板的正面分析却大不如昨，反而能看到不少批评文章。估值高的时候觉得值得买入，估值低的时候反而放弃之前的逻辑，这不是很奇怪的事情吗？而这背后的真正逻辑，就是那句“何知仁义，已飨其利者为有德”。

再看 2014 年以前 A 股市场上的基建股和周期股，当时的市场论断一片悲观，认为中国经济产能过剩，基础设施建设过剩，新能源开发导致传统能源被抛弃，等等。但是当时，这些股票的估值也十分低廉，PB（市净率）低于 1 倍的公司比比皆是。到底是这些理论真的完美解释了周期股和基建股的问题，还是价格的下跌、估值的低廉导致这些理论的出现呢？

三年过去，到了今天，周期股和基建股的估值已经较当时抬升了不少，但是投资者却更加喜爱这些股票，提出了一些三年前听不到的新理论，比如环保限产导致产量下跌价格提升，房地产市场冷却导致基建必须抬头，诸如此类。是这些理论真的能预测未来几年这些股票的走势吗？还是因为股票价格上涨了，所以大家开始为上涨找理由，因此把一些当前的现象说成在未来能继续帮助股价上涨呢？

再比如，在 2016 年底国内债券市场牛市的末期，10 年期国债到期收益率只有 2.7% 左右，我们就听到不少理论，说为什么债券收益率还会下跌、价格还能上涨，甚至认为能向下突破 2% 的都有。但是，当时债券的收益率其实已经不高，空间已经不大。反之到了今天，10 年期国债收益率行将破 3.9%，已经开始接近 2002 年以来的最高水位线之一（之前几个分别出现在 2004 年、2007 到 2008 年、2011 年、2013 到 2014 年，最高点最少 4.2%、最多 5.4%），但是市场却变得异常悲观，当年的乐观情绪早已不复存在，即使我们面对的收益率已经离历史最高水平相去不远（本文成文于 2017 年底，2018 年债券市场表现得不错）。

所以说，“何知仁义，已飨其利者为有德”。下次当我们再看到一段证券分析的时候，我们得想想，这个分析到底是由分析者的真知灼见而来的呢，还是因为市场的涨跌导致分析者被影响，因而写出这样的文章呢。如此细心体验，投资者想必就能更好地把握市场的真相。

三不管现象与其中的投资机会

在社会生活、经济投资等各个领域里，有一种现象叫作“三不管现象”。简单地说，就是一个事物（往往是新生事物），由于其特殊性，并不明确属于任何一方的既定管辖范围，同时管理这一事物又没有什么好处，所以就出现“三不管”或者“多不管”“没人管”的现象。而这种现象，经常能带来不错的机会。

比如，在封建王朝的历史上，起义者往往选择几个省交界的地方作为自己的根据地，原因在于各省的提督、巡抚、总兵，都认为交界处不是明确归自己管辖，因此多一事不如少一事，镇压的速度往往不够快，就给了起义者更多的活动空间。

在历史上的革命战争中，人民军队也常常利用敌军“几不管”的特点，专挑敌军几个建制军队的接合部，尤其是彼此关系不好的军队的接合部，进行穿插和作战。这时候，敌军往往都认为这块地方不归自己管辖，行动迟缓、懒得动弹，因而经常能够收到奇效。

在投资中，“三不管”现象的出现通常由于某种资产或者某个市场不属于任何投资者的惯有研究、投资范围，这就造成没人肯看、少有人买，估值因而大打折扣。而这种现象，就会为更勤奋的投资者带来回报。

在早年投资欧洲股票的时候，彼得 · 林奇就曾经发现，欧洲市场很多股票没什么人看。美国投资者嫌远，自然不愿意去看。欧洲本地金融投资氛围又没有美国浓，也不怎么看。结果，林奇发现了不少便宜的好股票。

而对于美国小盘股的投资，彼得 · 林奇也通过“股票多情种”的投资方式，取得了巨大的成功。对于美国小盘股来说，大型机构投资者往往不爱投资，因为体量太小，琢磨清楚一个公司得花很大力气，琢磨清楚又买不到足够的交易量。个人投资者和小型投资者则限于研究力量不够，无法覆盖太多的小盘股。结果，林奇调研、买卖了数量惊人的股票，以极度分散的仓位和极高的持股数量，挖掘到了这个“三不管”的金矿。

从内地市场的分级基金来说，我曾经发现，导致一些分级基金尤其是分级基金A端极度低估的原因之一，是这种产品的“三不管”。股票部门的人说，这不是股票，也不是传统基金，不归我们管。债券部门的说，分级基金A端虽然有债券属性，但它也不是债券，不归我们管。组合部（保险公司里的一个部门）说我们负责资产配置，这种新兴的东西搞不清楚到底是啥，所以也不该归我们管。结果，最后经常导致分级基金没有人看。

再以香港股票市场来说，在2016年年初港股出现低估和巨大投资机会时，内地许多投资者对港股的态度是“没有接触过这个市场，没有研究储备，不了解”，欧美的投资者态度则往往是“太远了，市场没接触过，不了解”。结果，一个巨大的投资机会，被许多投资者白白放走。

而在2013—2018年间兴起的虚拟货币，往往伴随着大量洗钱、掩盖非法资金流向的交易存在。但是，在其萌发的若干年中，并没有受到政府的有效监管，这也与它的“三不管”性质有关。虚拟货币既不是货币，又不是传统金融工具，也不是商品，很难找到具体的监管方。因此，各国政府在对虚拟货币的有效监管方面，常常动作缓慢，也就可以理解了。

再以股票投资中的行业来说，有时候有些公司所在行业特别小众，证券公司和基金公司没有研究员仔细覆盖，或者业务跨几个行业，没有哪个行业研究组肯主要覆盖，结果就导致“多不管”，市场关注度就会相对比较低。

造成“三不管”现象的原因，主要是现代社会往往存在细致的分工。细致的分工在提高了生产效率、明确了权责的同时，却也导致某件事一旦不属于某一个分工领域，那么就找不到对口的管理者。而由于分工制度下的考核指标往往很精细，人们也就没有动力去管理那些没有明确划分在自己权责范围内的事情。挖掘这种现象带来的投资机会，也就成为价值投资者寻找超额收益的一种方法。

常见估值手段的优劣

在股票投资中，估值是必不可少的要素。而且，历史模拟也证明，在有效性不强的 A 股进行分散化投资，即使完全、简单地依靠估值选择标的，也往往能取得不错的业绩。但是，估值方法各有不同，优劣有别。这里，就让我们来看看各种估值方法的优劣所在，和应用时需要注意的问题。

市盈率（PE）估值法

市盈率估值法可以说是我们最常见到的估值方法，优点也不言而喻，其跨行业的适用性比较强，比较直观，也比较容易简单地反映出公司的经营状况和股价之间的关系。

市盈率估值法的问题，则主要来自盈利状况的不稳定。当期的非经常性损益可能导致利润的大幅波动，某年市场情况的变化也会如此，而对于一些周期性行业，利润忽高忽低，也很难得到稳健的盈利以及市盈率。此外，对于初创公司、具有极强不确定性和爆发性的互联网公司，市盈率法也不是太适用。

一个可以适当熨平市盈率波动的方法，是看一家公司过去 3 年甚至过去 5 年的平均市盈率。这种方法在海外成熟市场比较流行，在中国市场的适用性却也不是太大。一个重要的原因，是中国市场发展太快、成长性太强，因此平均市盈率往往有所滞后。

另一方面，预期市盈率（即用市值除以预期盈利）的方法，虽然可以反映企业盈利的增长，但是这个指标因为其随意性较强（判断预期盈利的主观性太强），因此往往会导致股票的低估值。当然，如果投资者能够中肯地自行计算预期市盈率，那么预期市盈率也是一个不错的方法。

市净率（PB）估值法

相比于用变动较大的盈利进行估值，由于企业的净资产往往变动幅度不会太大，因此市净率估值法的稳定性相对较强。对于一些盈利变动巨大的企业，比如周期性行业、证券行业等，这种估值方法尤其好用。

但是，不同企业的净资产差别比盈利差别更大。举例来说，一家企业的资产是十几年前评估的，那么当时的评估价值和现在的就常常有较大区别。另一方面，净资产中又常常面临不当折旧、不当摊销等问题。

此外，不同企业之间，利润的相互可比性较强，但是净资产的相互可比性较弱甚至很弱。比如，一家钢铁企业和一家证券公司今年的盈利都是 10 亿元，那么我们可以简单地认为，这 10 亿元之间有一定可比性。但是，如果它们的净资产都是 100 亿元，这两个 100 亿元之间的可比性就要差很多：现在出售 100 亿元的钢铁行业净资产，远远难过出售同样资产规模的证券行业净资产。

股息率（DY）

从公司经营的原理来说，股息高低其实和公司好坏并不一定有直接的关系。沃伦 · 巴菲特的伯克希尔 · 哈撒韦公司就很少分红，但是这并不妨碍它成为一家好公司。

但是，股息率估值法往往能为投资者找到靠谱的好公司。一方面，能发出真金白银作为股息的企业，资质、现金流、竞争力往往不错。而且，管理层也不认为自己要守着一大堆现金，来抵抗未来的风险。敢于将现金派发给股东，本身就是一种姿态。此外，由于股息率 = 股息 / 股价，因此股息率高的企业，股价往往也不会太贵。

不过，观察股息率高的公司仍然需要注意一些问题。比如，新上市企业因为大股东无法减持，但又需要现金，因此大笔分红的；公司对未来经营感到悲观，因此大笔分红并收缩业务的；等等。符合以上条件的企业，不一定不值得投资，但是如果仅根据它们的股息率高就简单决定投资，无疑是欠妥的。

自由现金流折现法（DCF）

在国际投资者中，现金流折现法是常用的方法。这主要是因为它一方面考虑了企业的自由现金流、更加真实地反映了企业的经营情况，另一方面也考虑了资金成本，更好地对比了相对性的投资机会。

但是，自由现金流折现法也有不少问题，一方面它计算过于繁复，因而不容易进行较长历史时期数据的比对；另一方面，其中用到的参数太多，而每调整一个参数就又容易得到一个新的结果，因而可操纵性过大。

不过，不管怎么说，自由现金流折现法是一个好的理念，正如沃伦·巴菲特所说，他虽然喜爱这种估值方法，但并不经常仔细计算一个公司的自由现金流估值到底是多少。

法无定法，契机者妙。股票的估值方法还有很多种，过于执着其中一种乃至多种方法，都是不可取的。毕竟，投资的真谛是购买又好又便宜的资产，而估值的高低，再怎么精确，也都只是衡量“又好又便宜”的一个尺度而已。只有恰当运用各种估值方法，最终找到“好”和“便宜”的资产，才是价值投资的王道。

逆周期监管与投资

在乔治·索罗斯先生的许多论述中，他不止一次提到一个词，“逆周期监管”。所谓逆周期监管，指的就是监管机构在看到市场的周期朝着极端方向发展的时候，推出和当前周期相逆反的监管措施。没错，我们在股票市场里看到的许多监管措施，尤其在市场大涨大跌时候的措施，都是典型的逆周期监管。

索罗斯指出，由于资本市场存在天生的不稳定性，所以逆周期监管对于维护一个市场长期的健康发展，避免极端的金融危机，是大有裨益的。至于资本市场为什么具有天生的不稳定性，则是另一个很大的话题，在此不再展开。我们只要看到，从几百年前的荷兰郁金香泡沫到十几年前的云南兰花泡沫，从几个世纪以前的南海股票泡沫到2000年的全球科技股泡沫，从A股市场的2007年泡沫到2015年小股票泡沫，以及2005年和2014年的极低估值，资本市场的不稳定变化一再上演，毫无可控的迹象，就足以理解这种事实了。

其实，在20世纪80年代，计算机的计算能力第一次让世人惊叹的时候，人们曾经一度以为，也许将来可以依靠信息的零成本交流、高度的整合和运算，彻底消灭市场的不稳定性。不过，之后的例子证明了理想和现实的差距，市场的复杂性随着社会的发展逐渐加大，不稳定性只能被努力控制，但很难被彻底消除。而控制的重要手段之一，就是逆周期监管。

在江平所著的《台湾股市大泡沫》一书中，中国台湾股票市场在20世纪八九十年代的那场大泡沫中之所以主要指数从最低到最高点上涨了大概12倍，之后又在一年之中暴跌最多达到63%，其中一个重要的原因，就是台湾当局在讨好选民的压力之下，难以实施有效的逆周期监管。

同样，在2007年，美国房地产市场的房价和年租金比值，达到大约35倍。这个数字看起来不是太高，但是由于美国市场对由此衍生出的0首付以及之后巨量的衍生品缺乏逆周期监管，结果仅仅35倍的房价房租比（也就意味着比3%略低一点的年租金回报率），就导致了灾难性的金融海啸，并且蔓延到全球市场。

由于逆周期监管对市场的长期稳定与发展大有裨益，索罗斯在他的论述里不止一次赞赏中国有效的逆周期监管，并且认为成熟市场信奉无为而治的监管机构，应该在逆周期监管这个问题上多学习中国的同行。同时，对于投资者来说，依据逆周期监管进行投资，是一件既简单又复杂的事情。简单在于，逆周期监管往往是长期投资的重要参照。复杂则在于，这种关联性并不是简单线性的。

从长周期来看，逆周期监管出现的时点，通常都是投资者应该随之买卖的时点。举例来说，2000 年，政府对于房地产市场的态度是鼓励购买（上海当时买房甚至可以送户口，而不是今天的有户口才能买房），对股票市场的态度则是不鼓励炒作。从之后近 20 年的市场来看，2000 年的房地产恰好是一个买点，股市恰好是一个卖点。

在之后的一些逆周期监管中，我们也可以看到“长期跟着逆周期监管做投资有钱赚”这样一个普遍的规律，比如 2005 年、2007 年、2008 年、2013—2014 年，股票市场上的逆周期监管政策都给依照其进行投资的投资者带来不少收益。但是，长期之内毕竟还有短期。依据逆周期监管做投资，投资者需要理解几个问题。

首先，逆周期监管出现的时点，一般同时具备两个条件。其一是市场已经偏离均衡状态很远，其二是造成这种偏离的市场力量也十分强大。尽管前者导致跟随逆周期监管进行投资往往能在长期带来收益，但是后者也导致这种收益不一定会在短期兑现。与周期对抗的投资者，尽管已经在长期投资上占尽先机，但往往需要对抗市场周期的大浪。这时候，一些脆弱的举措，比如借债投资、投资资金来源更加短期化，都会导致投资者遭遇很大的困难。

其次，有些资产的周期太长，其中最典型的就是房地产。日本市场从 20 世纪 60 年代到现在长达半个多世纪的时间里，只出现了一个涨跌周期。因此，对于周期特别长的资产，根据逆周期监管进行的投资，可能在中期时间里都是错误的。这一点在中国市场也很明显，房地产领域中对抗房价飙升的逆周期监管，从大概 10 年前就已经开始，但是直到 2018 年，房价仍然没有显著降低。

第三，越强大的市场扭曲，往往导致越有力度的逆周期监管，而越有力度的逆周期监管，也就意味着短期市场扭曲的动力越强，因此就可能导致一种“监管力度越大，短期市场越逆反”的现象。所以，投资者应该理解逆周期监管和短期价格波动之间的关联性并非线性，期望“一旦出现逆周期监管，市场就必然、立刻反转”，是不现实的。

同时，由于绝大多数投资者对于逆周期监管和市场基本面之间的关系并没有清楚的认识，因此短期看似无效的逆周期监管，往往会被市场参与者误读：投资者轻率地认为，逆周期监管是无效的。有时候，这种轻视还会蔓延成一种舆论氛围，进而影响投资者的决策。但是，再强的舆论氛围，也不会对长周期的投资方向带来任何实际意义上的改变。

此外，将逆周期监管和投资相匹配，还需要考虑到估值的绝对水平。在绝大多数时候，逆周期监管的出现，都意味着市场的估值已经很低或者很高。但是，在一些时候，如果市场从一个极端状态发生扭转，扭转的速度又太快，则逆周期监管也可能出现。

在这种时候，市场的估值不一定会调整到绝对低估或者高估的地步，逆周期监管的对象也并不是绝对的估值，而是快速改变的价格和对市场带来的冲击。这时候，如果投资者将对于价格变动幅度的逆周期监管，误读为对于估值绝对水平高低的逆周期监管，则会造成错误的判断。

最后，根据逆周期监管进行长期投资，仍然需要寻找具体的标的，而不是大而化之地进行指数化投资或者一揽子投资。投资者应当认识到，对于长期投资来说，时点的选择固然重要，但是具体品种的选择所带来的回报，在长周期往往远远超过时点选择所带来的回报。

举例来说，投资者在 2015 年 A 股市场最高点时，选择业绩优秀的蓝筹股，与市盈率高达一两百倍的小公司，在之后几年的回报有云泥之别。前者在市场指数下跌了 50% 之后往往仍能保本，甚至带来正收益，后者则会让投资者损失惨重。这一点在沃伦 · 巴菲特、彼得 · 林奇的文章中也都有详细的分析，在此不再赘述。

总结来说，逆周期监管的出现，往往与市场的长期投资机会或者投资风险相吻合。但同时，投资者也应当意识到逆周期监管与波动周期之间的共生性，以及由此带来的复杂的市场短期走势。不过，从长期投资的角度来说，短期的价格波动并不重要。弱市中逆周期监管的出现，往往预示着不错的买点，而牛市中则往往意味着需要考虑卖出。在此时通过精确的分析买入优秀的标的，能够为投资者在长期带来非常丰厚的回报。

投资的诀窍：免费 / 廉价的期权

在投资中，不少传统价值投资者懒得看资产价格的波动，他们注意的主要是资产的内部增长。但是，这种做法其实在投资中会丢掉一些难得的机会，这种机会，我们称之为“免费的或者是极其廉价的期权”。

举例来说，在电影《大空头》中，一些投资者就利用“廉价的期权”对赌次贷泡沫破裂。如果泡沫不破裂，那么他们每年只要付出一点点期权费就可以，而如果泡沫破裂，他们会赚个盆满钵满。

在《大空头》中描述的期权，还属于需要付出代价（尽管并不高）的期权。在内地资本市场，由于市场不成熟，投资者发现机会的能力更差，同时制造泡沫的概率更大，我们就可以看到一些近似于免费的期权存在。

举例来说，在 2015 年年中，分级基金 A 端的价格普遍下跌到相对净值折价 20% ～ 25% 的水平。在这个时候，从债券的角度来说，它们固然已经是不错的债券，但是同时，它们附送了一个免费的看空 A 股股票的期权。

也就是说，由于分级 B 下折机制的存在，当时的分级 A 在作为一个高息高等级债券近似品的同时，还给投资者提供了一个“一旦 A 股大幅下跌就可以快速大幅获利”的免费、无期限的看跌期权。

而由于当时 A 股股票尤其是一小部分蓝筹股以外的股票，估值已经比较高，这样的免费看跌期权就显得弥足珍贵。结果，在后来 A 股突然而来的大调整中，分级基金 A 端价格果然大涨。

而在股票的行业分类中，保险和券商这两个行业，也存在这种“免费 / 廉价的看涨期权”现象。

众所周知，在股票牛市来临的时候，保险公司的投资回报会大涨，股价也就会大幅抬升。同时，由于股票牛市往往伴随着大量的成交（也就是成交佣金）、IPO 上市、融资融券利息收入等，证券公司的利润也就会大涨。

与此同时，由于市场对牛市的未来有美好的预期（尽管事后经常被证明是错的），保险和证券行业公司的估值也就会大涨。这样，这两个行业的股票往往在牛市中就会遇到所谓“戴维斯双击”，价格飙升。

也就是说，如果在熊市中以低廉的价格买入此类行业的股票，就等于同时买入了一个公司的基本面，以及一个附送的免费看涨期权。如果市场一直没有牛市，投资者可以取得平均的收益。但是一旦市场有了疯狂的牛市（尽管这种牛市发生的时间和频率几乎完全无法预测），看涨期权就可以产生不错的效果。

而从大类资产的角度来说，在并不成熟的内地市场，股票整体来说也附送了一个免费的看涨期权（在成熟的美股和港股这种现象其实也存在，不过效果略差一些）。但是，收益率下跌有底、上涨无顶的债券就没有这个属性。

也就是说，考虑到股票的牛市波动性，如果假设股票和债券的长期内在回报分别是 12% 对 5% 的话，那么这个免费附送的看涨期权，可以把股票的长期潜在回报再抬升几个百分点。

值得指出的是，这种“免费或者廉价的期权”，指的是相对其可能带来的价值而言的“免费或者廉价”，而非实际价格的廉价。否则，一张只要几块钱的彩票，就会成为一种非常廉价的期权。实际上，与其可能带来回报的概率相比，彩票这种期权贵得吓人。

与“免费 / 廉价的”期权相对应的，则是“收费的 / 昂贵的”期权。也就是说，这种期权虽然也能让投资者在可能到来的、极端的行情中获利，但是它们的费用公允甚至昂贵，所以并不能带来非常理想的风险调整后的收益。一般来说，各类常见的金融杠杆、市场上实际交易的大部分期权，都属于此类。

所以说，即使资产的内在价值是价值投资者关注的最主要因素，但是如果在此以上，市场还能附送一个免费或者廉价的期权，那么为什么要拒绝这种收益远大于风险的事情呢？毕竟，百川归海，以最大的概率、最小的风险赚取最多的钱，才是价值投资最核心的理念。

按图索骥：依靠两低一高模型选股可能遇到的问题

在挑选价值投资所钟爱的“又好又便宜”的股票时，投资者有许多方法。当然，最好的方法一定是一家家公司慢慢看。毕竟，我们几乎不可能用一个方法涵盖所有的公司、分析所有的商业情况。不过，为了在海量的公司里先筛选出比较好的标的，投资者有时候也可以利用一些小模型进行初步的筛选，以降低工作量、提高覆盖面。

在 2018 年出版的《投资精要》一书中我介绍过的“两低一高模型”，就是一个简易的模型。在之前的文章里，我曾经描述过这个模型的筛选方法，就是选择市盈率低、市净率低、股息率高的股票，组成一个组合。在 A 股的历史回测中，这个模型验算出了不错的超额收益。而且从原理来说，一个 PE 和 PB 低、股息率高的股票，一般也比较符合价值投资的要求。

但是，模型毕竟是僵化的，“两低一高”模型也不例外。这里，我就聊一聊那些符合“两低一高”标准的股票，有可能出现哪些其实并不符合价值投资原则的情况。投资者在进行投资选择的时候，可以据此进行排查，以免盲目相信机械、呆板的模型，而错过了价值投资选择“又好又便宜”的股票的真谛。

估值数据采用的全部是静态的财务数据，但是，静态的财务数据不等于动态的企业展望。对于一些企业来说，它们身处的是前途比较暗淡的行业。这些行业的发展水平一般已经很高，很难指望在未来的长周期里这些行业有太大的发展。甚至由于已经过度发展，这些行业可能还会有一些倒退。这时候，即使一家企业的 PE 很低，也不一定符合“又好又便宜”的标准。

另外，还有一些企业则处于周期波动非常巨大的行业。如果这些行业恰好在一个时点，波动到了周期的最景气端，这时，即使一家公司的盈利数据非常好看，也不一定代表它是一家好公司。投资者需要参考这家企业或者这个行业过去的波动情况，以作定夺。

还有，一些企业的盈利、净资产等数据，可能存在不少水分。比如，利润中虚构的成分比较高，一次性收入比较高，对一些应该计提的费用和成本没有计提到位，都可能导致企业的盈利虚高。而商誉、存货、应收账款等项目上，过高的估计和过低的减值处理，永续债、优先股等项目占比过大，也会导致企业的市净率数据不能反映真实的情况。

而企业的股息，也不是一个完全可靠的指标。和盈利一样，一些公司的分红也是周期性而不是稳定的。出于各种各样的考虑，有时候有些公司会突然提高派息，而这种派息往往不容易持续下去。这时候，如果投资者直接把派息的高低作为判断企业是否有价值的唯一考虑因素，就会错误估计企业的价值。

与以上情况相反的是，有一些公司，虽然在“两低一高”的框架下排不到太靠前的位置，但是这些公司却比那些排名更靠前的公司更符合“又好又便宜”的投资理念。

比如，有的公司虽然盈利不高，但是盈利非常稳定，比如一些交通运输、公用事业领域的公司。另外一些公司，虽然估值不低，但是有高速的发展。还有一些公司，有一些数据可能来自会计上的制度性错误，比如净资产的评估日期非常早，或者净资产的盈利能力非常强（经常出现在轻资产公司中，也就是对资产依赖非常小，对技术、人才、品牌等因素依赖更大的公司）。这些公司虽然在“低 PE、低 PB、高股息率”的框架下，很难占据靠前的排名，但是它们的价值可能比排名靠前的公司更高。

还有，一些周期性特别强的公司，可能正好处在行业周期景气度的最低点。这时候，这些公司的盈利差、分红差（甚至没有），净资产恐怕也要有所衰减，按照“低 PE、低 PB、高股息率”这个框框来套，一般很难套得进去。但是，这些公司的强周期性，导致它们在盈利最差、派息最差的时候，往往才是最值得留意的时候。一旦行业景气周期来临，这些企业的盈利大增、估值提升，也能给投资者带来很好的回报。

所以说，在价值投资中，所有的模型、标准、条条框框，都是为投资者所利用，而不是供投资者所依赖的。如果投资者过于依赖一些模型和条条框框，放弃了充实自己的知识、提高自己的智慧，那么正所谓按图索骥、刻舟求剑，这种做法无疑偏离了价值投资宗旨。

资本市场的定价：正确的、无意义的和错误的

每一个投资者在参与市场交易的时候，都想取得超过市场的回报率。由此，我们也就必须不停地对市场的定价做出判断，希望找到那个市场错了、我们对了的定价。

这其中，有一些投资者认为“市场定价总是对的”，因此放弃了自主投资，选择了大类资产配置和指数投资。另一些投资者则认为“市场总是错的”，从而变得愤世嫉俗，认为事事都要逆市场而动。还有一些投资者认为市场是不可预测、不可判断的，所以也加入了第一类投资者的被动投资序列。

其实，这三类投资者都错了。从定价正确与否的角度来说，市场的定价分为三种，正确的、无意义的和错误的。其中，前两种对投资者取得超额收益是没有帮助的，而它们占了全部定价的最起码90% 以上（如果不是 99% 的话）。只有第三种错误的定价，才是超额收益的来源。

先说正确的定价，其实很多时候，市场还是有一定效率的，它对一些资产的定价也还算准确，也就是俗话说的“人少的地方不一

定能去，而且一般来说都不能去”。作为一个演化了几百万年的物种，人类的从众心理虽然被价值投资者广为诟病，但它却在大多数时候保证了大多数人的生存。

最简单来说，北上广深的社会资源远多于三四线城市，房价也就远高于后者，很少有人会说“一样是板楼，北京就 7 万，我家才 7 千，所以我家的一定更有价值”。

以另一个例子，A 股和 H 股比价来看，由于 A 股流动性更充裕、投资者专业水平相对更低、制度优势更明显（比如税收和打新效应），内地的 A 股理应比香港的 H 股贵，而它在大多数时候的确也比 H 股要贵。如此种种，在资本市场上，这类正确的定价占到总数的最起码一半。

第二种定价，我称之为“无意义的定价”。也就是说，这种定价并不一定正确或者错误，但它错误的幅度太小，或者正确的幅度太小，以至于很难让投资者进行判断。也就是说，这是一种对于判断投资机会来说“无意义”的定价。

举例来说，当前 A 股大家喜欢说的一个方向，就是 A 股会有“漂亮 50 泡沫”。姑且不提这种预测泡沫的逻辑在原理上是有缺陷的（由于泡沫由非理性导致，因此对它进行预测是非常不靠谱的一件事情，准确率比预测理性导致的基本面变化要低太多太多），即使以 A 股的“漂亮 50 备选股”的估值来说，也已经开始进入一个“不确定的状态”（本文成文于 2017 年 5 月 21 日）。

也就是说，这些公司的估值一方面不是特别便宜，其中大部分都比 2014 年 A 股市场最冷淡的时候，或者 H 股 2016 年初最低估的时候，还是高了不少的。另一方面，这些公司又不是特别贵，比起2007年大泡沫顶点、2009年市场高点，它们的估值也谈不上很贵。

由此，对于投资者来说，这些“A股的漂亮50备选股”，其当前的估值就陷入一个有点尴尬的状态，投资者很难判断市场究竟是不是错了。因此，我把这种市场定价称作“无意义的定价”。在市场中，这种定价也占了一大部分，在绝大多数时候，你并没有办法去区分一个定价到底是不是正确或者错误。

只有第三种定价，错误的定价，才是寻找超额收益的投资者所真正需要的。

在这种定价中，市场不但错了，而且错得离谱，给人的感觉简直就是10块钱的资产2块钱甩卖。就好比沃伦·巴菲特所说的，如果一个资产价格需要仔细计算才知道是否低估，那么它就不值得投资。也就是说，错误的定价不但错了，而且错得离谱，但凡在当时还能保持理性、还能看到这个定价的人，都会知道它错了。

还是以前文A股和H股比价的例子来说，如果A股比H股贵一些，那么我们可以认为它属于“正确的定价”，如果A股比H股只贵一点点或者价格差不多，那么它可能属于“无意义的定价”。但是，如果A股比H股整体贵了非常多（比如80%以上）或者甚至整体还比H股便宜，那么我们基本可以认为它属于错误的定价。

历史上，以恒生AH股溢价指数和A/H股比价指数反映出来的，A股比H股贵很多的情况有两次：2000年和2007年；A股比H股明显便宜的也有两次，2005年和2014年。发现了吗？前两次对应的是之后的A股大熊市，后两次则对应了A股大牛市。

那么，至于其他的市场定价正确和无意义的时候，我们又应该如何处理呢？很简单，什么都不要做，随它去吧。毕竟，没有人能判断对所有的事情，你也不需要赚到这世界上的每一分钱。

泡沫不能被预测，只能判断

在投资中，有一类投资机会最令投资者神往，就是投资中的泡沫。在泡沫中，生铁作黄金、瓦砾比珠玉，大家都能赚到平时赚不到的钱，过上平时不敢想的日子。于是，许多投资者也就对预测泡沫乐此不疲。

殊不知，以上的叙述只对了半截：赚泡沫的钱是件好事，但预测泡沫的发生却是件极其不靠谱的事。即使对于历史上有名的泡沫投资大师来说，他们虽然赚到了泡沫的钱，靠的却不是预测泡沫，而是判断泡沫。

就以时下最热门的泡沫预测中国版“漂亮 50”来说，投资者看到一些优质蓝筹股上涨，联想到几十年前美国曾经有一次大的蓝筹股“漂亮 50 泡沫”，因此就开始憧憬中国市场也能来一次“漂亮 50 泡沫”，把被大家遗忘已久的蓝筹股估值打到天上。（本文成文于 2017 年 5 月 6 日，当时蓝筹股股价如日中天，A 股也有中国版“漂亮 50”之说。在之后的 2018 年，这种说法烟消云散。）

可是，大家有没有想过，美国股票市场存在数百年，蓝筹股常常执市场牛耳，但为什么只有 20 世纪 70 年代出现过那么一次“漂亮 50 泡沫”？

有人也许会说当时不一样，市场特殊，很多当时的特质和现在A股一样。姑且不论这些特质到底是什么，但是，如果按“当时美国市场的泡沫特质和现在A股一样”这个逻辑，我们就需要正确预测两个泡沫：20世纪70年代的美股和当前的A股。如此我们才能说，A股未来的泡沫，和当年美股一样。

问题是，在实际交易中，我们看到多少人能正确预测哪怕一个泡沫？从2000年到现在的内地房地产市场是一个巨大的牛市，有多少人在刚开始就预测到了？内地创业板在2012年底开始了一个大牛市（最后以150倍泡沫收场），可是有几家基金在之后的净值表现跑赢，或者哪怕跑平创业板指数呢？预测一个泡沫尚且如此之难，预测两个泡沫得有多难呢？

这里，我们就遇到一个问题，市场为什么会有泡沫？很多人认为，既然市场的基本面是可以预测的，那么泡沫自然也可以。问题是，基本面和泡沫，这两者并不是一个东西。

基本面的发展，是由许多自然规律、经济规律乃至人文、历史、政治、社会规律所导致的，它说白了就是利益之平衡、人心之所向，因而是有章可循的。在特定的情况下，价值推理导向某一个结果，是大概率的事件，由此聪明的投资者也就可以在一开始给出概率较大的预测。

但是，泡沫的形成和发展是由市场的非理性导致的，它的构成中包括了情绪波动、从众心理、狂热、和事实不相符的错乱判断、信号的无端放大与扭曲，等等。

因此，尽管泡沫也有一定的出现规律（在新兴市场、流动性充裕的市场更容易出现），它们导向狂热泡沫的路径却是极其不稳定的（想象一下预测一个醉汉的行走轨迹是多么难），要从一开始就预测泡沫的发展路径，是非常非常困难的事情。

那么，那些以投机泡沫出名的大师又是怎么做的呢？他们并不会预测说“未来几年会有一个泡沫”，而是一直跟随泡沫，在泡沫演绎到概率极大的时候，上重注甚至放大多倍杠杆赌上一把，对则赚钱就撤，错则试错就撤，从不久留，因为他们深知泡沫的不可预测原理。

这其中的代表人物就是乔治·索罗斯。在他对泡沫的投机之战中（不论是压注股市的传统资产泡沫还是压注实体经济泡沫的外汇投机），几乎从来都是多番试错、快进快出、从不恋战。而看他对市场的判断分析，也常常充满了巨大的不确定性，对于运动速度较快的资产价格而非实体经济的分析尤其如此。

所以，对于当前A股的“漂亮50泡沫热”，我以为投资者需要清醒认识到，A股发生“漂亮50泡沫”的概率虽然不能说不存在（考虑到A股狂热的投资情绪和充裕的流动性来说更是如此），但是如果说“当前A股和20世纪70年代美股有一些相似之处，所以就一定会产生一个泡沫”，那么显然是欠考虑的。（在本文成文的2017年，优质蓝筹股股价大涨，估值大幅上扬，市场有“A股的漂亮50一定会产生一个泡沫”的说法。后来的事实证明，这种预测“泡沫一定会来”的说法，是完全不靠谱的。）

不信，看看A股历史上发生过多少次在当时大家都以为“必然会发生的”泡沫，而最后又有多少泡沫是实际存在了很长时间的，我们就会明白这其中的奥妙。

方孝孺的《深虑论》与决策中的矫枉过正

明代方孝孺有一篇非常好的文章《深虑论》，讲了中国历史上封建王朝制定制度时，决策往往导致“矫枉过正”的失误之处。这篇文章分析之精妙，如今读来，仍然让人受用不已，对我们今天在各种决策中经常遇到的矫枉过正的问题，也有很好的参考意义。

在文中，方孝孺纵论历史：秦朝灭诸侯、统一天下，认为周朝灭亡是诸侯太强，于是“变封建而为郡县”，不分封子弟功臣，结果亡于刘邦等老百姓之手；汉朝认为秦朝亡于没有分封同姓子孙，于是大封刘姓，结果有七王之乱；汉武帝、宣帝吸取教训，削弱诸侯王的势力，结果却有大臣王莽篡汉；光武帝刘秀吸取西汉的教训，曹魏吸取东汉的教训，晋朝吸取曹魏的教训，如此等等。可是，历史上这些聪明人所建立的制度，其灭亡的原因，又常在预料之外，“其亡也，盖出于所备之外”。

在包括投资的各种决策中，我们经常能看到这种“矫枉过正”的情况，即在上一次失败以后，决策者吸取了经验教训，在下一次决策中制定出与之相对的策略。但是，这个“与之相对的策略”，虽然是“名义上最正当”的策略，从心理上，仿佛最能纠正最近发生的那个巨大错误，却又不一定是最好的策略，从而又导致下一次新的问题出现。

相对于个体决策，集体决策似乎更难逃脱这种“矫枉过正”的问题，而个体决策中的佼佼者，相对更容易做出明智的选择。究其原因，主要是集体的决策能力相对更趋近平均值，同时集体中需要安抚、慰藉的情绪，也相对个体中的精英们更强。而资本市场行情的变化，恰恰是典型的集体决策而非个体决策所导致，因此我们往往就更容易看到这种矫枉过正的问题。

举例来说，指数分级基金中的 A 端和 B 端，前者获取稳定收益、为后者提供杠杆，后者则获得杠杆，在牛市中更强、熊市中更惨。结果，在 2015 年的结构性大牛市中，分级 B 投资者赚了大钱，分级 B 也大幅溢价。从当时已经高估的股票估值以及分级 B 下折机制导致的脆弱杠杆结构来说，大幅溢价实在很危险。后来，投资者果然在分级 B 中吃了大亏。

反应过来的投资者，开始涌向分级 A。在之后的 2016 年和 2017 年中，分级 A 两度出现高额溢价，常常高达 10% ～ 20%，最高达到 40% 左右。在当时的市场中，甚至出现“分级 A 收益稳定、本金安全，可以买来养老”的论调。

对于以固定收益为主要目标，每年固定收益只有区区几个百分点的分级 A 来说，如此溢价幅度，无疑大幅透支了未来的回报。可以看到，在这时候，在分级 B 的杠杆上吃了大亏的投资者，吸取教训、矫枉过正，开始盲目追求稳定收益。结果，在 2017 年底到 2018 年初的分级 A 熊市中，他们再次蒙受了损失。

再以石油价格和相关的股票为例，在 2014 年夏天以前，国际油价长期居于 100 美元以上的高位，此时投资者认为油价坚挺，也给了石油类、石油开采类股票慷慨的估值。但是，高昂的石油价格必然导致供给增加，同时需求减少，但这却没有被大多数投资者所察觉。

2014 年 6 月以后，国际油价突然一泻千里，在 2016 年年初甚至跌到 25 美元附近，相关股票也一路大跌。国际国内投资者接受了惨痛的教训，在“新能源会导致传统能源边缘化”的口号下，纷纷远离这类资产，相关股票的估值也一度触及甚至突破历史最低水平。聪明的市场学到了“石油类企业就是坏企业、传统能源碰不得”的经验，并因此而庆幸不已。

但是，低廉的油价必然导致供给减少、需求增加，人类社会仍然对原油高度依赖，原油作为一种供给量难以增加的自然资源的天然属性，又被焦躁的市场所遗忘。结果，在 2017 年下半年开始的油价反弹中，真正抓住相关资产上涨趋势的投资者，又一次为数寥寥。

所以说，正所谓“胜不必对，败不必错”，当我们身处市场之中，需要做出决策时，必须学会找到背后真正的原因，而不是简单地从上一次失败中总结当时的简单经验教训，然后就直接应用在下一次决策中。前一种总结方法，会为决策者找到真正的原因，而后一种方法，则会把决策者带入不断失败的循环之中。

每个投资机会，都有问题

在明代江盈科所著散文集《雪涛小说》中，有一篇文章《深文》，描述了死抠枝节、抓住一点问题就大做文章者的可恶。文中说，有些人啊，看到别人往路上撒了草木灰，就说这是不好好种田，有草木灰怎么往街上倒、不拿去种地呢？看到别人拿了弓箭，就说这是要做强盗的人，不然拿弓箭干什么呢？所以啊，“颜异以腹诽蒙戮，岳飞以莫须见杀”，西汉的颜异因为被指责在肚子里悄悄说坏话就被屠戮，南宋的岳飞因为莫须有的罪名就被杀死。这些，就是“深文”者的毛病。

文章中还记录了一个故事，古代有个官吏管理地方很严格，实行宵禁制度。有一天，还没到宵禁的时候，有个跛子在街上走路，结果也给抓起来要打。跛子说，这天还没黑、时间还没到，怎么能说我违反宵禁呢？你猜官吏的理论是什么？你这跛子，走路比一般人慢，从现在开始到天黑宵禁，我算你必然走不到家，所以现在打你，和等你违反宵禁再打你是一样的。来人啊，给我打！

生活如此，投资亦如此。尽管对于价值投资者来说，寻找“又好又便宜”的标的是工作的重中之重，但是天下事毕竟难得完美，想什么事情都占尽便宜也只能是痴人说梦。从公司到行业，从宏观经济到国际形势，这个世界上真正风平浪静、一点风险都没有的时候简直屈指可数。就算有这样的个把时候，你看到没有风险，别人为什么就看不到呢？那么大家都看到没有风险，这价格还能便宜吗？

就拿最近来说，国际贸易局势错综复杂，有人就说，这时候不能投资啊，市场不稳定啊（本文成文于 2018 年 7 月 21 日）。那么，是现在的国际贸易形势危险呢，还是冷战时期的核威胁危险呢？古巴导弹危机吓人吗？ 20 世纪 70 年代的中东战争和石油危机吓人吗？那些时候是不是都不能投资？（我怀疑说现在经济异常危险的，其实不少人根本不了解上述几次历史性危机是怎么回事。）但是，你如果仔细看看国际股票市场从那些时候到现在的综合收益率（包含股息和指数两部分收益），你就会发现，当年那么大危机，都不构成不投资的理由。

有人又说，内地经济局势还是不够稳定，从投资到消费主导的转型还没完成，所以不能投资。可是，19 世纪末、20 世纪初在托拉斯主导下的美国经济稳定吗？ 20 世纪 70 年代笼罩在警廉冲突下的香港市场稳定吗？黑帮横行的 20 世纪五六十年代的日本社会稳定吗？ 20 世纪 70 年代韩国江南区开发的时候经济环境稳定吗？如果那些市场最后都能给投资者带来相当不错的投资回报率，现在内地经济体碰到的一些问题，就真能成为不投资的理由吗？

再拿公司来说，估值便宜的公司，绝大多数有或多或少的问题，否则市场不傻，也不会给出这样的估值。最不济，也得摊上一个“最近大势不好，估值抬升没有催化剂，股价上不来”的名头。问题是，如果有了催化剂，你知道，别人自然也知道（要是只有你知道，别人不知道，那叫内幕信息交易，是触犯法律的），那么这公司又凭什么只值这么一点估值呢？

还有的人去买基金，看看材料就说，这基金最近表现不行啊。可是，再好的基金经理都有表现不佳的时候。什么时候表现都好的基金经理，也不是没有，2008 年以前活跃在美国市场上的伯纳德·麦道夫管理的基金就还不错，内地市场过去几年有一些号称每年稳定回报率 30% 乃至更高的理财骗局，当时也都是“旱涝保收”。

对于一个水平真正优秀的基金经理来说，真等到市场的风向刮到适合他的时候，等到业绩大涨再去追风，则不仅经常申购不到足够的份额，就算能申购到，价格也比底部贵了一大截。

所以，要求投资机会完美无缺，估值不能高、基本面特别好、市场需求高涨、利润率特别高、股价走势拐头向上、成交量放大，最好还有内幕信息说要怎样怎样，这就好比有的女生，要求男生事业好、钱多、对自己体贴顺从、长得帅，还不招惹其他女生。殊不知事业好的一般脾气都大（不然在职场上如何竞争），长得帅的一般追的人就多，怎么能样样满意、完美无瑕呢？

完美和机会之间，天生就有矛盾。林彪曾说，只打七分把握的仗，五六分把握时风险太大，八九分把握时往往已无战机。就拿现在的国际贸易形势来说，听新闻似乎确实吓人，动不动就是几百几千亿美元，但是就中国 80 多万亿人民币的 GDP 总量而言（2017 年统计数据），这真是一个致命的问题吗？这个问题和历史上曾经困扰各国经济体的历史问题比，到底有多大呢？

“天下无粹白之狐，而有粹白之裘，取之众白也。”《吕氏春秋》里的这句话，道出了投资决策中的精髓。世界上并没有完美无缺的投资机会，但是却有一些超凡脱俗的投资者。他们巧妙地利用仓位的分散、投资机会的配合与对冲，不把鸡蛋放在同一个篮子里，也不把赌注压在一局牌上。他们分散而不过度分散，集中而不过度集中，这才在不完美的资本市场上做出了无懈可击的投资业绩。

第四章

大局观

熟悉人类经济史的人，都会知道我们这个时代的经济水平与我们先人的时代相比，有了多么大的改善。就拿人均寿命来说，中国人有句古话“人生七十古来稀”，中国历史上几百个皇帝，平均寿命不过 40 岁上下。而今天，如果一个人 70 岁过世，人们都会觉得他还没有享受够人生；如果一个人 40 岁过世，人们会叹息他英年早逝。

所以，“到底是基于什么样的原理，我们明明看到身后除了进步别无他物，却仍以为眼前只有堕落，再没有别的呢？”英国历史学家、政治家托马斯 •B. 麦考莱（Thomas B. Macaulay）在《论骚塞的〈社会谈论〉》（*Review of Southey's Colloquies on Society*）里的这段话，值得我们细细品味。

这是人类历史上最好的时代

尽管生活中仍有很多不足和缺憾，尽管世界上仍然有不少人尚未得到起码的温饱，尽管战争仍然在一些地区频繁摧残人的生命，但是从全世界的角度来说，投资者仍然需要清醒地意识到，我们现在身处的这个时代，是人类历史上最和平的时代，没有之一。

对于绝大多数人来说，记忆是短暂的。他们每天被周围的生活包围，被生活的短期起落影响。对于出生之前所发生的历史，绝大多数人并没有足够的认知。那些历史记载在落满灰尘的历史书里，用绝大多数人不懂的文字写成，没几个人会有兴趣去翻。那些历史也记载在从几丈黄土下挖出来的文物里，比如商朝建筑下累累的白骨、山东六国墓葬里缺失的秦半两钱。（商代崇尚人祭，新建建筑往往用活人祭祀，将人埋于建筑之下，周代则不然，因此建筑下是否有人骨，是区分商周建筑的重要标志。秦始皇统一中国后，在全国推行统一货币秦半两，但是在山东六国的墓葬中，几乎没有发现秦半两的踪迹，因此基本可以证明，秦始皇的这一货币改革是失败的。）除了专业工作者，没有多少人会去琢磨这些文物代表了什么。

举个例子，今天我们经常谈刘邦项羽的管理哲学，但有今天人们口中听起来轻松的管理哲学，在当年却伴随着巨大的社会动荡。有几个人知道，在秦末农民战争的大动荡中，中国的人口从战国七雄时代的 2 500 万～ 3 000 万人，下降到汉初的 600 万～ 700 万人。汉初，皇帝刘邦出行，要找四匹颜色一样的马来拉车都找不出来。而后来北方的匈奴把刘邦围困在白登山时，为了炫耀武力，在四个方向各排列了十万骑兵，四十万大军马分四色、每色十万。

800 年前，蒙古灭金。战争结束，金国人口下降到原来的 10%。历史记载，金人因为和宋朝来往较久，擅长筑城、守城，而刚从草原走出来的蒙古骑兵，长于野战，却不会攻城。于是，蒙古骑兵在多年的战争里，采取了全面破坏的运动战。蒙古骑兵每每在春天播种完毕、秋天快要收获时入侵金国，当金人躲进坚城以后，蒙古骑兵就在城外把农田破坏殆尽。长此以往，金人无粮，那 90% 的人口，就多半死于饥荒。十室九空，这短短四个字，在当年就是惨绝人寰的现实。

不仅中国如此，纵观世界历史，欧洲中世纪黑死病造成的人口下降，第一次、第二次世界大战带来的全球人口下降，新大陆发现造成的原住民人口下降等等。如果一个人真正熟读历史，他就会发现，在第二次世界大战以后的 70 多年里，尽管有一些小插曲，但整体而言，人类社会进入了前所未有的和平时代。

这个时代有很多标志，比如很重要的一点，国家之间的疆域基本没有变化。即使对于那些在大国周围的小国家来说，在这 70 多年中，也几乎都完整保持了自己的领土。在人类历史上，“各国之间疆域基本不变”并不是常态。看看清朝一朝的领土变化，美国和墨西哥在历史上的领土纠纷，欧洲历史上曾经存在过的奥匈帝国，法国和比利时对德国鲁尔区的占领，就会知道今天的国际疆域是如何稳定。

这种稳定的国际社会状态，以及战争在整体意义上的缺位，原因有很多，其中最重要的一个是 1945 年以后核武器的普及。在核时代以前，大国家欺负小国家，强国家欺负弱国家，是说揍你就揍你、没有什么代价的。但是，核武器给国际力量制衡带来了巨大的变化。强国家可能有大量核武器，但是在核制衡之下，再多的核武器也不能保证自身的安全。

而在核制衡之外，还有许多原因造就了过去 70 多年中人类社会的异常和平。比如，两次世界大战的惨痛经历，让国家之间不敢轻启战端；物质生活水平、社会制度的发展，导致人类开始不再依靠更大的家庭来维持自己的社会地位；经济的发展终于不再造成人口的上升，人类社会几千年来第一次避开了马尔萨斯陷阱（政治经济学家托马斯 · 罗伯特 · 马尔萨斯的著名理论，指的是经济发展会导致人口上升，人口上升会摊薄人均资产，进而使得人均生活水平持续维持在低水平，再多增加的人口必然以某种方式被消灭）；更先进的技术使政府对抗腐败有了更多利器，再大的国家，中央政府的影响力也可以在一天之内到达任何一个角落，地方权力被迅速削弱，割据型腐败从此不再有天然的屏障。如此种种，共同铸就了今天人类社会的和平。

不可否认，人类社会仍然不完美。但是今天，的确是人类历史上最好的时代，没有之一。而这也是在过去几十年中，尽管世界上仍然有或多或少的各种冲突和危机，但是投资于优质、低估值资产的投资者，最终总是能获得丰厚回报的原因。如果投资者不能意识到这个历史的大背景，而被每天的负面新闻所影响，那么想取得优秀的长期业绩无疑是困难的。

善治者李光耀

如果说到国家的治理，那么东南亚的新加坡不得不说是一个奇迹。这样一个人口只有区区几百万，土地狭小，周围大国林立，既无悠久历史文化凝聚，也无丰富资源依靠的国家，竟然成为我们这个星球上治理得最好的国家之一。

而这一切，都离不开新加坡的国父、善治者李光耀。要理解李光耀是如何将新加坡塑造成为今天的样子，最简单的方法，就是阅读李先生的书。《李光耀：新加坡赖以生存的硬道理》（*Lee Kuan Yew: Hard Truth To Keep Singapore Going*），就是一本很不错的参考书。

全书共分 3 篇 11 章，从社会、经济、种族、语言、环境、国际政治等诸多方面阐述了李光耀关于新加坡治理的理念。全书主要以问答形式写成，《海峡时报》的记者提问，李先生作答。总览全书，李先生直言不讳，许多回答一针见血，让人读时畅快淋漓，阅后百感千思。

治国者治人，投资者治钱。其实某种程度上来说，投资正如治国，要诀都在看透社会、理解人民、掌握经济、分配资源、策划行动，两者在本质上有些相似。这里，就让我们看看李光耀通过哪些方法治理新加坡，以及我们从中可以得到哪些投资的启示。

百年以后，新加坡还在吗？

全书最打动我的，并不是李光耀采取的一系列行动，而是当记者问李光耀，您觉得新加坡一百年以后能发展成怎样？李光耀并未如记者所想一般，勾勒新加坡的美好未来，而是直接回答，我不确定一百年以后新加坡是否还存在。

李先生说，一百年以后，日本、中国、朝鲜、美国，甚至一些小国，都仍然是它们自己，但新加坡不知道会变成什么。因为新加坡并不是一个历史悠久的国家，它是一群精英领导者在沙地上捏出来的，是“耸立在沼泽地上的 80 层高楼”。一旦政治体制失去控制，新加坡就有可能消亡。

在这里，最震撼我的并不是李先生的理论本身，而是他能够平静地看待这样一件事情，能如此客观、冷静地意识到，凝聚了自己毕生心血的新加坡，仍然是一个脆弱的国家，百年以后仍然有消亡的可能。

这就好比我们问一个投资者，请问您怎么看待您最重仓的资产？ 95% 的人会说我觉得好得不得了；最多有 4.9% 的人会说可能有一点问题吧，但是总体还是好的；只有 0.1% 甚至更少的人会说，其实这第一重仓的资产，在某些情况下也是会跌到 0 的。这正所谓

“人莫知其子之恶，莫知其苗之硕”（语出《大学》）。

这份近似非人类的冷静、客观、不偏不倚，才正是李光耀能够治理好新加坡的重要思想力量，也是一个能够久立于波浪滔天的市场中的投资者必备的素质。涨跌皆能动其心者，不能成大器。必须如曹操般，临阵自若，如不见敌，方能有所建树。

抓住它，英语的大趋势！

在建国之初，以李光耀为首的新加坡政府，面对新加坡华人占总人口绝对优势的现状，却做出了一个艰难的决定，以英语为第一语言。

其理由有二，一则新加坡国内虽然华人占主流，但其他族裔人数也不少，英语作为一种共同语言，更容易消除种族隔阂。更重要的是，英语作为全球的商业语言，更容易给作为贸易枢纽的新加坡带来更多的商业机会，也就意味着社会的繁荣基础能够稳固。

在做出这个决定之后，新加坡政府进行了艰难的贯彻落实，突破了无数的阻碍，终于奠定了新加坡的繁荣基础。另一本李光耀自传，书名甚至直接就是《李光耀回忆录：我一生的挑战，新加坡双语之路》，可见其改革之艰辛。

对照一下中国、日本、韩国，几乎都是人人学英语，但最后能以英语工作者寥寥无几，就更可见新加坡政府在语言工作上克服的困难之多、取得的成就之大。

在投资中甚至人生的选择中，其实我们也经常需要像李光耀选择英语那样，选择一个大的方向、大的趋势。而一旦我们确定这个选择是正确的，就要以无比坚定的意志贯彻下去。

须知，任何正确的战略方向，不经过艰苦卓绝的工作，都是难以达到的。在 20 世纪 70 年代末美股的大熊市中，在 2000 年美股的大泡沫中，在 2012—2015 年 A 股的小盘股泡沫中，在 2013—2014 年 A 股的蓝筹股大熊市中，在 2016 年 H 股的大熊市中，看对大方向固然重要，坚持住不动摇、死扛到底也不可或缺。唯有判断力与意志力统一，才能做常人之不肯做、得常人之不能得。

选拔最优秀的人才，留住最优秀的人才。

新加坡治理中的一个关键要点，在于政府人才的高素质，以及配套的高薪水。李光耀以为，只有高素质的政府人才，才能更好地组织社会，因此新加坡政府常年致力于从各行各业寻找高级人才。

同时，李先生认为，高素质的人才必须生活得有尊严，才能长久、全心全意地为新加坡政府服务。否则以他们的能力，就会另谋他就，因此高薪不可或缺。

投资和治国如此相像，其成败直接取决于制定投资计划的人员。在这种情况下，高薪固然不可或缺，而对这些投资者的尊重也十分重要。

但是，我们却常常看到，一方面，传统的企业人力资源管理往往不肯拉开太大的薪酬差距；另一方面，传统的、层级分明的企业架构，对专业投资决策者的尊重不足，导致这些投资者要么身居高位，忙于各种非投资性事务，要么专职投资，级别不够，受制于人；此外，对专业投资者的考核评价，又过于公式化，以至削足适履，既无法选出真正优秀的投资者，也无法淘汰低水平的投资者，最后，往往导致投资部门管理混乱、效率低下。

调动动机最重要：新加坡能提供北欧的福利吗？

众所周知，新加坡不是一个高福利社会，政府提供组屋，但不提供高额退休金。在这个问题上，李光耀认为，如果提供了北欧般的高额福利，那么劳动者的工作意愿就会下降。而对于新加坡这样一个孤立无援的小国，创造繁荣的动机一旦下降，就将意味着衰败。

而在证券研究工作中，我一直以为，在几乎所有分类中，分析动机是最重要的因素。

一个企业的产品在卖给客户的时候，客户会货比三家天天压价，还是认准品牌买到就好？这得看动机。一个公司的实际控制人是想好好经营企业，还是想吹个泡沫减持套现呢？得看动机。一位基金经理是会好好管理组合，努力取得超额收益，还是会慵懒懈怠呢？得看动机。政府的政策制定是会收紧还是放松呢？得看各方面的动机。社会舆论是会加剧一个产业的竞争，还是会保护一个产业免受外资竞争呢？还是得看动机。

所以，资本市场千变万变，动机不变。国家政治千大万大，民心最大。能得民心与动机而不失者，可以得天下。

巧妙的设计：如何消除种族隔阂。

在新加坡，虽然华人占大多数，但其他各个民族也不在少数，包括马来人、印尼人、泰国人、印度人、巴基斯坦人，等等。须知，新加坡是一个人口只有数百万的小国，但被一大圈人口几千万、几亿乃至十几亿的大国包围着。因此，种族问题是新加坡政府必须面对的大问题。

与其他一些种族问题频发的多种族国家不同，新加坡政府成功地治理了种族问题。而其采取的方法，则是事前细致入微地预防、管控、调整、治理，而非事前置之不理、事后蛮横干预。

举个例子，在新加坡的组屋分配中，种族分配是非常细致的。在一栋楼中的左邻右舍，被尽可能分配给不同种族的人。这样，就不容易形成某个种族的聚居区，不容易形成单一而排外的种族聚落，同时最大程度上加强了种族间的了解与融合，也就尽可能地消除了种族隔阂。

在这个过程中，我们可以看到新加坡政府是多么未雨绸缪、善于提前进行规划和治理。而对比一些种族问题激化的国家（比如美国、南非等），我们可以看到政府对于种族问题，往往抱有一种放任自流的态度，结果种族之间的隔阂越来越深，冲突也久久不绝。

在投资中，这种思路也可以给投资者带来丰厚的回报。事前仔细的数据分析、企业研究、估值对比等，可以帮助投资者寻找到最优的投资标的，做出最恰当的投资选择。而只凭一时兴趣跟风进行投资，对精心的准备工作置之不理，往往很难收到良好的投资回报。可惜，后者恰恰是大多数人的选择，正如大多数国家对种族隔阂问题放任自流一样。

结语

放眼新加坡的立国环境，周围国家种族不一、实力强大、军队众多，而同时治理普遍不佳，不少地区甚至贪腐横行。在这样的环境中，新加坡一无资源，二无人口，三无辽阔国土，四无历史积淀，竟然能够发展成全球顶尖的发达国家，善治者李光耀，不负其名矣。

而纵观险恶的资本市场，价格波动如惊涛骇浪、基本面扑朔迷离、竞争对手的投资技术日新月异、账户的起落揪动人心，亲爱的投资者们，我们是不是也需要向李光耀先生学习如何治理资本的新加坡呢？

中国的物价，真比发达国家高吗？

中国的物价普遍比发达国家要便宜，作为一个曾经在国外居住了多年的人，我本来以为这是人尽皆知的事情。但有一次，我在网上搜索“为什么越发达的国家，同等消费水平物价越高”，结果根本搜不到相关答案，却意外地搜到一大堆“为什么国内物价比发达国家高”的回答。

看来，“中国物价比发达国家高”这个谬论，似乎已经深入人心。因此，写一篇文章说明为什么中国的物价普遍比发达国家要低，也就有其意义了。

绝大多数描述国内物价相对发达国家多么贵的文章，多半会对比两地超市商品的价格、汽油价格等。殊不知，以超市商品、油价为代表的商品，普遍属于最初级产品。而我们在日常生活中，除非收入非常低、只够温饱，否则生活中一大堆支出，其实都不是直接花在初级产品上，而是花在大量被加工产品上。

举例来说，我们生活中得坐公交地铁、叫出租车、上餐厅、配眼镜、看医生、上电影院、逛商场、住酒店、装修房子、修下水道、安装太阳能热水器、修电脑、旅游度假、带宠物看医生，等等。这些支出都不是初级产品消费，而是包含了大量人工、房租、各种社会成本等在内的加工型产品支出。

如果对比中国和发达国家的加工型产品支出，我们就会发现，国内的物价往往便宜到令人吃惊。上海星级酒店的价格往往只有纽约同等酒店的五分之一，出租车、地铁、公共交通的花费也常常只有发达国家的几分之一，叫个水电工到家里修个电器或水管的价格也相差悬殊，更不要说带宠物去看医生了。那么，为什么这些差异明显，而且往往占市民花费更多百分比的消费，被那些“中国物价比发达国家高”的分析如此轻易地忽略了呢？

另一种误区，来自对比看似相同、实际不同的商品的价格。

比如说，有些分析会说，上海一个麦当劳汉堡包多少钱、一条 JACK & JONES 的牛仔裤多少钱，纽约又是多少钱。看起来这好像是在比较同样商品的价格，实际上，麦当劳汉堡包、JACK & JONES 的牛仔裤在上海都属于舶来品，而在纽约则属于本地品。这就好比如果在国外买块豆腐、找老师学个毛笔字就得花很多钱，在国内则花不了多少钱一样。正确的对比，应该是用上海街头的本地连锁汤包店，对比纽约的麦当劳。

还有一种错误，来自用房价而不是房租价格，对比两地居民的居住支出。在最基本的经济学理论里，房价从来都不是住房花费的计算标准，而主要使用房租衡量居住花费。理由很简单，房价是投资品价格，而房租是实际消费支出。同时，由于空置期会造成实际损失，因此房租一般不会遭到过多炒作，波动也不会很大，而房价波动却常常很大。

但是，由于最近十年中国一线城市房价高企，于是许多试图迎合读者情绪而不是为了阐明事实的分析，就会引用中国房价的数据证明中国物价高到吓人，全然不顾中国一线城市的房租价格，只有伦敦、纽约这些城市几分之一的事实。

问题在于，如果我们使用房价而不是房租作为衡量住房花费的数据，那么如果有一天中国房价下跌，是不是中国的价格体系也就因此变得便宜了呢？要知道，2000 年的时候，北京的房价可是只有几千元一平方米。

事实上，正如股票价格一样，房价也是一种投资价格，而非消费物价。如果我们以房屋的交易价格而非使用价格来核算住房支出，那么我们是不是也要以股票的交易价格来衡量价格的高低呢？如果真的这样做，我们必然会得到混乱无比的价格体系。

那么，真实的中国物价与发达国家的比较，究竟是怎样的呢？如果我们用名义人均 GDP 和实际人均 GDP 的比值作为一个国家价格的粗略参照，我们会发现，当前中国的综合物价，大致是发达国家的一半左右。

按照世界银行 2016 年的统计，当年瑞士、美国、英国、日本、中国的名义 GDP 分别为 78 813 美元、57 467 美元、39 899 美元、38 895 美元、8 123 美元，购买力平价 GDP 则分别为 62 881 国际元、57 467 国际元、42 609 国际元、41 470 国际元、15 535 国际元。以名义 GDP 和实际 GDP 的比值粗略推算，如果按美国物价为 1 的话，那么瑞士、英国、日本、中国的物价，则分别为 1.253、0.936、

0.938、0.523。

其实，真实的经济规律是越是欠发达国家其国内物价越低。如果我们延伸以上的国家名单，加入越南、印度，则两国的 2016 年名义人均 GDP 分别是 2 186 美元、1 741 美元，与购买力平价 GDP 的比值则分别是 0.340、0.265，比中国更低。

所以，中国的物价比发达国家到底是高是低？这个问题其实不难回答，无论是从理论、数据还是实际生活得到的体验，都很容易得到答案。那么，我们在生活中经常听到的“国内的物价比发达国家高”的观点，显然是错误的。

低生育率：成熟社会的必然现象

近年来，中国人口政策逐步放松，但生育率却并未显著增加，对于生育率无法提高的担忧充斥于社会舆论。许多人一说到生育率提振乏力，就像谈论什么经济的不治之症般，充满了担忧和恐慌。

殊不知，从全球的经验来看，低生育率是成熟社会的必然伴生现象。而从社会治安、基础设施、经济发展水平来看，中国正在向成熟社会的道路上高速前进。也就是说，成熟经济体和高生育率，二者不可兼得。

在流行的逻辑中，造成低生育率的原因不外几种：生活成本高（尤其是住房）、工作压力大、教育花费高等。这些理由因为直戳上班族每日生活的艰辛处，因此广为流传。但是，如果我们仔细思考，就会发现这些理由没有一个站得住脚。

如果说生活成本高导致生育率低，那么为什么改革开放以前，人们赚得更少、生活成本更高（那时候想分个房子是非常困难的事情），生育率却很高呢？如果工作压力大导致生育率低，那么是解放前劳动人民的压力大，还是现在上班族的压力大？为什么那时候的生育率比现在高？而如果说子女教育花费高所以生育率低，那么为什么在许多教育优质而廉价的发达国家，生育率也高不到哪里去呢？

实际上，伴随着社会的成熟，生育率降低是一个必然趋势。一生为新加坡生育率过低操心不已的李光耀，在其著作中不止一次强调，生育率降低并不单纯是一个财务问题。政府为鼓励生育而发放的财务补贴，对提高新加坡本地的生育率也收效甚微。

李先生一针见血地指出，对于年轻人来说，生养下一代已经不是他们最喜欢的生活方式。随着社会的成熟和富足，年轻一代的生活状态在改变，这才是生育率下降的根本原因。

这种生活状态的改变涉及很多方面，其中最主要的是社会保障体系的成熟，导致多生育子女对父母而言利益大为降低。这种社会保障体系包括很多方面，比如法制环境、医疗保障、退休养老等方面。

简而言之，人们不再需要通过人多势众来维护自己的权益。只要是公民，无论体力如何、家族人数多少，都可以享受基本相同的社会保障。观今日之中国，儿女众多的人家，很少听说有欺负隔壁孤寡老人的，这正是社会成熟的明证。

而社会的成熟，也反映在生产力的大幅提高上。巨量机器的使用，包括电梯和自动扶梯、洗衣机、冰箱、空调、洗碗机、面包机、汽车、各种医疗设备等，导致这个社会对人力的依赖越来越低，而同时女性的工资也越来越高，人们也就越发不需要子女、配偶来照料自己的生活。这时，保持单身、维持喜欢的生活状态而不去迁就其他人，就成为更多人选择的生活方式。

此外，由于父母一代教育、生活水平不断改善，导致他们对子女的未来期望值越来越高，也就使得生育率逐渐下降。解放前，家里有高中生就是很稀罕的事情；80 年代，家里出了大学生就很不错；2000 年以后，家里娃得是研究生父母才满意；到现在，恨不得个个都是北大清华、牛津哈佛。于是，表面上看提高的是教育成本，其实提高的是教育预期。而教育预期的提高，恰恰是社会越来越成熟的明证。

其实，从全球国家的比较来看，被生育率下降所困扰的国家几乎全是发达国家。而生育率高的国家，经济发展水平往往较低。根据美国中央情报局的统计，2016 年预期生育率和 2016 年预计人均 GDP 之间，形成了完美的负相关关系，即生育率越高人均 GDP 越低，反之则人均 GDP 越高。

由于之前生育政策的压制，中国的生育率在相同人均 GDP 国家中，处于相对偏下水平。但是，这种差距并不算太多，中国的生育率数据也仍然完美地镶嵌在人均 GDP 和生育率的对比图中。所以，即使放开二孩政策会对生育率有一定的抬升作用，但是随着中国经济不断发展，这种抬升作用很难变得突出。

不过，对于中国这样一个有近 14 亿人口、人均预期寿命不断延长，同时自然资源不算丰富、可居住和可耕种面积也不算太大的国家来说，希望单纯依靠促进生育率解决经济问题，无异于望梅止渴。我们只有优化经济秩序和结构，促进实际经济发展，增加经济中的科技含量，才能保证经济走上可持续发展的康庄大道。

创新来自哪里

说起经济怎么发展，人人都知道创新。大家也都明白，创新对于大到一个国家的崛起，小到个人的事业发展，都是至关重要的事情。自古以来，每一次技术创新，也都为人类社会带来了长远、不可逆转的改变。可是，创新的源头究竟是哪里？我们应该如何鼓励和发展创新？

在中国历史上，有一个思想大创新的时代，就是诸子百家争鸣的春秋战国时期。可以说，后来影响中国历史几千年的各种思想，都在这个时代提出的思想体系里打转。即使是后来从印度传入中国的佛教，也和本土的思想融合，产生了许多和原始佛教不太一样的变异。

而诸子百家的思想之所以出现在春秋战国，是由于这个时代是一个“有序竞争”的时代。这个时代既不同于秦、汉的大一统，也不同于南北朝、五代十国的残酷厮杀。在这样一个竞争的年代里，各国君主为了自己的国家富强，不得不采纳最新的思想。而有序则保证了这种竞争，不会是一种毁灭式、不择手段的竞争。

在现代企业里，我们也看到同样的事情。如果是完全无序的竞争，那么我们就会看到各种抄袭、价格倾销、垄断充斥市场，还记得商人们当年为了卖出更多的油灯，不择手段打击电灯的历史吗？而如果完全没有竞争，那么现代经济的活力就无从谈起。

另外，创新也需要宽松的环境。当一个社会、一个企业、一个家庭的文化是管制与制约时，创新的动力就会被天然扼杀。

从本质上来说，创新的精神，是对现有商业氛围、条件、规律的挑战。而管制主导下的文化，则会天然地鼓励大家参与到现有制度的框架里，靠循规蹈矩、打卡点卯过日子。这两种氛围，是不兼容的。

我家旁边有个不错的公园，进门的地方立着一个大牌子，上面列了七八个不许，其中有一项，不许玩航模。我周围很多朋友，家里也有不少规矩，常见的一条就是不许养宠物。那么，一个小时候没地方玩航模、家里没有小动物的孩子，我们如何能指望他长大以后，会突然对科技、生物感兴趣呢？

世界上有不少成功的公司，比如一些知名的科技公司甚至一些对冲基金公司，都是从车库里搞出来的。那么，为什么是车库，而不是书房、不是客厅呢？因为在家里，车库往往是最乱的地方，也就最没人管。而书房、客厅，都是规矩很多的地方，这里不能乱、那里不能脏。只有在管制最少的地方，才最有可能搞出思想的火花。

在国际竞争格局里，亚洲城市的创新能力往往不如欧洲，欧洲又不如北美，其中有一个原因，就是亚洲的住房普遍比较小（看看日本和中国香港就知道），欧洲的住房往往不如北美大。太小的住房会导致人们没有地方“瞎折腾”，而没有地方瞎折腾，一切都中规中矩、按照现有的规则来，就不容易有创新。

其实，深圳之所以超越北京、上海、香港这些原本有先发优势的城市，成为中国的创新之都，一个重要原因就是，深圳拥有更少的原有经济结构、更简单而没有历史积淀的社会构成，从而拥有更大的“瞎搞”空间。

最后，创新还需要极高的容错能力。在硅谷，初创企业的死亡率极高，一些资深市场人士甚至说创业“成功率几乎等于买彩票”（类似的分析可以参阅吴军先生的一系列书籍）。春秋战国时期的诸子百家，到今天还对这个社会有重要影响的，基本只剩下儒道两家，连兵家、纵横家这些当时影响很大的思想流派，都已经不见踪影。

而这样的高死亡率，就需要有极强容错能力的家庭、市场、社会去包容它。我们不可能指望投资全都盈利、项目全要成功、市场天天上涨、子女门门功课成绩优秀，然后还能顺顺利利搞出了不起的创新。创新带来的巨大回报，一定是与大量试错、失败、损失挂钩的。

从长远来看，创新是社会发展的核心动力。而“求木之长者，必固其根本。欲流之远者，必浚其泉源”，要得到一流的创新能力，那么有序的竞争、宽松的管制、高容错能力，就是创新能力提升的根本。

从消失的赊账看社会变迁

不知道你有没有注意过，在中国古代的社会生活中，赊账消费是一个非常普遍的现象。典型的情况就是，在饭店、粮店、酒坊、杂货铺消费完以后，客人常常当场不给钱，挂个账就走。然后等攒得多了，或者到一个特定的日子，再统一结账。在许多古典文学作品中，我们都能看到这样的描述。

但是今天，这种现象却几乎绝迹了，人们极少在日常消费中赊账。这简单的一个社会变迁，背后的道理却复杂而深刻。

一个原因来自支付手段的进步。在中国古代，货币往往是银两、铜钱并用。这两种货币各有各的问题：一个难以切割，把银子砍成几块，还正好要达到一定重量来付一笔钱，是非常费力的事情；另一个太重不好携带，一贯铜钱是 1 000 枚，假设每个铜钱 3 克重，那么带 3 贯铜钱就将近 20 斤。

因此在古代，把小账攒起来，一起付个大账，不但对客户省事，对店家也方便。而到了现代，随着货币防伪技术的进步，国家打击假币逐步得力，甚至到了最近几年移动支付流行，分割货币变成了非常简单的事情。因此，赊账带来的结算优势也就不复存在。

另一个导致赊账消失的因素，则在于社会聚落的扩大，以及人口流动性的加强。

在古代社会中，一个社会聚落（一个村或者一个镇）往往人口不多，少则几百，多也常常不过几万。在这种情况下，居民之间彼此熟识、知根知底，也就敢于接受赊账。但是，现代社会动辄几百上千万人居住在一起，店家根本无法判断赊账的人究竟是谁、住在何处、从事何种职业、经济状况如何。由此，赊账也就慢慢消失了。

同时，古代社会的人口迁徙也相对较少，人们的职业多为农民，或者附着在本地的一些职业，比如官吏、工匠等，很难迁徙。由此，店家也就不太担心接受了赊账以后，到头来却找不到人。而在现代社会中，人口流动性大增，如果店家接受赊账，很可能面临挂了账就再也找不到人的问题。

而人口的流动性上升，在另一个方面，也导致人们的消费范围扩大化。在过去，人们大多只在步行可及的小范围内活动，因此今天消费、明天还钱，并不会显著增加他们的交通成本。

但是随着交通工具的发达，现代人开始过上了到处奔波的生活，这导致他们在远离居所的地方消费的概率比以前要大得多。而如果你在离家 50 分钟车程的不常去的地方买了点东西，过几天还要去还钱，这无疑是一笔很不划算的买卖。因此，也就很少有人愿意这么做了。

而导致赊账消失最重要的原因，则来自人们经济水平的上升。

在古代，由于大家都没有什么钱，因而允许客户赊账消费、将来有钱再还，就成为商家竞争的一个优势。尽管会因此遭遇一些坏账或者资金推迟收回，但是如果一个商家不允许客人赊账，而另一个商家允许，那么后者无疑在贫穷的社会中会占据强大的竞争优势。

但是，在现代社会，由于人们普遍更加富裕（至少对于日常生活用品消费来说），因此能够赊账与否，对客人来说并不算什么重要的事情，却会大幅增加商家的风险。由此，赊账这一社会行为也就消失了。

实际上，在现代社会，虽然个人消费行为中，个人和商家之间的赊账行为基本消失了（信用卡分期付款这种金融机构提供的融资服务不算），但是在企业之间的商业行为中，赊账行为也就是先收货后付款的行为，却仍然大行其道。会计科目中甚至专门为此设了一条：应收账款。

一方面，不同于个人客户，同行业中的企业客户往往熟识，知根知底，也就不太担心欠了钱不还或者欠了钱找不到人。另一方面，与个人客户消费行为不同，企业客户的买卖往往占用大量的资金。这样，允许客户欠款的企业，相对不允许欠款的企业也就有了自己的竞争优势。而这种竞争优势，与几百年前街头巷尾的酒肆小店在允许客户赊账中获得的竞争优势如出一辙。

由此，我们就能理解，因为技术的改变、社会的变化、经济水平的提升，赊账这一古老的传统为什么会在现代社会生活中消失，却又在现代企业行为中仍然存在。你看，理解一个社会现象，竟需要思考这么多的方方面面。那么，我们在思考投资中遇到的基本面问题时，是不是也需要多一些思考、少一些莽撞呢？

历史估值只是一条马其诺防线

许多投资者在分析资产时，喜欢强调“已经达到历史最低估值”“历史上估值最低就是××，现在已经折价了××”，诸如此类。问题是，他们没有意识到，“历史最低估值”看起来似乎牢不可破，其实却是一条可以被轻易突破的马其诺防线。这条防线存在的问题主要有三个。

第一个问题在于，我们究竟要看多长时间的历史？举例来说，一只股票上市时间只有 3 年，那么它的“历史估值”就只有 3 年时间，而 3 年时间里产生的最低估值，不一定是个特别牢靠的估值底。即使这段时间长达 5 年、7 年甚至 10 年，也不一定能反映所有的情况。

举个身边常见但是大家不一定留意过的例子，按 Wind 资讯用总市值权重法的统计，上证综合指数的 PB 估值在 1994 年 7 月达到最低 1.7 倍，是当时中国有股票市场以来的最低估值。但是，11 年之后，这个数字在 2005 年 6 月被刷新到了 1.6 倍，而在 2014 年 5 月又达到了 1.2 倍。

第二个问题在于，按照一项资产自身估值计算的历史最低估值，可能仍然很高，或者至少不够低。也就是说，自身的最低估值，也许没有达到同类资产在历史上曾经反映出来的最低估值。

当然，这绝对不是说，没有达到本类资产的最低估值，就一定会达到最低估值，而是说如果仅仅根据“一项资产已经达到自身历史最低估值”就来投资的话，往往会把资本的大厦建立在沙滩上。

举例来说，以前有段时间，A 股许多投资者一说到股票破净（PB 估值小于 1，即股价低于每股净资产），就觉得估值很低，因为 A 股的股票在自身历史上很少破净。但是，如果我们看看中国香港和美国的股票市场，就会发现破净者屡见不鲜，健康公司的股价因为市场情绪而跌到 0.4、0.5 倍净资产估值，或者问题公司的股价跌到 0.2 倍净资产估值，都是很常见的事情。

结果，在 2014 年年中，大量 A 股股票破净，许多健康的优秀公司甚至只有 0.6 ～ 0.8 倍市净率。当然，当时极度低廉的估值形成了一个极好的买点，但是对于之前看到这些股票破净就破釜沉舟买入的投资者来说，他们就必须忍受一段时间的痛苦。

第三个问题在于，一项资产的情况可能已经今非昔比。比如一只股票所在的行业开始趋于饱和、竞争更加激烈，一个债券的还款情况堪忧，一桩房地产所在城市的人口流入开始下降，等等。在这种情况下，单纯使用历史估值来进行比较，已经没有任何意义。

比如说，在日本房地产泡沫鼎盛的 1989 年，东京的房地产租金回报率大概只有 1.5%，对应房价 / 年租金比例是 60 倍左右。在此之后，日本地产市场每况愈下，几乎每年的估值都可以称作“1989 年以来的最低估值”。但是，这个参照系的意义却不大，泡沫经济已经结束，日本经济增长已经停滞，日本人均 GDP 水平已经没有多少上升空间，日本人口增长停滞，这些因素都导致日本房地产需要进行重估。

不过反过来说，“历史最低估值”既不是投资的绝对可靠条件，也不是投资的必备条件。在许多情况下，随着环境的改善，或者随着极端低估情况的消失（往往来自市场情绪的正常化），我们在历史上能找到的最低估值，也可能在将来很长时间里都一去不复返。

这时候，如果投资者苦守着“历史最低估值”的标尺不放，不到“历史最低估值”就不投资，就又可能落入无物可买、错过多次市场上涨的地步。

以美国股市为例，标普500指数在20世纪70年代末的大熊市中创下过6～7倍PE的最低估值。但是，当时的低估值主要由极端恐慌的市场情绪引发，而这种情绪之后再也没有如此强烈过。结果，美股在1980年以后就再也没有如此低估过（即使2008年金融危机也没有突破这一估值水平）。而如果抱着“历史最低估值”的标尺不放，那么投资者会在将近40年的时间里无事可做，而这段时间里美股连股息计算在内，却上涨了几十倍。

说到底，投资在许多时候同时含有艺术与科学的成分，而不是100%的科学。“历史最低估值”在许多时候仍然是一个很有参考价值的指标，但它并不总是具有决定意义。所以，虽然价值投资的精髓是“又好又便宜”，但是如果把这两个指标过分细致地定义、过分死板地量化，就会导致投资者在许多场合下进退失措。

成分股权重计算方式引发指数估值差异

投资这项工作，虽然大局观非常重要，但是重视细节也不可或缺。如果投资者不够细致，那么很可能一个非常小的因素就会造成不小的偏差。

比如，我经常听到一些投资者说，根据某个指标，就可以轻松选出好股票，这样的做法就可以说太不细致了。确实，指标可以提供一些参考，而且根据一些指标筛选出来的股票，其中有好股票的概率很大（最典型的就是股息率），但是没有任何一个指标是万能的，而每一个指标中都蕴含了不少细节，这就更经常为一些投资者所忽略。

这里，就让我们来看一个例子，看看一个日常研究中大家习以为常的概念，是怎样蕴含了不可不察的细节，这就是指数的估值。对于很多投资者来说，指数的估值是天经地义、简单到不需要思考、随手可得的东西，查阅一个软件、打开一份报纸、看一段电视节目，即可轻松得到。

但是，不同的估值方法却会使指数的估值产生不小的差异，这又是不少投资者始料未及的了。这里，就让我们来研究一下，在对一个指数进行估值时，如果对成分股的权重采用不同的计算方式，会带来怎样的差异。

让我们来看两种常见的计算方式：成分股指数权重法和成分股市值权重法。

成分股指数权重法，顾名思义，就是对成分股的估值权重采用和指数中成分股权重一样的配比。成分股市值权重法，则是在计算成分股对指数估值的权重贡献时，不使用指数中已有的成分股权重，而是用成分股的总市值取而代之。

这两个权重分配方法，看起来只是细节的区别，但是在对指数进行实际估值时却会产生不小的差异。

需要指出的是，由于在本文中使用的 Wind 资讯提供的指数权重仅为最近可得的数值，且精确度在一定程度上并不够，所以此结果仅为参考，并非完全精确。不过，我们从中可以看到两种权重分配方法下指数估值的差异所在。

以上证 50 指数为例，按 2017 年 5 月 10 日收盘价计算，指数权重法得到的 PE 估值为 10.82 倍，市值权重法（按 A 股收盘价乘以总股本计算总市值）得到的 PE 估值则为 10.29 倍。同样，从 PB 估值的角度，按指数权重法得到的 PB 估值为 1.32 倍，市值权重法得到的 PB 估值则为 1.17 倍。

这种差异主要由一些权重股的权重不同导致。举例来说，在上证 50 指数中，指数权重减去市值权重得到的差额，中国平安达到 5.4%，中国农业银行达到 –4.1%，中国银行达到 –5.1%，中国石油达到 –8.1%，中国工商银行更是达到惊人的 –9%。也就是说，以中国工商银行为例，其在上证 50 指数中的权重只有 2.6%，但是在上证 50 成分股加总的总市值中，其总市值占比达到 11.6%，比上证 50 指数编制的权重多了整整 9%。

此外，我还计算了一些主要指数的估值，分别采用指数权重法和市值权重法，最终得到估值的区别。以沪深 300 指数为例（2017 年 5 月 10 日，下同），其 PE 在指数和市值权重法下，分别是 14.88、12.62，PB 分别是 1.72、1.43；中证 100 指数的 PE 在指数和市值权重法下，分别是 12.18、11.55，PB 分别是 1.51、1.32；上证红利指数的 PE 在指数和市值权重法下分别是 10.56、7.72，PB 分别是 1.29、1.01。

不过，对于小公司指数来讲，这种区别目前看来比较小。中证 500 指数的 PE 在指数和市值权重法下分别是 34.68、33.42，PB 分别是 2.50、2.52，而创业板指数的 PE 在指数权重法和市值权重法下分别是 35.83、38.11，PB 则分别是 4.34、4.46。

但是，这种相对较小的差异，主要是由当前小公司指数成分股大小相对均等导致的。如果这些指数在未来的结构出现改变，那么不排除这两种估值方法算出来的数据会有更大的差别。

由此，我们可以看到，对于指数的估值来说，采用不同的估值口径会得到一些不同的数据。而这些数据之间差异的来源，很可能不是指数本身的区别，而是计算口径的区别。

因此，投资者在进行指数的估值比较，特别是涉及一些跨市场的指数估值比较、历史数据比较、整体估值分析比较的时候，需要格外留意所采取的估值方法的细节。这样才能在投资的时候，做到理更明、心更定、手更稳。

预测危机

2013 年底时，2007—2008 年次贷危机的喧嚣已经逐渐远去，当年的痛苦逐渐变成一种回忆。即使是它的余波——2010—2011 年的欧债危机，也已经慢慢消散。一天，我在寒冷的纽约街头找了一家暖气十足的二手书店淘书。这种惬意，确实只有书虫才能体会。

一本书名耸人听闻的小书跃入我的眼帘，名字叫《如何从即将到来的房地产崩溃中获利》（*How to Profit from the Coming Real Estate Bust*），作者约翰 · 鲁比诺（John Rubino）是一位美国金融界人士，当过一段时间分析师和专栏作者，自己弄了个小网站，反正不是很有名气。出版社是罗代尔图书（Rodale Books），也没有什么名气。

其实，这本书不光我没有听过，我那些在英国投资界从业十余年、资历深厚的好友也完全没有听过：既没有听说过作者，也没有听说过出版社，更没有听说过这本书。

鉴于金融危机以后，全世界都被吓了一个大跟头，很多书的标题都是“大危机”（crisis）、“大崩溃”（bust）之类，所以这本书的题目也没太吸引我。不过，鉴于旧书店为它标价仅一美元，买不了吃亏买不了上当，我就把它丢到我的大口袋里，扛回了酒店。

结果，这本书的内容让我大吃一惊。不是因为它对次贷危机的描述非常准确，危机以后你随便查一下维基百科就能找到准确的描述，也不是因为里面有什么惊人的、我没听过的逻辑，而是因为这本书的出版日期是 2003 年。

在书的扉页上，在一堆例行公事的文字和编码中间，印着一行很小的字，不注意看几乎找不到：2003 by John Rubino（2003 年由约翰 · 鲁比诺撰写）。

也就是说，这个叫约翰 · 鲁比诺的人，在次贷危机发生 4 年以前，就完整地写下了次贷危机会发生的原因、演进的路径、可能造成的巨大影响和衍生品灾难以及投资者如何在这样的情况下获利。

如果把出版日期从 2003 年改成 2009 年，那么这会是一本非常平庸的书，平铺直叙，记录事实，没有什么新奇。但是，它写于 2003 年。

全书很简单，共分 4 篇。第 1 篇讲了美国房地产的历史，以及历史上的繁荣与崩溃循环。第 2 篇讲了当时的地产泡沫，以及崩溃以后可能带来的影响。猜猜第 2 篇的第 5 章、第 6 章分别叫什么？第 5 章叫“全球和本地影响”，对，就叫全球和本地影响，而不是本地和全球影响，恰如看到了之后的全球影响一样。而第 6 章的标题只有三个单词：衍生品、房利美、房地美，字字重逾千斤。

第 3 篇则分 9、10 两章，分别讲了如何在危机中保本和获利。如何保本？作者说现金、货币基金、黄金、一些可转债，以及现金储备高的一些科技公司、医药公司、消费公司都不错。如何获利？第 10 章开头第一句话就是：做空的艺术。第 4 篇则教投资者如何处理自己家的房子，包括判断房屋所在区域的泡沫情况等。

严格来说，这本《如何从即将到来的房地产崩溃中获利》不能算一本特别学术的书，更像一本傻瓜版的实用手册，在第 139 ～ 145 页甚至列出了不少如何查询黄金行业数据资料的网站和咨询电话，第 211 页则列出了一份房屋交易指南的书单。对于专业人士来说，这些信息都没什么大用，摆明就是给大众看的。

但是，这本书给我的震撼却是如此之大。用一个中文成语来说，它对 4 年以后的次贷危机的描述，若合符节。

遥想当年美国的次贷危机，虽然起源于房地产市场，但其实并不是一场纯粹的地产危机，而更多是一场衍生品危机。从房价的跌幅来看，中国香港市场在 1997 年曾经暴跌过 70%，日本市场在 1989 年之后也跌了大概 70%，而在美国房地产市场危机中，房价本身只下跌了大概 27%（Case Shiller 房价指数从 2006 年最高点 184 点，跌到 2012 年的最低点 134 点）。

但是，它对金融市场带来的巨大冲击却比前两者迅猛得多。香港市场的房价下跌几乎没有导致什么像样的金融危机，同期金融系统受到的冲击更多来自东南亚金融危机，而日本地产市场的崩溃，给金融系统和实体经济带来的冲击，更多是一种长期的慢性病，没有美国市场的大崩盘那般快速、惨烈。

也就是说，从源头上来说，如果美国没有那么发达的衍生品市场，如果美国衍生品的杠杆倍数没有扩大到那么恐怖的地步，如果美国的投资银行没有购买那么多的衍生品，那么这场危机根本不会如此惨烈。

而从危机的演化上来说，如果美国市场不是如此有效、灵活、市场主义至上，只要规则允许一切皆有可能，如果美国的监管机构在危机前的前瞻性举动不是那么少，在危机中能行使的权力不是那么弱，那么美国的金融市场也不会受到如此巨大而迅猛的冲击。

而更多的细节，也导致了美国房地产市场从 2007 年的一次只有平均 27% 左右的下跌，演化成一场不可收拾的乱局。其中，最重要的两点就是危机前极低的首付比例以及美国宽松的个人破产法规。

举一个反例来说，香港的个人破产法规极其严格，宣布破产多年以后才可以恢复正常的个人金融生活，而银行对个人买房的首付也有一定要求。因此，在 1997 年和 2008 年的两轮房地产大跌中，尽管房价跌幅远逾美国，香港市场的个人房地产贷款违约率，却与次贷危机中的情况不可同日而语。

更何况，美国市场还有那么多可怕的衍生品。

也就是说，一堆糟糕的房地产贷款资产，碰上了一堆糟糕的金融产品，以及过于理想化的、奉行市场自我调节至上的政府监管，在一个大家互相博弈为主、互相扶持与合作为次的自由市场里，造成了一场举世震惊的大灾难。这四点缺少一个，2007—2008 年的次贷危机都不会如此惨烈。

反观当前的内地房地产市场，尽管一线城市的年租金回报率已经到了骇人的地步，一般只有 1.5% 上下，但相比美国在 2007—2008 年的崩溃，我们还有喘口气的空间。

其一，我们的首付比例非常之高，同时个人破产法根本没有出台，没有个人破产的可能。其二，我们没有那么复杂的基于房地产的金融衍生品，甚至都没有什么衍生品。其三，我们的市场国有化程度更高，机构之间互相帮助而不是互相拆台落井下石的情况更加普遍。其四，我们的监管更有前瞻性（比如一直在提高首付比例），在历史上的危机中，采取的措施也更加强有力。其五，中国市场的潜在增长空间更加巨大，要知道，当前我们的人均 GDP 按名义值算只有美国的大概 1/8，按购买力平价算也只有大概 1/4，而日本在 1989 年的人均 GDP 是当时美国的大概 80%（本文成文于 2017 年 5 月）。

当然，这不是说内地的房地产市场没有下行的可能，或者说即使下行，对中国经济也不会有什么冲击。毕竟内地一线城市的租金回报率之低、房地产对经济影响之广，都是让人感到深深不安的。只是说，鉴于以上的这些情况，我们看到一场类似美国市场在十年前的瞬间大崩溃的概率，相对来讲要低得多。而如果内地房地产市场开始下行，那么更可能带来的，是对中国经济长期、缓慢却也不可忽视的压力。

在房地产市场之外，我还从这本书中学到一点，就是如果你想投资一个市场，那么你最好去当地生活一段时间。也就是说，你得真正从骨子里了解这个市场，体会这个市场，能够摸清它的细节、感受它的脉搏，这样才能做出真正踏实的投资。

对于一个常在中国内地做投资的投资者来说，他能理解美国市场的各项法律法规吗？能理解国会、监管机构、政府、企业、媒体之间复杂的博弈关系吗？能理解美国企业财务报表上的各项内容，背后都是什么，会发生怎样的改变吗？能理解衍生品背后复杂的勾稽关系、杠杆套嵌吗？他了解美国人是怎么思考的吗？他有靠谱的美国投资者“朋友圈”、能接触到各种不同的意见，比如这本2003年出版的、非常小众的（查了一下发现只印了1版就再也没印过）、几乎没什么人看过的书吗？

换句话说，一个美国人如果突然跑来中国内地投资，他能了解内地市场的细节吗？他会知道打新股带来的收益加成吗？会知道直销基金的手续费可以打1折吗？会知道创业板公司的不少净资产来自高估值时代收购造成的商誉吗？他能理解固定收益市场中的刚性兑付吗？

不过，话说回来，尽管这本《如何从即将到来的房地产崩溃中获利》几乎完美预测了4年以后的次贷危机，但是预测毕竟是一件艰难的事情，做空也并非最稳妥的赚钱方式。在这本书出版5年以后，2008年1月，约翰·鲁比诺又出版了一本看空美元的书——《美元的崩溃和如何在其中获利》（*The Collapse of the Dollar and How to Profit from It*）。可惜，这次他好运不再，美元指数从当时的大概 75 点，涨到了当前的将近 100 点（本文成文于 2017 年 5 月）。

所以说，常在河边走，哪有不湿鞋。君不见，机智如投资大师沃伦·巴菲特就常说，他不太依靠宏观预测做投资，“就算美联储主席偷偷告诉我他未来两年的货币政策，我也不会改变我的任何一个作为”。

以资本市场为舞台：一场波澜壮阔的历史剧

每一次市场超出想象的下跌，其实都是长期投资的机会。这时，投资者可以用非常便宜的价格，买到在未来许多年里持续增长的好资产。在将来的某个时候，也许是 5 年、也许是 10 年以后，投资者可以以高于现在数倍的估值，再加上这么多年里基本面的增长，把这危机中捡来的资产卖个很好的价钱。

这正如华尔街的谚语所说，“要在街上血流成河的时候买入，即使有些血是你自己的”（The time to buy is when there's blood on the street, even if it's your own）。可惜，绝大多数人就是不理解这“低买高卖”的简单逻辑。结果每次市场大跌，大家就都很生气。

生气也可以理解，毕竟在市场大跌的时候，不是你一个人在生气。如果你仔细观察社会上的舆论，包括但不限于你在电视、手机、广播上看到和听到的各种言论，当市场上涨的时候，舆论就总是容易趋于乐观，反之，舆论又容易趋于悲观。

作为一种群居动物，一个人生气还不容易有气氛，一群人一起生气就会特别有气氛。所以，我们往往看到，市场大跌的时候，投资者都特别意气消沉。不过，这往往正是一个特别好的买入时机。

当投资者买入一种资产的时候，有一点是必须考虑的，就是这种资产究竟有多大的赚钱可能性？举个例子，内地一线城市的房地产，现在很多楼盘已经逼近每平方米10万元。那么，这种投资能有多少想象空间呢？即使涨到每平方米50万元（按现在的价格，这可以算是全球顶级），也只不过5倍的空间而已。而这个价格，几乎没有多少可能性。

反之，股票市场的空间，在长周期经常会大到让人吃惊。李嘉诚在退休时说，如果在1972年买入他公司的股票，算上股息的复利投资，到2018年，总回报大概是5 000倍，而沃伦·巴菲特在半个世纪里的投资回报则达到1万倍。即使是股票指数，恒生国企指数在2002—2007年的5年里，从低估值涨到高估值，也曾经创下过12倍的回报率，这还不算股息。这些回报率，足以让长周期里的通货膨胀都变得无足轻重。

当然，再好的市场，也不是买入就一定能赚钱，投资者仍然需要寻找恰当的投资标的。这种标的需要符合几个特征：在长周期里（10年乃至更长）有可以预见的、优秀的基本面，价格不能太贵，需要有足够分散的标的进行分散投资。

俗话说得好，“一招鲜，吃遍天”，价值投资这几招，几十年来不知道被多少智者说过多少遍。奇怪的是，直到今天，它们仍然很有效果。而之所以这么有效果，恰恰是因为市场里的大多数人并没有采用这种方法。

在内地市场，选择好的资产、回避糟糕的资产，其实是一件相对来说比较简单的事情。这主要得益于内地市场投资者的不成熟：不成熟的投资者导致了错误的定价，错误的定价给了价值投资者找到错误的机会，因此经常可以找到又好又便宜的标的。

反之，在更加成熟的市场里，找到定价错误的标的往往就很困难。以香港市场为例，特别优质的公司，价格卖 40 ～ 50 倍 PE，比较一般的卖 10 倍上下，基本面有点问题的卖 3 ～ 5 倍，这就让人很难选择。就好比到菜场买菜，死鱼卖 5 块钱一斤，活鱼卖 20 块钱，你正好又不是特有钱，那你选哪个？

不过，在内地市场，只要投资者仔细观察，经常会出现死鱼卖 20 块钱、活鱼卖 10 块钱的现象，让人不敢相信自己的眼睛。造成这种现象的原因很简单，内地投资者许多太不成熟，根本不管自己花钱买的是什么鱼，只要这鱼还能涨价就行了。

随着资本市场的不断开放，不成熟的内地市场开始受到海外投资者的挑战。对于远涉重洋来到内地市场的外国投资者，他们中的许多人虽然不如本土投资者更了解中国市场，但是他们的投资理念、框架、技术手段，都非常成熟。

现在，当许多内地投资者仍然沉浸在“不管买的是什么鱼，只要是一直在涨价的鱼就行”时，不少外资机构却一直默默地寻找“新鲜又便宜的鱼”。所幸，以一些机构投资者为代表的内地投资者，也正在理念和技术手段上不断赶上甚至有时会超过海外投资者

（比如 2016 年初香港市场大跌中我们所看到的）。

人生如戏。这场以资本市场为舞台的波澜壮阔的历史剧，在市场的短期低迷中，刚刚拉开序幕。

第五章

国际行业对比的科学研究方法

世间万事，都有其内生规律。如果你觉得对某些事情无法把握，那么往往不是因为无迹可寻，而是因为你没有找到规律。

对于研究行业来说，规律同样存在。我和在伦敦工作的李剑锋先生的一个共同爱好，就是研究各种不同的行业，思考其中企业的运行规律。而即使我们的工作地点相隔万里，但是对于行业和企业的看法，往往十分相似。这种相似并不来自巧合，而是对特定规律的客观发现。

国际行业对比的科学研究方法

说到行业研究，一个常用的方法就是进行国家之间的行业数据对比。这种方法可以让投资者很轻松地理解一个行业的发展状态，但是如果使用不当，也会造成严重的研究误导。这里，就让我们来讨论一下，如何科学地进行国家之间的行业对比。

简单来说，科学的方法指的就是在进行国家之间的行业对比时，需要仔细考虑各个国家之间的人文和物理差异。其中，人文因素包括族群特点、历史传承、政治体制、法律规定、风俗习惯等，物理因素则包括地理环境、自然条件、工业基础、人口等。

不同国家的人文和物理环境不同，就自然导致它们的各个行业的特性有所差异。在进行跨国的行业对比时，不考虑这些因素，而直接用“某国的某行业发展水平如何，所以某国的行业潜在空间如何”的方法进行研究就会有失偏颇。

不过，行业的跨国比较毕竟是一种理解行业的利器，只要能科学地考虑不同国家之间的差异，跨国比较就能给我们带来不错的观察视角。下面，就让我们来看一些例子。

以飞机场的数量为例，按美国中央情报局的统计，2010 年中国只有 502 个机场，而美国有 15 079 个。如此巨大的差距，究竟是说明中国的机场太少还是美国的机场太多？其实，两者都是。

一方面，美国是有名的飞行大国，其全国的铁路网尤其是客运的高铁网络并不发达，而国民的飞行传统则由来已久。另一方面，中国的航空工业发展落后，同时为了从更优能耗的角度发展经济，政府又投入巨资兴建了全球最发达的高铁网络。两方面的差异，造成了中美之间飞机场的数量差距如此悬殊。

此外，国土面积的大小也会影响机场的数量，国土面积越大则机场相对越多。比如，2010 年时巴西有 4 072 个机场，加拿大有 1 404 个，俄罗斯有 1 213 个，而德国只有 549 个，法国是 474 个，英国也只有 505 个。

所以，这组飞机场的数据可以让我们得出中国航空工业仍大有可为的结论。但是如果硬套数据，讲中美差距明显，所以中国机场有 30 倍的增长空间，就会有失偏颇。

汽车行业的数据同样如此，按照 NationMaster 网站的统计，每千人所拥有的机动车，美国在 2014 年为 797 辆，而我国公安部 2016 年发布的数据为每千人 214 辆。那么，我们能说中国机动车人均保有量是美国的 1/4，所以还有大概 300% 的增长空间吗？

显然不能，美国是一个典型的车轮上的国家，其城市的布局比我国要大、要广阔，住宅容积率明显更低，其客运铁路的效率也远不及我国。所以，从机动车保有量的角度来讲，如果要分析潜在最大发展空间，美国根本不是一个好的参照标的。

NationMaster 网站的数据显示，2014 年，德国千人机动车保有量为 572 辆，日本为 591 辆，英国是 519 辆，经合组织的数据则显示韩国 2014 年为 459 辆，这些才是分析中国机动车工业长期潜在增长天花板的有效数据。

那么，是不是说中国的人均机动车保有量仍然只是以上国家的 40% 左右，所以机动车行业就是一个好的投资选择呢？问题是，我们还需要考虑，中国的人均 GDP 是这些参照国家的百分之多少？只有一个行业的发展空间大于或者说远大于人均 GDP 的发展空间，这个行业才能算是可能超出平均速度增长的行业。

按 IMF 的统计，2016 年中国的人均 GDP 按购买力平价算，是 15 399 国际元，同期德国、日本、英国、韩国分别是 48 112 国际元、41 275 国际元、42 481 国际元、37 740 国际元。很明显，机动车行业的增长空间是小于人均 GDP 的增长空间的。

让我们再看一些例子。国家之间饮食习惯的不同，造成不同食品消耗量不同，而不同的饮食习惯是由不同的历史传承、民族习惯造成的。如果不分国别盲目比较，则可能得出错误的结论。

以啤酒为例，按麒麟控股株式会社的统计，2014 年德国的人均全年啤酒消费量是 104.7 升，隔壁的奥地利则是 104.8 升，爱尔兰是 97 升，不过，这些全是西方发达国家中啤酒消费的大国。

西方发达国家的第二梯队，则有美国的 75.8 升、澳大利亚的 74.2 升、英国的 67.7 升。可以看到，尽管经济发展水平接近，但是饮食习惯的不同，造成这两组国家的国民啤酒消费量迥异。

2012 年，中国的同口径数据是 32 升。那么，我们能不能以西方发达国家第一、第二梯队的数据，得出中国人均啤酒消费仍有 200%，或者最少 100% 增长空间的结论呢？并不能，因为啤酒是一种典型的西方人饮料，东方人对其并不太适应，日本在 2014 年的人均啤酒消费量只有 42.6 升，韩国是 45.8 升。

饮食习惯的不同，在另一种食品上以相反的姿态反映出来。按联合国粮农组织 2014 年的统计，当年中国内地人均茶消费量是 73 盎司，列全球第 7 名，中国香港为 50 盎司，而同年日本只有 35 盎司，新西兰 23 盎司，新加坡 22 盎司，德国 8.1 盎司，韩国则只有区区 2.3 盎司。如果想用经济发展水平解释这样一组数据，简直不知道应该如何下手。

有意思的是，同属英语国家，同口径的美国人均茶消费量是 12 盎司，加拿大是 14 盎司，而英国和爱尔兰，这两个美国和加拿大国民的主要历史来源国，却分别有 120 盎司和 147 盎司。看来，就茶叶这个行业来说，想从国际发展水平中找到什么可以利用的数据支持是难若登天了。

而饮食习惯和体格（东方人体型相对更小）的区别，也导致在人均肉类消费量上存在巨大的国别差异。按联合国粮农组织的统计，2009 年美国人均肉类消费量是 120.2 千克，澳大利亚是 111.5 千克，处于西方发达国家第二梯队的法国是 86.7 千克，英国是 84.2 千克，中国则是 58.2 千克。

那么，通过以上对比，是不是说中国的人均肉类消费量还有大概 100% 的增长空间呢？问题是，同年韩国的人均消费量是 54.1 千克，日本是 45.9 千克，甚至都低于中国。那么，究竟是美国和澳大利亚更能作为中国的未来参照国，还是日本和韩国呢？

不过，也有一些行业的数据是放之四海而皆准的，这时候跨国比较往往可以在同一口径下进行。

比如，对于经济大国来说，能源消耗就不存在太多的国别差异。按世界银行的统计，2013 年韩国是人均 6 994.5 千瓦时，新加坡是 6 435.2 千瓦时，德国为 5 149.4 千瓦时，英国为 3 964.5 千瓦时，中国则为 2 964.1 千瓦时。可以看到，考虑到人均 GDP 的差距，中国的人均能源消耗已无多少增长空间。

不过，即使对于能源消耗这样一个比较“标准”的行业数据，也有一些异常点的存在。2013 年同口径的美国人均能源消耗量是 9 207.8 千瓦时，而中东的科威特是 12 991.1 千瓦时，阿联酋是 10 239.8，卡塔尔更达到惊人的 25 456.8 千瓦时。显然，这些数据对衡量中国未来的能源消耗格局并没有太大的参考意义。

保险行业的数据，则揭示了这个行业在中国的巨大前景。按瑞士再保险的统计，2015 年中国大陆以美元计价的人均总保费为 280 美元，同期英国为 4 358 美元，法国为 3 392 美元，美国为 4 095 美元，中国台湾和中国香港分别为 4 094 美元和 6 271 美元，日本为 3 553 美元，韩国为 3 034 美元。可以说，中国大陆的保险市场，尚有 10 ～ 15 倍的增长空间。

即使考虑到中国物价更低、等量货币含金量更高的因素，估算其实际 GDP/ 名义 GDP 大约为 2 的话，中国保险行业按购买力计算的人均保费总额，也仅为发达国家平均水平的 1/8 左右。

最近几年产业资本热衷投资的医疗行业，其差距则没有保险行业那么大。按世界卫生组织的统计，以 2011 年美元价格调整后的统计，2014 年以购买力平价计算的健康与医疗支出，中国为 731 美元，同时日本为 3 727 美元，芬兰为 3 701 美元，意大利为 3 239 美元，新西兰为 4 018 美元，英国为 3 377 美元，中国约为发达国家水平的 1/5。考虑到前述中国的人均 GDP（购买力平价）是它们的大约 1/3，医疗行业的发展空间其实并没有人们通常理解的那么巨大。

而大多数认为中国医疗行业空间巨大的分析，主要是以美国为参照的，同年美国的人均医疗花费是 9 403 美元。可以看到，这一数字虽然是中国水平的 12.8 倍，但也是一般发达国家的两三倍。所以在医疗行业的比较上，美国其实是一个特例。

经合组织的统计也证明了这一点，其在 2013 年的统计显示，当年美国医疗支出占 GDP 的比重为 16.4%，德国则为 11%，法国为 10.9%，英国只有 8.5%。而在 2016 年，中国的这一比重仅为 6.2%。

而对于另一些跨国数据，则需要分析具体国家不同的细节情况，而不是只看数据本身。以代表社会安全性的谋杀率为例，按联合国毒品和犯罪问题办公室的统计，每 10 万人中被故意谋杀的概率，中国在 2014 年是 0.74，处于全球最安全的国家之列，美国在 2015 年是 4.88，是中国的 6.6 倍。

事实上，中美之间的差距不止于此。在犯罪学的统计中，东亚地区的民族，在暴力、谋杀犯罪时，更倾向于袭击与自己有利益、感情纠葛的人，也就是所谓“冤有头债有主”，而北美地区则袭击陌生人的概率更高。这也就意味着，当中国的谋杀率是美国的 6.6 分之 1 时，以被陌生人谋杀计算的社会安定指标，还要优于这一数值。

所以，总体来说，国际行业数据对比既是一个能让我们清楚了解本国行业发展水平的利器，又是一个需要慎重应用的手段。如果不全盘、仔细考虑国家之间的行业数据对比，只片面看一两组数据，往往会使我们受到误导。毕竟，正如电影《大空头》(The Big Short) 中引用的那句马克·吐温名言：“让我们陷入困境的，不是无知，而是看似正确的谬论。”

调味品行业细说

尽管看起来一小瓶一小袋不太起眼，但是我们日常生活中天天能见到的调味品，其行业内在运行本质，却和航天工业中的高端零部件、高端消费品中的至宝白酒乃至沃伦·巴菲特的大爱股喜诗糖果 (See’s Candy)，存在着微妙的共同之处。

对于航天工业中的高端部件来说，其本身可能不值多少钱，但是对于航天飞机是否能顺利飞行来说，一个个部件却是至关重要的。在这时候，只要能让客户相信部件的品质，那么一个小小的部件到底如何定价，客户是不太在意的。

对于在中国的社会环境中所消费的高端白酒来说，其往往用于非常重要的宴请场合。在这时候，一个宴请场合所涉及的主题，或是金额巨大的商业订单，或是婚庆之类重要的纪念活动，一瓶有档次的白酒，比如茅台、五粮液，在这时候突然涨一点价，是不会有人太在意的：当你宴请的人会决定公司未来一年的订单时，你愿意省那点酒钱吗？

而巴菲特的喜诗糖果公司的案例，恐怕许多投资者都已经耳熟能详。这种糖果与美国特定地区的一种风俗有关，年轻男女用它来表达爱慕。当你为了追一个心仪的姑娘而需要买一盒喜诗糖果时，糖果却突然涨价 15%，你会换一种糖果吗？

对于调味品行业，尤其是调味品行业中的知名品牌来说，其内在的商业运行逻辑，与上面的三个例子有异曲同工之妙。当你要烧一桌饭菜时，食材可能要花上 50 元乃至 100 元，其中的酱油、辣酱、醋、胡椒粉、咖喱块等调味品，可能只要 1 块钱乃至更少。这时候，另一种你不熟悉、不知名、不信任的调味品，只需要花 8 毛钱，你会因此就改变消费习惯吗？

在这种细微但是决定性的心理影响之下，航天器中的关键零部件、高端白酒、喜诗糖果、有品牌信任度的调味品，都特别容易在长期保持比较高的利润率。与之相反，快递物流、造纸、航空公司、国内证券公司的经纪业务部门（海外证券公司经纪业务的情况略有不同）、建筑材料等行业，这些典型的“我才不管你是哪家产的，反正货的质量过关就行”的行业，就不太容易保持较高的利润率。

在这个核心逻辑之外，调味品行业的内在逻辑，仍然有几个要点值得我们关注。

尽管龙头公司容易取得高额利润率，但这种利润率往往是以小公司的受压迫为代价的。也就是说，消费者既然愿意为了自己更信任的品牌付出更多的钱（纸箱就不会），这同时也就意味着对于消费者不熟悉的小品牌来说，日子就不会太舒服。

同时，调味品行业中的龙头公司之间也会产生竞争关系。尽管这种竞争在大多数时候由于几个龙头公司之间的互相忍让，不会发展成一种你死我活的恶性竞争，但这种竞争的存在，仍然对几乎不可撼动的调味品龙头企业造成一定的困扰。

食品安全则是另一个投资者需要考虑的问题。对于龙头调味品行业来说，高利润率的来源，主要在于消费者对品牌的信任。而在整个食品行业中，这种信任偶尔会突然被食品安全丑闻毁掉，从而对行业造成巨大的打击。

从三聚氰胺事件、白酒塑化剂事件等一系列案例中，我们可以看到这种规律的存在。反之，还是以纸箱行业为例，造纸企业基本上不会被这种问题所困扰。不过，随着中国社会的进步、食品工业的一步步完善、法律法规的健全，食品安全问题慢慢减少，应该是一个大概率事件。

随着社会的进步，消费升级将会是调味品行业未来主要的增长动力来源。毕竟人对调味品的摄入总量很难改变，而目前全国的人口总数也十分稳定，所以一些基础产品的总量增长，基本可以不用指望。但是，随着人们越来越有钱，必然会为了更有品质以及更加复杂的调味品花更多钱。当然，大型、知名的调味品公司在这种消费升级中受益会相对更多。

总体来讲，调味品公司尤其是消费者认可的大型调味品公司，也就是巴菲特所说的“心理占比更高”（share of mind）的公司，是长期的、相对来说十分稳定的、高利润率的赚钱机器。不过，这也就带来一个问题，许多投资者也都认可这些公司的优势所在，所以它们的估值往往低不到哪里去，甚至常常很贵。而越贵的价格，常常也就意味越低的长期回报，以及越高的风险。

以上，就是我们在思考调味品行业时需要认识到的一些主要问题。总结来讲，在这个行业中已经占据优势地位的企业，一旦估值下跌到一个相对较低的合理水平，往往就能构成一个非常好的买入时点。而这种机会究竟在何时到来，就需要投资者的敏锐观察与耐心等待了。

成王败寇型行业是如何产生的

在分析不同的行业时，投资者往往会遇到两种不同类型的行业。第一种较为多见，即“和睦共处型”。在其中，企业之间虽然也有竞争，也有回报率的差异，但是差距不算太大，而且格局相对稳定，不太会出现一方青云直上、另一方一败涂地的情况。

在生活中我们遇到的绝大多数行业，都属于这种“和睦共处型”行业。一个城市里的几家出租车公司往往和睦共存，证券公司虽然互相拉客但谁也不会一家独大，航空公司的票价虽然经常竞相打折但是大家的回报率总是相差不多。类似的行业还有很多，银行、机场、保险、商用物业、煤炭、钢铁、高速公路等，都属此类。

对这类行业来说，虽然公司之间也有优劣之分，却没有生死之分。好公司往往能一直多赚一点钱，差公司也不至于活不下去。大家的周期也都差不多，行业景气的时候一起多赚一些（好公司赚得更多），不景气的时候往往差公司会不赚或者小赔，好公司却也难逃利润下降。而且，这种竞争格局往往很稳定，大家可以算得上是“和睦共处”。

但是，还有一种行业，我把它称为“成王败寇型”行业。在这种行业中，竞争导致的结果往往是胜出者飞黄腾达、RoE（净资产回报率）动辄高达 20% 甚至 30%，失败者却黯然隐退，RoE 甚至跌到负数。

举例来说，在空调行业中，格力在最近十年中风头无两，当年的龙头企业春兰却在苦苦挣扎；在汽车行业中，上汽、长安等公司最近几年利润丰厚，一汽却倍感艰辛；在流行服装行业中，优衣库当下风头正盛，李宁、ESPRIT 这些几年前火遍全国的品牌，却江河日下。

在白酒行业中，茅台利润率一直超高，很多中小白酒企业却利润微薄；在资产管理行业中，东方证券资产的产品最近推出一个大卖一个，但去问问大多数基金公司，就会知道现在基金产品有多么难发；在智能手机行业中，随着华为、OPPO 的攻城略地，索爱、三星等品牌逐渐淡出人们的视野。

对于这种“成王败寇型”行业来说，选择投资标的无疑是困难的。成功的企业往往赚大钱，估值常常不太便宜。但是，以不太便宜的估值买入股票以后，投资者就要面对这些目前成功的企业将来可能变成下一个失败企业的尴尬。而一旦当时成功的企业后来失败，业绩下跌加上估值下挫带来的戴维斯双杀，往往是毁灭性的：看看 EPSRIT 的品牌拥有者思捷环球从 2007 年以后的 10 年在香港市场的股价走势就会知道。

在分析以上这些行业中的成功、失败案例时，许多研究者会简单地将其归结于上市公司治理水平的高低、战略选择的对错等，但他们却忽视了这些行业自身属性的问题。如果说这些行业中的巨大差别真的只是由公司治理水平差异等导致的，那么我们又如何解释在那些“和睦共处型”行业中，很少见到成功者和失败者之间存在如此巨大的差异呢？

那么，是什么原因导致了这两种类型的行业，其内部的竞争格局会有如此巨大的差异呢？我以为，原因主要有两点：品牌认知度的作用不同，客户转移成本不同。

在“成王败寇型”行业中，消费者对品牌有着强大的从众效应。同时，好的品牌企业又可以加大广告费用，促进这种从众效应，形成正向循环。比如说，社会上都认为茅台是最好的酒，主人在重要宴请时就不会为省钱换一个品牌；而格力在赚钱以后，能够打出大量的广告，则会导致消费者不愿意尝试其他的品牌，从而赚到更多的钱。

而在“和睦共处型”行业中，这种效应则不强。虽然上海的消费者都知道四大出租车公司（大众、锦江、强生、海博）品牌好，但是一辆小公司的车开来的时候，许多人还是会坐，因为等下一辆车很麻烦，品牌间的差别也没那么大。而在选择航空公司的时候，消费者也很少在意品牌之间的区别。

再看看你家门口的理发店，它们甚至根本懒得做广告，而你也很少看到连锁理发店能抢走多少本地理发店的生意。而对于保险公司来说，相近规模企业产品间的差异，明显不如明星基金和普通基金之间的差异那么巨大。

同时，“成王败寇型”行业中，客户的转换成本普遍很低。上一部手机用的是 OPPO，下一部手机用华为，一点障碍都没有。但是投资者转一个证券公司的账户、航空公司换一个机场和航线，却是非常费力的事情。

所以，行业性质的细微差别，导致了这两种类型的行业，其性质截然不同。投资者在选择标的的时候，也要对此加以仔细分析，才能更好地把握行业内公司的长期趋势。

网约车行业的护城河为何这么浅

从诞生的那天起，网约车行业的激烈竞争就没有停息过。而即使在几年以后的今天，按说已经应该进入稳定状态的网约车行业，仍然不断出现新的竞争，新加入者经常对现有行业格局产生巨大冲击（本文成文于 2018 年 4 月）。那么，为什么相比于许多护城河极深的科技行业，网约车行业的护城河这么浅呢？其实，这和网约车行业本身的行业特质有一定的关系。（科技行业素以护城河深著名，网约车行业似乎并没有享受到这一优势。不过，这里所说的“护城河浅”是相对一些科技行业而言的。相比许多传统行业，网约车行业的护城河仍然算是比较深的。）

出行是一个消费者明确了解自己的消费，因而极爱比价、极易比价的行业

在消费行业里，消费者对不同的商品认知是不一样的。举例来说，购买有机高档大米的消费者，并不能自己回家检测其中的农药残留量、种植过程中的有机程度等；到餐厅吃饭的消费者，并不能100% 精确比较两家餐厅的食材、环境究竟如何；购买各种酒类的消费者，并不能准确说出某种较贵的酒到底好喝了多少。

在这些行业里，由于消费者对自己所购买的商品无法准确知悉其品质究竟如何，消费者会倾向于对已经被普遍认可的品牌给出一定的溢价。因此，当前占垄断地位的企业，就会有其溢价。新进入者由于品牌知名度较低，也就不容易与现有企业竞争。

但是对于出行行业来说，消费者极其精准地知道自己到底买到了什么东西（就是从 A 地以某个速度跑到 B 地），在这种情况下，消费者就会对价格极其敏感，对品牌极其不敏感。而新加入的网约车公司，也就很容易挑战现有公司的战略格局。其实，在航空业，我们经常看到大打价格战的廉价航空公司能够迅速异军突起，道理也是一样的。

网约车行业的网络效应，没有其他互联网行业强

对于绝大多数传统的互联网公司来说，网络效应是保护自身的利器。举例来说，越多的人用微软的 Office 系统，就会有更多的人必须用 Office 系统，不然你打不开别人发来的文件；越多的人在一个网购平台上买东西，就会吸引更多的商家来卖东西，反过来又会吸引更多的顾客；越多的人使用一种聊天软件，他们的朋友就会被迫使用同一种聊天软件。

但是，网约车行业的网络效应却更多只存在于一个城市内。绝大多数人是不会天天从一个城市跑到另一个城市的，因此，网络效应也就只在本市内体现，而一个城市中的网约车数量是有限的。因此，现有行业龙头公司的全国性布局，不会对新进入的、资金实力和品牌知名度都更差的挑战者在一两个城市的精准进攻造成太大的障碍。

乘客的转换成本极低

对于一些行业来说，客户的转移成本是很高的。比如，对于安防摄像系统来说，如果某公司整体采用了一套系统，那么在新增一部分设备的时候，想使用另一家公司的产品，就面临和老系统不兼容的问题；一个银行客户想把银行户口销掉转到另一个银行，就需要重新登记几乎所有的绑定关系；一个顾客换一个不熟悉的发型师，就得面对可能剪个差劲发型、一个月没法见人的风险。

但是，对于网约车行业来说，乘客即使之前一直在使用一家公司的产品，他在下一次叫车的时候转换到另一家公司也是几乎没有成本的。相比之下，司机的转换成本会稍微大一些，他无法将在之前一家公司积累的所有评价和积分转到新的公司，换一个新的平台约车意味着一切重新开始。但是，这也并不妨碍现有的司机同时尝试新公司的平台。

新兴行业中资本的躁动

对于资本来说，其在选择投资标的时有一个特点，即更青睐新兴行业而非传统、成熟行业。对于新兴行业来说，其市场前途相比成熟行业有更多不确定性，更容易产生高估值，也更容易被媒体报道、更容易吸引投资者的眼球。几个原因加起来，就导致新兴行业更容易被新进资本关注，导致更强的行业竞争。这种特质并非网约车行业所独有，而是一种几乎所有新兴行业都会面临的压力。随着行业的逐渐成熟，这种压力会有所减轻。

不可否认，作为一个利用互联网和定位技术改革了人们出行方式的行业来说，网约车行业极大改进了社会的出行效率。只不过，由于出行行业本身的透明性、强地域性、弱网络性、低转换成本，以及网约车行业的新兴属性，导致这个行业里的企业相较于传统的互联网企业更容易遭到竞争者的挑战。

七个例子告诉你两种不同的行业

在分析公司时，行业里的竞争永远是一个绕不开的话题。竞争一方面刺激行业不断更新、升级，提高生产能力和服务水平，使得我们这个社会越来越美好，另一方面也导致企业一直需要努力、一直没法赚到太多钱：因为永远有竞争对手在盯着它的利润。

所以，对于投资者来说，竞争，这个现代社会的孵化器，并不是一件太好的事情。在观察行业时，有一个避免竞争的好方法，就是区分“挖金子的公司”和“卖铲子的公司”。这种“挖金子”和

“卖铲子”之间的区别，来自许多人耳熟能详的19世纪中叶美国加利福尼亚淘金热往事。

当时，加利福尼亚发现了金矿，许多人去淘金。由于美国西部艰苦的条件，许多人死在淘金的过程中，剩下的人也由于金矿工之间激烈的竞争没有赚到太多钱。最终因为淘金而大富大贵的人，也并不像人们想象的那样赚到多少钱。但是，当地提供各种生活、生产服务的人，比如卖食品和水的、提供住宿的、卖挖金矿的铲子的，却因为需求大增赚到了许多钱。

为什么挖金子的赚不到钱、卖铲子的赚钱？在挖金子的行业中，媒体效应非常强。所谓“媒体效应”，就是指通过各种媒体的宣传，导致全社会都认为这个行业特别赚钱。想一下，你挖开沙土、用水冲一下，就能捡到一大块金子，多么诱人！在这种媒体效应下，大量人员、资本就涌入挖金子的行业中。

但是，大量涌入的人慢慢发现，他们很难建立任何相对他人的比较优势，大家做的事情都是一样的。他们的生产、产品是同质化的，而竞争的唯一方法，就是不停压低自己劳动的价格、提高供货商的价格。结果，激烈的竞争反而导致大家很难赚到什么钱。

反之，对于提供铲子的人来说，他们这个行业没有什么媒体效应，没有人会报道“生产一把铲子好赚钱啊”，就算写了也没人爱看。他们的故事太平庸、太无聊，导致没有什么人加入。“卖铲子”的人们，就在平静的行业里，慢慢积累自己的优势。

在平静的行业里，远离喧嚣的他们慢慢建立了自己的规模优势，提高了自己的产品品质（生产的铲子更好用更牢靠）。他们的信誉和名声在真正识货的客户那里慢慢累积，这种累积也往往来自他们的客户更专业：卖铲子的人往往面对的是一个 B2B（business to business，企业对企业）的行业，他们的客户不是普通消费者，他们都是行业里的专家，哪一种铲子质量好，他们看一眼就知道。

优秀的品质、名声，外加规模效应，让这些企业可以在识货的、专业的客户那里赚到更多钱。这里还有一个重要的因素：对于专业的客户来说，他们愿意为一把真正的好铲子付出更多的钱。因为在他们挖金子的工作中，铲子的成本实在占不到太大的比例，但是铲子的质量却对最终挖金子的工作至关重要。当这一切因素聚集在一起的时候，卖铲子的工作就比挖金子棒得多。

加利福尼亚的淘金热（Gold Rush）毕竟离我们太遥远，今天的人们想要感受那种狂热与无奈，恐怕最好的方法之一就是听丹·弗格尔贝里（Dan Fogelberg）的经典歌曲“Sutter’s Mill”了（《萨特的磨坊》，萨特是当年第一个发现金子的人，这是一首非常好的英文歌）。这里，就让我们来看几个现代版“挖金子”与“卖铲子”的例子。

资本市场涨涨跌跌，对于身在其中的投资机构来说，熊市的日子并不好过，牛市的日子则让人得意忘形。这和加利福尼亚当年的淘金工有没有相像之处？媒体大幅报道当年业绩排名前几的基金公司，高校毕业生每年最想进的行业之一就是基金行业。而基金公司的艰苦，全球每年关门的基金公司的数量，只有从业者自己才知道。

但是，卖数据系统给基金的公司，其中做到声誉优秀的（比如国际上的彭博系统、路透终端，国内的万得资讯），往往利润丰厚、风雨难侵。

在数据系统这个行业，媒体效应比投资行业差得多，社会的聚光灯很少打在它们身上。想象一下，“×× 基金今年赚了 200%”的标题，比“×× 数据商今年比去年多卖了 3% 的数据终端”的标题，要更吸引人。说实话，数据整理这个工作，听起来就特别无聊。

但是，数据提供商一旦建立了优秀的声誉，那么其地位就非常难以撼动。规模优势导致新的挑战者很难撼动龙头公司的地位，而其收取的费用，相对于基金在市场里依靠正确数据可能赚到的钱来说是如此小的一个百分比，以至于没有基金愿意为了省一点点钱，冒拿到低质量数据的风险。结果，数据提供商这个“卖铲子”的，日子就过得比许多“挖金子”的基金公司要好得多。

在其他许多行业中，我们都能看到这种“挖金子”的公司，过得不如“卖铲子”的公司的现象。在流行服饰行业里，企业“挖金子”挖得非常费力，消费者的喜好天天变来变去，企业必须不停设计更符合潮流的衣服，还经常吃力不讨好。而背后“卖铲子”的公司，比如基础面料提供商、代工企业、拉链和纽扣生产商，其中建立了规模优势、管理优势和信誉优势的龙头公司（比如鲁泰、申洲国际、YKK），就过得很好。

在以上例子里，我们还能看到一个导致“卖铲子”的公司过得更好的原因：它们面对的市场更加稳定，包括客户需求更加稳定，产品属性更加稳定，行业机会更加稳定，等等。市场的机会不停在变，基金追求的投资机会不停在变，但是基金的数据需求不变。流行服饰的客户需求一直在变，但是对服装的面料品质、配件质量的需求不变。金矿出现的地方一直在变，淘金者今天找得到、明天找不到，但是他们对铲子的需求一直不变。

需要指出的是，这种“卖铲子”和“挖金子”的公司之间的区别，并不必然导致所有“卖铲子”的公司都能过得很滋润。在绝大多数行业里，竞争都经常存在。这里只是说，在“卖铲子”的行业里，一旦企业奠定了龙头地位、树立了优秀的声誉，它们的地位就会变得非常稳固。

再让我们来看几个例子。在电商平台上，努力拼杀的小企业，也类似于“挖金子”的人，它们进行几乎同质化的竞争，每家成功的小企业背后都有无数失败的同行。但是，提供交易平台的龙头电商（比如淘宝、京东、亚马逊），却成为最大的互联网公司。同样，自媒体与自媒体平台的关系，也与电商和电商平台的关系十分相似。

而在金融行业里，2008 年的国际金融危机导致许多金融企业倒闭，但是为这些金融企业提供服务的公司，比如之前提到的数据提供商，以及全世界各地的交易所、全球的评级机构，在危机中以及危机以后，却都仍然过得很好。

汽车行业也一样，一直以来，这都是一个很残酷的行业。消费者的客户黏性基本是 0，上一辆车你买福特的，一点也不阻碍你下一辆车买丰田的。针对这个残酷的行业，巴菲特曾经说过，美国汽车行业的公司，从几十年前的上千家，到现在只剩几家。但是，一些给汽车行业提供“铲子”的汽车配件公司，其中获得了龙头地位的企业，却往往活得很好（曹德旺先生的福耀玻璃，就是其中的代表）。

再看那些在硅谷、中关村努力创业的科技行业从业者，他们创办了如此众多的企业，其中成功者如美股有名的四家科技公司FANG（Facebook，Amazon，Netflix，Google），固然让人称赞不已，但是硅谷企业成功率也是有名的超低，甚至有人说比中六合彩还低。但是，为这些企业提供各种服务的公司，比如当地的地产公司、提供编程所需基础系统和语言的公司，却活得相当滋润。它们也许很难登上每年的杂志封面，它们的故事实在没有什么激情，但是它们的长期资本回报却一点也不差。

所以说，当所有人都狂热地被新闻和传说刺激着去挖梦中的金子时，找到那没有人爱做、默默无闻的卖铲子的行业，躲开巨量的竞争，提供无可挑剔的优质服务，建立不可撼动的规模优势，打造出在专业领域里有口皆碑的产品品质，常常是件更赚钱的事情。

找到周期性行业投资中的锚

“中河失船，一壶千金。贵贱无常，时使物然。”

以上这段话，出自《鹖冠子·学问》，意思是说，在河中心船突然翻了的时候，一个可以浮水用的空壶，就可以卖到千金之价。所以说，贵贱都是时运所导致的，其实本无常性。

对于产品价格波动巨大，导致行业呈现周期性波动的周期性行业来说，这句话道出了行业真谛。此类行业有很多，传统的定义至少包括煤炭、石油、钢铁、铜、铝、水泥、化工、黄金、白银、造纸、各种有色金属、稀有金属等。它们的产品价格都波动巨大，从而导致行业的基本面和股价也都呈现大幅波动。

而在传统的定义之外，其实还有一些行业，也因为受到周期性行业影响而体现出周期性。比如，煤炭的价格周期导致火力发电行业在某种意义上来说也成为周期性行业。而石油的周期导致用油大户比如航空公司的业绩（以及随之而来的股价），呈现出相反的周期性。同样，黄金零售商的业绩好坏，也与黄金的价格和需求休戚相关。

其实，如果光从“周期”这个行业属性来说，一些和传统大宗商品价格波动毫无关联的行业，也呈现出明显的周期性。比如证券公司的业绩就紧跟股市整体走势，波动巨大。同样，保险公司的业绩也和资本市场的波动周期息息相关。甚至在消费品行业中，我们也能看到一定的周期性，有的是有规律的年内波动，比如房屋租赁中介；有的则是无规律的、以几年为单位的波动，比如健康食品的潮流、流行服饰的偏好等。

没有锚的周期波动预测

那么，我们应该怎样解释这些行业的周期性呢？我们能不能预测它们的产品价格或者市场价格波动呢？很遗憾，答案虽然不一定是不能，但至少是非常难。

就大宗商品来说，它们的价格波动受到供求、库存、预期、市场情绪、宏观经济、货币流动性、天气甚至地缘政治等许许多多因素的影响。虽然这种多样性导致研究员很容易攒出一篇看起来数据翔实、有理有据的报告，但是对于想要准确预测它们的人来说，却是非常棘手的一件事情。

这种困难一方面来自这些影响因素本身的复杂性，所以你很难准确统计每个因素到底有多大影响力（虽然你知道它一定有影响）。这就好比你和对手打牌，你知道他还有 8 张牌，但是你不知道哪张大、哪张小，你就几乎没法预测他对你的优势到底有多大。

困难的另一方面，则来自这些因素之间的互相影响。如果说这些因素是单独产生的，那么事情会简单不少，但问题是，库存增加可能导致市场预期变得更差，地缘政治走好会导致情绪缓和，宏观经济走弱又会导致地缘政治变差，同时却会为流动性带来好的预期。如此种种，复杂的关联再配合要素本身的难易度量，导致想准确预测商品价格的波动难上加难。

而对于那些受到资本市场行情、消费市场偏好影响的“外围”周期性行业来说，预测它们所处的波动也一点都不容易。简单来说，如果真能预测股票市场的波动，从而对券商股的基本面有所预期，那么投资者为什么不直接加杠杆交易股指期货呢？

一个更关键的问题在于，一旦预测错了周期性行业的波动，对于投资者来说，理性的做法只能是认赌服输，而不能越跌越买。也就是说，周期性行业波动的预测，很难找到一个类似于股票估值倍数、房地产租金回报率一样的支点，也就是一个“锚”，从而可以不断加仓、确保盈利。

也就是说，对于一个在黄金价格 1 500 美元 / 盎司时看多，但是金价却跌到 1 300 美元的投资者来说，他不能继续看多下去，否则就可能错得更厉害。而即使金价继续下跌到平均生产成本，低迷的金价也可能导致高成本矿场减少生产，从而继续降低平均生产成本。而对于一个在 5% 年租金回报率时买入房子的投资者来说，即使房价下跌、租金回报率上涨到 7%，他也可以考虑越跌越买，因为即使价格不涨甚至继续下跌，他的回报率，也就是这个投资中的“锚”，也已经足够丰厚了。

事实上，从“有锚”的价值投资者与“没有锚”的周期性行业、大宗商品投资者长期的业绩上，我们就可以看出，相对来说，投资于周期性行业（以及商品）是多么难赚钱。

可以看到，在全球市场上，主要的知名投资者大多是寻找价值的典型价值投资者，而投资周期、跟随趋势的投资者做到同等规模和体量的，则少之又少。而仅有的一些靠捕捉周期获利的知名投资者，也常常遭遇重大挫折，这种投机中蕴含的巨大风险，对于价值投资者来说却并不常见。

找到周期的锚：商品低迷、行业前景好、公司强大、估值极低

但是，有一种方法可以找到周期性行业投资中的“锚”，让投资者不需要正确判断周期的变动，却可以像购买低估值的优质价值股一样，越跌越买。

这种方法包含四个要点，可以用一句话概括：找到商品价格低迷，但整体尚有发展前景的行业，以极低廉的估值，投资其中最优秀、最有可能扛过行业低迷期的公司。

在满足这四个要点之后，投资者就可以放心地越跌越买，而不用劳神苦心预测周期的波动。因为足够低迷的价格保证了上涨的概率远大于下跌，整体行业前景的可控使得投资者不会陷入“价值陷阱”中，低廉的估值一般意味着股价不会再跌，而优秀的公司保证了投资者在判断错误、低迷长期持续的情况下，仍然有险可守、有路可退。

下面，让我们来一一分析这四个要点。

商品价格低迷

在 2015 年底 2016 年初，国际油价跌破 30 美元 / 桶时，投资大师霍华德 · 马克斯曾经发表过一篇著名的备忘录。他指出，人们往往只顾及价格的趋势，却忘了基本面的逆反作用。也就是说，便宜的油价意味着开采减少，但同时人们的消费就会增加。一正一反，就会反而推升油价。反之，高昂的油价意味着生产增加、需求却减少（比如美国人会购买更小的车），从而就会打压油价。

因此，当一个产品的价格达到谷底时，投资者就拥有了巨大的安全边际。举例来说，在 2014 年年中，A 股市场的整体估值创历史新低，券商行业营收惨淡。但是，这却是一个绝好的买入时机，证券公司股票也在之后的 [illegible] 年中大涨特涨。

整体行业尚有发展前景

并不是每一个陷入困境的行业都可以给投资者提供足够的安全边际，我们需要考虑这些行业的前景如何。最简单的方法，就是看这个行业的人均水平与成熟经济体的人均水平之间有多大差距。

举例来说，中国的人均钢材消费量、水泥消费量远超成熟经济体的平均水平，铜、铝的消费量差距则不算太大，比较接近，用电量则是后者的大约 1/2，人均纸消费量只有后者的 1/4 ～ 1/3，差得最多的大概是保险，人均保费只有后者的大概 1/15。而在历史上我们可以看到，几乎每次保险股的市净率来到自身低谷水平时，都是不错的买入机会。

极低廉的估值

在周期性行业产品价格低迷甚至极度低迷时，上市公司的估值往往会创下意想不到的低估水平。

当然，这时候因为上市公司往往是微利甚至亏损，市盈率估值的方法已经不适用，基于未来现金流的估值方法也因为可供调整空间太大而很难准确。（如果你能预测未来由波动的商品导致的远期现金流，那你为什么不直接去交易商品？）这时候主要应使用的是基于净资产、储量的一些估值方法。

举例来说，在 PB 估值口径下，2005 年 A 股很多周期性行业股票的估值达到了 0.8 倍上下；在 2014 年年中，我们能看到 A 股许多周期性行业股票估值达到了 0.5 倍左右；2012 年香港股票市场中，风电行业的一些股票在产能过剩影响下，估值达到 0.5 倍；而香港股票市场中铜生产商的估值，在几次低谷中也都达到了 0.5 倍左右的水平；2008 年底，随着全球金融海啸肆虐、消费水平下降，香港一些主流黄金零售商的估值达到了 0.7 倍。

在这些低估值之后，我们基本上都见到了股价在中周期里由估值修复带来的大幅上涨。

需要指出的是，在历史上，香港市场在周期性行业低迷期给出的估值比 A 股更为苛刻（不过这种情况在将来是否会发生改变，仍然需要琢磨）。

当一个周期性行业陷入低迷时，A股不管公司好坏，一般最少也会给出0.5～0.6倍的PB估值，而港股则往往只能给低迷行业中的龙头企业1倍上下、最低0.5倍左右的估值，往往会给行业中弱一些的企业以匪夷所思的低估值，低到0.2、0.3倍PB的也并非罕见。当然，这常常也意味着巨大的机会，只是在机会到来之前，超低的估值会让过早投入其中的投资者更加难受。

最有可能扛过行业低迷期的公司

在电影《大空头》中有一句经典的话："发现机会太早，等同于看错。"所以，既然是判断，就有可能出错，对周期性行业走出低谷的判断也不例外。这也就意味着，投资者需要给自己找一个安全垫，这个安全垫就是企业的资质。

在行业低迷时，最优秀的企业更有可能存活，也最有可能取得还算可以的盈利，因此也就能获得相对高一些的估值，使得投资者的账面表现不至于太难看。另一方面，在低迷的行业中，最优秀的企业有时候还能趁机通过并购、收购而扩大规模。这种扩张往往还很划算，因为这时候资产的拍卖价格经常都是白菜价。

那么，怎样的公司资质最好、最有可能扛过周期的低迷阶段呢？有以下几个判断依据可供参考。

其一，规模大的企业往往生存能力更强，规模优势也会给它们更好的盈利能力；其二，资源型企业比起非资源型企业，往往更容易判断其生存能力，比如判断煤矿企业的生存能力，就比判断风电、光伏企业容易得多；其三，在资源型企业中，拥有优质资源的往往更容易存活；其四，历史财务数据证明管理能力卓越的企业，往往容易维持优良的管理，要知道，管理风格也是有继承和遗传的；其五，政府背景越强的企业，生存能力也会越强。

享受估值波动带来的盈利

当投资者在整体尚有发展前景的行业中等到极低迷的商品周期，以超低的估值买入了最优秀、最有可能扛过行业低迷期的公司时，成功的周期行业投资就基本完成了。这时候剩下的只有两件事，要么等着股价上涨，要么股价继续下跌则可以越跌越买：反正你已经找到"锚"了。

其实，由于大多数周期性行业尤其是大宗商品行业的产品彼此之间同质化严重，很难在品质上有明显的差异，因此从长周期来看，行业中的公司不太容易找到在本行业中相对同行有优势的护城河，其长周期的平均 RoE 也就很难赶上一些优秀的、有强大护城河的公司。

但是，资本市场上最激动人心的价格波动，不一定来自基本面的变化，而很多来自在预期基本面变化的理由之下，投资者蜂拥来去造成的估值变化。而如果在足够低估的时候买入周期性行业，那么一旦行业复苏，估值水平回升带来的回报往往也十分可观。

举例来说，如果一家公司 RoE 维持在 12%（一个还算不错的水平），5 年里净资产增长了 76%，那么在估值不变的情况下，投资者的回报就是 76%。但是如果 PB 估值在这段时期从 0.5 倍（一个周期性行业低迷中常常见到的估值水平）变成 2 倍（行业复苏或者繁荣中还不算太过分的估值水平），那么回报是多少？

605%，天渊之别。

当然，有人会说，这种四个要素都满足或者大致满足的情况实在太少了。的确，拿这种策略按图索骥，很少能找到满意的投资标的。但是一旦找到，给投资者带来的往往是极其确定、回报丰厚的机会。而这样的机会，当然也不会太多。要不然沃伦·巴菲特怎么老说，你应该有一张只能打 20 个孔的纸卡给自己记录，一辈子只应该做很少的投资决定呢？

当前的周期行业与港股通带来的新变化

在现在的以大宗商品为主要产品的狭义周期性行业市场来说，如火如荼的行情正可谓“忽如一夜春风来，千树万树梨花开”。可是，理想的低估值已经找不到了。取而代之的是并不廉价的股票，与还不是特别确定的前景（本文成文于 2017 年 8 月 13 日）。

不过，与我们曾经见过的一些大泡沫比较起来，比如 2000 年的美股大泡沫、2007 年的 A 股大泡沫、2015 年的创业板大泡沫等，现在绝大多数的周期股还谈不上特别贵。这正如形容鸡肋的那句话：食之无味，弃之可惜。

此外，从 A 股和港股比价的角度来说，当前的不少 A 股周期股比起港股的同一公司股票或者同一行业的类似股票，有比较大的估值溢价。

看待这个估值溢价需要考虑两方面的因素，一则 A 股历史上与港股的估值体系有很大不同，A 股的泡沫概率更大、低估情况更少；二则港股通的普及正在从一定程度上改变港股的定价结构、行情走势特性，导致港股的交易行为与 A 股逐渐接近。

这种接近在熊市中并不显著，在牛市中往往会被南下的、情绪化更强的资金改变得更为明显。但是，这种变化又并不十分靠得住，理由很简单，虽然其在牛市中更为显著，但是我们又如何能准确地判断未来牛市还能不能持续呢？如果能判断，那我们还需要判断这种变化吗？所以，对于这种变化，投资者应当谨慎留意与分析。

顾客为什么购买？

销售两个字，说起来简单，想做好却很难。这就好比很多人都会做饭，却做不出米其林餐厅的口味。怎样让你的顾客对产品产生兴趣？怎样保证他们在了解产品以后愿意买？解决好了这两个问题，对于以服务顾客为使命的企业来说，就迈出了成功的一大步。

很多年前，我在北京金融街附近工作时，公司附近曲里拐弯的小巷子里新开了一家比萨饼店。虽然位置偏僻，这家店却生意火爆，只因为采用了一个小小的但十分有效的推销方式：在店里用餐的顾客，只要在自己的微博上分享该店的广告（那时候还没有微信），就可以当场打一个小折扣。

这个小广告的有效之处在于，每个人的微博好友中都有不少是在附近工作的（金融街尤其如此），而大家中午多半想吃点新鲜的东西。于是，这个“定制版”的精准广告就戳中了许多上班族的心。

但是，这家店的生意在不久以后的冬天里却一落千丈。不是因为食物不对，而是因为另一个小原因：平房没有供暖气，而店主用的空调又效果不佳。结果，虽然店里的比萨饼仍然一样美味，客人却少了很多。店老板一直纳闷：为什么同样口味的比萨饼，大家突然就不喜欢吃了呢？

一个微博广告、一台空调，就决定了一家比萨饼店的兴衰，而这绝不是个案。在《顾客为什么购买》（*Why We Buy: The Science of Shopping*）一书中，销售专业顾问帕科·昂德希尔（Paco Underhill），就从购物学的方方面面，科学地向我们介绍了如何分析客户购买的原因，以及如何引导他们购买。

一切都是人体工程学和心理学

你在公园散步的时候有没有注意到，几乎所有晚上散步的人都是以逆时针方向在公园里兜圈子。没有观察过？晚上去附近的公园、广场看看散步的人流，你就知道了。

这是为什么呢？这是因为，人们在进入一个环境以后，普遍倾向于朝自己的右手方向开始溜达。进入公园如此，进入超市、商店也是如此。原因主要是我们偏向使用右手，而大部分的道路也都是设计成右拐更方便（英国等少数国家除外），因此不自觉地，人们在进入一个环境的时候，普遍喜欢先往右边绕。

而这也就意味着，一家商店在布置商品时，应该把最希望客户注意到的商品放在进门的右手方向。而把一些顾客必然会买、用不着引导的商品放在左手方向。比如，把零食放在右边，把剃须刀放在左边：零食明显比剃须刀更容易产生即兴购买，而对那些需要买剃须刀的人来说，他们也不在乎多花一点时间去寻找——找不到难不成还不刮胡子了吗？

所以，从引导顾客购买这个角度来说，商店里几乎所有的布置都要考虑心理学和人体工程学：老年人用品的包装，字就不能印得太小，位置也不能放得太靠下，年纪越大的人眼睛越花，弯腰也越不容易；人在走路的时候，不自觉地会更重视行进方向尽头的东西，因此货架尽头用一堆商品堵在路中间，就是一个不错的选择；小孩子个子太矮，看不见也够不到太高的东西，所以如果你把玩具放在太高的架子上，你就丧失了不少缠着父母要玩具的小顾客。

这些细节是如此之多，以至于只在购物车这个东西上，就有不少学问。购物车如果太小，就会导致人们少买东西；轮子太差推不动，会导致人们少买东西；车体太大会导致顾客进不去一些地方，造成购物架之间通道堵塞，也会少买东西；而如果购物车被放在大门口，人们刚进门的时候会因为忙着推门而忽视它们，于是逛了一段时间发现找不到购物车，结果还是会少买东西。所以，理想的购物车应该是不大不小、轮子顺滑而且放在进门以后几米的地方。

研究的精髓：观察、数据、感觉

如以上讨论的购物车之类的细节，书中有一二百处，不再一一列举。那么，帕科 · 昂德希尔是如何发现这些细节的呢？

在书中，帕科详细介绍了自己的分析方法。首先，他用大量的录像机录下顾客购物的过程。然后进行详细的数据分析，比如有多少顾客在和店员交谈以后购买了商品？有多少顾客在发现收银台队伍太长以后放弃购买？有多少人偷偷打开包装试着触摸商品？

但是，分析和数据总结并不是最重要的。帕科会站在顾客的角度，去用心体验商店里的每一个细节。灯光是不是太亮？字醒目吗？视线会不会被遮挡？人流量会不会太大，导致顾客行动困难，从而搞砸购物的心情？商场的洗手间是否干净（脏洗手间会赶走一大堆女性顾客）？婴儿用品区的通道够不够宽，能不能通过婴儿车？

从这个“站在顾客角度思考”的方法来看，帕科所使用的方法和我们在企业分析中所使用的方法如出一辙。如何才能知道一个企业是否有竞争力？当然，财务报表、数据分析能给我们提供很好的支撑，但最重要的是，我们得把自己当成这家企业接触到的方方面面的人，然后设身处地去感受它的竞争力究竟在哪里。

从公路标识到 Excel 模型：让信息传播更方便快捷

在生活中，我们都曾经碰到过一些信息，它们虽然没有写错，但是阅读、理解起来十分费力，似乎就没打算让你读懂。反之，优秀的信息传递方法，总能让人眼前一亮。

世界上最好的广告牌是什么？是公路上的标识，只用瞄一眼，你就知道那是什么意思。而最糟糕的呢？恐怕其中之一就是水果上贴着的小广告。你上一次看水果上的广告纸是在什么时候？一般人只会把它迅速撕掉。

在谈到广告牌的时候，帕科说自己会把一块广告牌搁在地上，退后 10 米看，从侧面看，模拟走路经过时斜眼看，白天看，晚上看，在汽车灯光下看，等等。只有这样，你才能找到最顺利、最准确打动客户的方法。

再举个例子，银行里往往有个架子，上面放了一大堆理财产品、基金的广告册。那么，这个架子应该放在哪里？面对大门吗？错，进入银行的人一般都行色匆匆，直奔自己的业务窗口而去，这时候是不会有心情去看广告手册的。所以，最适合放这个架子的位置，恰恰是在顾客办完业务、离开柜台往外走的路上。

由是联想到，在金融工作中，我一直认为，编写 Excel 表格有四个层次。最初级的层次，是编写好的 Excel 表正确，其次是 Excel 表简洁，再次是 Excel 表美观，最高级则是 Excel 表好用。

什么叫好用？你看完一个空格想找下一个空格时，发现它就在旁边，而且字体清晰、足够大、颜色足够醒目又不乏美感。只有有了好用的 Excel 表，你的工作效率才能达到最高。

学我者生，似我者死：拥抱世界的变化

最后，世界永远在变。在任何一个时代，在当时的技术手段下所总结出来的最适合的销售方法，慢慢都会变得不是那么适用。

一方面，顾客在变，不光比例和构成在变，他们的思想也在改变。

今天女性的经济变得越来越独立，单身的比例也越来越高，这就意味着她们开始做一些以前只有男性才会做的事情，比如到商店买灯泡和螺丝钉，而这些工具用品店对女性是否友好，就会变得越来越重要。与此同时，男性也在单身率上升、家庭地位更均等的情况下，开始做一些以前只有女性才会做的采购。

今天，老年人的数量也在增加，他们的需求也越来越多。但是，今天的老人和过去的又不一样，一个三年自然灾害时期成长起来的老人可能更加节省，但你能想象今天的 90 后在步入六七十岁时还会十分省钱么？相对于省钱，他们也许更乐意买点周杰伦的音乐专辑来怀旧。今天的小孩也开始有更多的主见以及更多的零花钱，他们也想在商店里找到自己心仪的东西。

另一方面，技术手段也在不断改变，其中最大的挑战来自电商。在电商的冲击下，许多销售行业都发生了巨大的变化。而与此同时，电商这种融合了大数据算法的全新私人定制化、数据分析化销售模式，也正在彻底颠覆我们的购物环境。

而要理解这些变化，就需要理解新的技术手段，包括它们有哪些优点和不足。举个简单的例子，今天上海的一些小商品批发市场在电商的冲击下已溃不成军，我曾漫步其间，关店、转让的比比皆是。但与此同时，上海一些量体裁衣做西服的商业城，却几乎没受什么影响，生意依旧红火异常。

结语

总结来说，帕科 · 昂德希尔给我们提供了一种细致入微的分析方式，去看待我们以前认为简单直接的商业零售。在商业世界里，帕科发现了无数可以改进销售的方法。而他所借助的复杂的分析工具和方法，也足为我们借鉴。

毕竟，我们所身处的经济世界仍然并不完美，它低效、充满谬误和差错、弥漫着偏见和错觉、拥有无数可能改进的空间。而让它变得更加完美，也正是一代代研究者努力的方向。

财务分析中的四匹配原则

在证券投资中，不管是投资股票、债券、信托还是一些非标准性资产，投资者难免会经常需要面对企业的财务报表。

财务报表专业术语众多、勾稽关系复杂，对于投资者来说，面对一些存在会计操纵甚至欺诈，并未反映真实情况的会计报表，如何能够发现潜在的问题而不被蒙蔽呢？通过财务报表分析中的四个匹配原则，投资者就能够发现许多隐藏的问题，提高准确理解企业真实运行情况的概率。

这四个匹配原则分别是：企业实际情况和报表的匹配、同行业不同公司之间报表的匹配、当期报表和历史报表的匹配、报表中各个项目之间的匹配。通过这些匹配，投资者就可以发现财务报表中记录的数字与真实情况之间的差距。

企业实际情况和报表的匹配

任何一家企业，光看财务报表不可能了解其全部情况，投资者需要首先仔细观察企业的生产、运营、销售等活动，有了直观或者客观的感受以后，再去看这种感受和财务报表中体现出来的情况是否一致。

举例来说，一家企业产品滞销、经销商处压货严重，但财务报表上收入和利润很好，或者一家企业产品开始变得不受欢迎，财务报表上的销售情况却大幅好转，或者一家企业的产品市场口碑一般、客户体验不佳，从财务报表上看却赚了大钱，这些都是需要警惕的情况。

对于更细致的研究者来说，他们甚至会实际调查一家企业的经营数据（银行的信贷调查员就经常这么做），比如水电的消耗情况、税收的缴纳情况、产品的发货情况、厂房的利用率、员工的工作小时数和满意度、客户的口碑、竞争对手的评价等，然后再把这些数据与得到的财务报表进行匹配，看看其中反映的情况是否吻合。

同行业不同公司之间报表的匹配

当一家企业不负责任地编制自己的财务报表时，它很难操纵其他同行业的企业一起编制同样有问题的财务报表。因此，通过比对同行业中不同企业的财务报表，投资者也可以发现问题的端倪。

比如说，一个行业整体遭遇寒冬，大部分公司的业绩都有所下行，此时却有一家公司逆势增长。这时候，投资者就需要格外小心，得通过仔细分析找出真实可靠的能证明这家公司真正有不同之处的理由，才能相信这种脱离整体行业的不匹配类型报表。

当然，这并不是说一家公司的报表和竞争对手趋势不同就一定有问题。你也有可能发现一家特别好的公司，能在寒冬中表现出格外的优势。只不过，确认这种优势需要非常仔细才行。

当期报表和历史报表的匹配

当我们在一家公司的财务报表中发现一些变动时，我们可以将当前的经营情况和历史的经营情况，以及当期的财务报表和历史上的财务报表进行比对，从而鉴定这种变动的真实性和可靠性。

比如说，在行业下行时期，一家公司的销售收入降低、各项费用没有降低，但是在几年前的上一次行业低迷周期里，我们却发现费用同时大幅下降，这时候投资者就要试图搞明白，为什么这次的情况和上次有所不同。

报表中各个项目之间的匹配

最后，财务报表本身的项目之间也有相关的关系。当应该存在的相关性没有存在，或者不应该存在的相关性却出现时，我们就应该警惕。

比如说，一家公司的利润大幅上升，但经营性净现金流反而录得负值，或者一家公司收入和利润大涨，但是税收支出却持平乃至低迷，这些都属于应当存在的相关性没有出现。反之，一家公司的收入增长喜人，销售费用增速却是收入增速的数倍，这种不应当出现的相关性，可能预示着公司的业绩是销售投入驱动的，而有可能并没有真正赢得客户的欢心，那么其可持续性就存疑。

总结来说，非真实的财务报表虽然可以通过各种方法修改一些数据，但是这种修改不可能捏造各个报表和事实之间的一切联系。因此，通过比对各个生产经营活动中的要素，将它们放在一起思考，我们就可以在会计报表中发现那些隐藏的问题，为真正看懂企业带来更多的帮助。

竞争性行业的四个阶段和投资时需要注意的事项

从行业的竞争激烈程度来看，不同的行业可以划分成两个大类：非竞争性行业和竞争性行业。前者比较好理解，就是公司与公司之间竞争比较少或者没有充分竞争的行业。举例来说，机场、铁路、水电、核电、城市水务、燃气供应，这些行业的竞争虽然不能说不存在，比如机场和铁路之间就互相形成竞争，燃气和电力也有一定竞争，但是总体来讲非常少。

而绝大多数我们遇到的行业，都属于竞争性行业，企业和企业之间为了赚更多的钱努力竞争，试图得到更大的市场份额、获取更高的利润率。

在这种竞争格局中，企业之间的关系、公司能够获得的利润率，随着竞争阶段的不同而不断改变。同时，投资者在选择标的时应该注意的方面和可能获得的回报也在不断变化。下面就让我们来看看竞争性行业发展的四个不同阶段：创业期、疲倦期、成熟期、消亡期。

在创业期，一个竞争性行业从无到有，开始建设，其中的公司也迅速发展。这个阶段有几个特点：一是行业空间巨大，供给相对需求来说极为有限；二是市场对产品质量不敏感，有货能用就行；三是价格战尚未大范围展开，企业都能赚到不少钱；四是公司的成长极为迅速。

这样的行业有很多，举例来说，20 世纪 90 年代中国的家电行业、20 世纪 90 年代到 2000 年以后一段时间的房地产行业、2014 年前后随着法律框架完善而兴起的私募基金行业、2015 年前后兴起的网络打车行业、2016 年突然发展起来的共享单车行业，等等。

在这个阶段，投资者往往很难找到特别理想的长期投资标的，原因主要有几个：公司增长太快，所以估值往往很高，原有股东和创始人漫天要价是家常便饭；创业期的行业其实不算太成熟，公司也都是草创阶段，真正有核心竞争力、能够经历接下来疲倦期考验的企业不光少，而且也不太容易辨识；公司是否能长期保持领先非常难以判断，资本充分与否、创始人能力如何、公司技术先进与否，往往只能作为参考条件，但是很难作为决定性条件。

在这种处于创业期的行业中，投资者要想取得稳定的高收益，就必须采取类似于天使投资人寻找企业的做法，即在确定企业资质尚可时分散投资，而不是重仓投资，以保证投资组合的存活率。同时，对买入价格也要尽量加以控制，最好挑选整体市场低迷，连带导致行业估值有所下滑的时候再行买入。

在疲倦期，经历了第一阶段的狂热和大发展，市场已经饱和。甚至由于资本和创业者被市场发展速度所吸引，从而盲目地涌入，导致行业产能供大于求。在这个阶段，一方面企业之间开始打价格战，另一方面消费者在有了更多选择、更多供应以后，也开始对品质挑三拣四。

于是，这时候的企业开始面临多方面的危机：成本控制不好卖不掉，东西做得差卖不掉，之前借钱借太多财务压力大活不下去。同时，由于市场上企业众多，而它们的上游供应者又在上一轮创业期中被吊高了胃口、不断要求更高的价格，因此企业的生存状况就变得异常艰难。2002 年前后的中国家电行业，2000 年科技股泡沫以后的美国科技行业等，都是疲倦期的例子。

但是，对于投资者来说，疲倦期往往是投资的最佳时期。一方面，企业的疲倦状态往往不被短视的资本市场所欣赏，估值通常十分低廉。另一方面，疲倦期是最考验企业的时候。相比于创业期，这个时期更容易看出哪些企业在财务、管理、技术、宣传、成本控制等方面更有优势，更容易成为长周期的赢家。此外，由于这个时期企业生存普遍很困难，对于仍有一定优势尤其是财务优势的企业来说，疲倦期往往反而是收购、扩张的大好时机。最后，由于还没有到达成熟期，因此对于从这个时期里走出来的赢家来说，以后的路往往还有很长，投资者的赌注也就能获得长期的收益。

不过，从另一个方面来讲，如果投资者选择不恰当，比如在疲倦期里只找最便宜的公司、不找好的（疲倦期往往充斥了大量低估值、之前基本面还不错，但是已经开始颓废堕落的公司），那么错误的决定在这个时期相比于万物萌生的创业期，往往会更快得到亏损的验证。所以，对于这个时期，投资者在寻找“又好又便宜”的标的时，一定要把“好”牢牢地放在“便宜”前面。

在经历了疲倦期的惨烈厮杀以后，竞争性行业就进入了成熟期。在这个阶段里，由于疲倦期中的产能过剩、竞争白热化，一些企业已经退出市场，或者被收购。而在疲倦期中成长起来的企业，开始依靠相对较少的竞争，维持一个相对稳定的市场。

在成熟期里，一方面随着竞争的减少，企业之间的价格战趋于缓和，给彼此留下更大的利润空间。另一方面，由于产品的质量和品质都经历了疲倦期残酷厮杀的考验和提升，成熟期的企业往往具有了不错的产品质量壁垒，很难被新进入的资本、新成立的公司抢夺份额。同时，投资资本考虑到进攻已经成熟的竞争性行业的困难，也往往会知难而退，这就更加保证了成熟期企业的利润率。

从这个角度来看，成熟期是竞争性行业利润比较丰厚的一个时期。与创业期靠提升市场份额谋利不同，这一时期的利润主要来自利润率的提高与稳定，往往被龙头公司控制在手中，不容易发生迁移。因此，成熟期相对创业期来说更容易把握。当然，这种利润率的高低和不同行业的具体格局有关，并不是一成不变的，这就是另一个关于行业之间区别的话题了。

随着中国经济的不断发展，一线城市与全球发达经济体之间的差距越来越小，最近几年（2018 年前后），很多行业都开始进入成熟期，比如大小家电、汽车、航空公司、酒店、乳制品、网络购物、搜索引擎等。甚至在体量上仍然与发达国家有巨大差距的保险行业，其行业竞争架构也已经基本进入了成熟期的状态。

与在疲倦期尤其是疲倦期的中后段寻找胜出者带来的高利润相比，投资者对成熟期企业的下注，不容易产生那种超高的回报。这主要是由于，随着竞争形势的企稳，企业的估值往往要更高。但是，由于成熟期企业往往更容易辨认，而且成熟期经常长达十数年甚至数十年（具体长度取决于技术和经济结构的改变），因此通常会有充足的时间让投资者来明确选择标的，其间的回报也会十分可观。君不见，沃伦 · 巴菲特近年来投资的主要标的，都是处于成熟期的企业。

不过，以上的分析是从理性投资的角度考虑。而从投资者的非理性角度来讲，成熟期的企业投资又经常是一件不容易的事情。由于成熟期的行业大多没有什么“故事”可以讲，企业之间既没有你死我活的竞争，也没有铺天盖地的价格战，更没有异军突起的传奇，都只是默默地赚钱，因此很难见诸媒体头条，也就常常被不仔细分析、不独立思考的投资者所忽略。

举例来说，在2014年前后的A股市场上，很多消费、金融、能源等行业中的优质大公司其实已经进入了成熟期的竞争格局。但是，A股投资者在2014年以前、2015年年中这两个时间点上，却大多数迷恋于投资成长股，一味寻找新鲜刺激，不注重企业本身的财务质量和竞争优势，结果错失了这些企业在之后几年中的价格上涨。

其实，这种“不求最好、只要刺激”的投资风格，从来都没有远离我们。在中国这样的新兴市场如此，在成熟市场也是一样。（否则你以为2008年的全球金融危机、2009年以后的欧债危机、2010年的黄金泡沫、2017年的虚拟货币泡沫是从哪里来的？）而A股2016—2017年追逐白马股的热潮背后的原因，更多也并非来自投资者突然集体转向价值挖掘，而是追逐的热点恰好转到价值股而已。

成熟期往往是一个漫长的过程，可以长达几十年甚至更长。但是最终随着技术手段的改进、人类生活方式的变化、社会的变革，绝大多数行业会到达一个消亡期。

在消亡期里，之前的竞争行业或是被彻底放弃，或是脱胎换骨发生变革。比如，数码产品的出现消灭了传统照相行业，新能源的出现对传统汽车行业带来冲击，能源革命给传统能源行业带来挑战，等等。但是，这些变化也常常会催生一些新的行业，从而开始一轮新的、从创业期开始的发展过程。

对于投资者来说，已经进入消亡期的行业很好辨认，这时候需要做的是不贪便宜、“不捡烟屁股”，坚持做到把“好”放在“便宜”前面（巴菲特在早年买下纺织厂的时候，就是犯了这个错误）。

但是，最危险的是刚刚进入或者马上要进入消亡期的行业。这些行业的技术变化常常过于微妙，连最专业的人都不一定能够判断。比如，柯达公司是第一家发明数码相机的公司，却被数码相机打败，手机业的霸主诺基亚公司完全没有意识到智能手机的好处，微软公司在 2000 年错失了搜索引擎行业，结果放任 Google 壮大，等等。这就好比一条船刚刚开始渗水的时候，船上往往不会有几个人知道。

对于这种情况，想要百分之百准确预判、做到专家都搞不定的事情，是非常困难的。所幸，竞争性行业进入消亡期并不是经常发生的事情，即使发生速度也不会太快，所以投资者往往可以通过仓位的分散以及锐利的眼光和快速准确的判断，在一定程度上规避这种风险。

以上所说的，就是竞争性行业的四个标准阶段：创业期、疲倦期、成熟期、消亡期。当然，这只是一个标准化的模型，提供一种衡量工具，而实际情况不一定如此标准地按照这四个步骤进行。所以，投资者在具体分析行业时，仍然需要机敏细致，以“学之者生，似之者死”的精神，做出独立而踏实的判断。

保险行业长期基本面细说

相对传统行业，保险行业往往因为其不稳定的行业性质、投资端的复杂性和话题性，坐上社会舆论的风口浪尖，其利润也常常波动巨大。但不可否认的是，从长周期来看，保险仍然是这个国家最好的行业之一。

在滚雪球理论里，沃伦·巴菲特曾说过，投资需要找很长的滑雪坡，也就是要找大的空间。而从中国大陆保险行业的发展水平来看，和成熟市场相比，其未来发展空间巨大。

根据瑞士再保险的统计，2015 年以美元计算的人均保费，美国达到 4 095 美元，英国为 4 358 美元，日本为 3 553 美元，韩国为 3 034 美元，中国香港和中国台湾分别为 6 271 美元和 4 094 美元，而中国大陆仅为 280 美元，与成熟经济体有 10 倍以上的差距。

纵观全国各个行业，能与成熟经济体仍有 10 倍以上差距的，屈指可数。钢铁水泥自不待言，人均发展水平已经超出大部分成熟经济体；即使是一些被视为可持续的消费行业，也难有 10 倍以上的差距。目前，大陆人均汽车保有量大概是成熟经济体的 1/4 ～ 1/3，空调、智能手机甚至已经接近成熟经济体的平均水平。

这种巨大的行业发展空间，也体现在保费收入的增速上。全国总保费收入在 2014 年同比增长 17%，2015 年增长 20%，2016 年增长 27%。纵观全国各个行业，我们很难看到有如保险业的增长速度。

而从社会的发展历史来说，以保险业为代表的大金融业，往往是继实体制造业发展、房地产发展以后的第三个社会发展阶段。也就是说，人们往往先要创造财富（发展实体制造业），然后开始改善自己的生活（主要体现之一是买房子）。在工作和家庭都比较完善以后，多余的财富就开始流向包括保险在内的资产管理领域。

在冯邦彦先生的两本著作《香港地产业百年》和《香港金融业

百年》里，我们可以看到在香港的发展史上，呈现出清晰的实体经济—房地产—金融（保险）业三个发展阶段。在 20 世纪 50—60 年代，香港发展的主流是实体经济；在 20 世纪 70—80 年代，主流变成了房地产；而从 80 年代开始，保险业才进入了发展的黄金时期。

而在内地改革开放以后，我们也看到这个社会的经济重心从实体制造业（80—90 年代）向房地产（2000—2010 年）转移。从香港的经验看，内地保险行业正迎来自己的时代：这个社会的生产力已经足够强大，居民生活已经安定，闲置的金融财富数量正在增加，对它们的管理需求正在上升。这正如《孟子》中所说的："虽有智慧，不如乘势。虽有镃基，不如待时。"

在很长的坡以外，巴菲特的滚雪球理论还有一个要点，就是要找到很湿的雪。

由于行业特质往往不同，对于发展空间相似的行业，其中的公司能够获取的竞争优势却是不同的。比如，互联网行业就显示出赢家通吃的属性，由此诞生了腾讯、阿里巴巴等巨头，但是理发、定制服装行业却很难形成规模优势，因此虽然消费升级，人们在头发和衣服上花的钱越来越多，却难有大型连锁企业出现。

对于保险业来说，其中规模大的公司，相对小公司有碾压性的优势。这也就导致投资者在长期更容易找到占优势的企业，也就是巴菲特口中"更湿的雪"。

这种优势体现在很多方面，比如大公司有更好的品牌和知名度，在销售保单的时候更容易获得客户信任，规模效应更强，每张保单平摊的刚性成本更低，更容易承接大额保险，投资部门薪酬更高、人才素质更优秀导致投资能力更强，等等。

就举最后一点为例，要知道，保险资产的投资回报高低，往往和投资团队的水平有直接关系，而优秀的投资团队价格极贵，大型保险公司显然更容易聘请到优秀的团队。同时，在中国市场，由于投资者的水平普遍不高，这种优秀团队能为保险公司带来的超额投资回报也就格外显著。

此外，相对小保险公司，大型保险公司有更多的财力可以去欠发达地区布局。根据《中国保险报》的数据，我国各个地区目前保险密度差异巨大，2016 年北京人均保费达到 8 463 元，上海为 6 320 元，江苏、浙江分别为 3 363 元、3 192 元，而云南、贵州、广西等地只有 1 000 元左右。尽管欠发达地区的增长速度现在还谈不上惊艳，但是从潜在发展空间、长周期竞争角度考虑，能够在欠发达地区优先布局，无疑会为保险企业带来更多长期优势。

论产品的使用累积效应

当我们在分析企业、研究行业的时候，经常会遇到一个概念，我把它称为产品的“使用累积效应”。简单来说，就是当你用了一个产品以后，上一次使用所留下的印象、所造成的影响、所产生的后果，有多大可能导致你下一次还会使用同一家公司的同一个产品。

这种累积效应越强，客户的转移成本就越高，企业也就越容易取得竞争优势，越不需要在广告上投入大量的资金，不需要降价去对付竞争对手。反之，客户则可以轻松地在不同的公司产品之间跳来跳去，企业也就很难赚到高利润率。

比如说，一个哲学系教授，他提供的知识服务就很有累积效应。人们在阅读了他以往的哲学作品以后，对他下一次的言论会充满期待、崇敬，会认真去思考学习（哪怕是不小心讲错的）。反之，一个出租车司机提供的服务，则对客户下一次选择他的服务没有太大的帮助：坐哪辆出租车，得到的服务基本都差不多。

宠物食品也是一个累积效应很强的行业，尤其对于挑嘴的宠物（比如猫）来说，更是如此。由于天生小心翼翼，猫非常难以适应新口味的猫粮，哪怕这种猫粮比之前那种更健康、更有营养。养过猫的人都知道，给猫换猫粮是一个系统工程，一般最少得持续一周，还不一定能换成。因此，猫粮生产商也就很容易要个稍高的价。

对于专业运动员来说，用惯了一个牌子的运动装备，基本不太可能考虑换另一个牌子的：过去多年的训练早已让肌肉熟悉一个牌子的器械，换成另一个牌子往往瞬间水平大降。在解放战争甚至朝鲜战争时期，我军一些战士还是习惯用老旧的中正式步枪，而不是新的枪械，也是同样的道理。

以家门口的小店来说，一般人很少换理发师，一旦换一个新的理发师，就得冒未来一两个月顶着一头难看发型的风险（至少是自己觉得难看），过去理发师留下的美好印象，决定了客户当前的选择。定制正装也是一样，换一个裁缝就会冒拿到一套不满意衣服的风险，既然一个裁缝过去做得不错，客户就不太愿意去冒险尝试新的裁缝。

反过来，超市则没有这种“历史印象分”。即使你已经在家门口的超市买了十年东西，当这家超市隔壁新开了一家的时候，你也会说“去看看吧，反正也不损失什么”，而不会说“过去那家挺好，新的去看了可能还吃亏，还是别看了”。所以，对于超市来说，它们得到的累积效应就很少。

再比如，对书法家来说，用惯了一个厂的宣纸，因为熟悉了墨水在纸上渗透的速度和感觉，就很难适应另一家的宣纸。甚至不少书法家会有自己喜欢的毛笔品牌、墨水品牌。但是，很少听说哪个书法家只用一个牌子的砚台。毕竟一个装墨的盒子，谁家的不能用呢？

同样的规律，也出现在智能手机行业。对于用惯苹果操作系统的人来说，切换到安卓系统简直是不能忍受的事情，过去熟悉了的使用习惯使得他们很难花时间去学习一种新的系统。反过来，安卓用户切换到苹果系统，也需要花不少的时间。但是，对于不同的安卓手机来说，用小米的还是用 OPPO 的，区别并不太大，完全可以上一个手机用小米，下一个用 OPPO，基本看心情。所以，手机硬件生产商相对系统制造商，往往面临更大的竞争。

对操作系统的熟悉与依赖也出现在程序员身上，用惯了一种编程语言的程序员，往往不太愿意去换一种新的语言，这太花时间了。但是，换个键盘、换个鼠标甚至换一台新牌子的电脑，则是基本没有转换成本的事情。过去对编程语言的使用习惯，制约了程序员未来的选择，但是过去的鼠标和键盘却没有同样的效应。

再以人的口味而论，一旦吃惯了一个口味的食物，很难挪到另一个口味上去。相声艺术家方清平在他的自传《施主，请留步》里，就反复提到他的口味，实在是只能适应北京的味道，完全接受不了南方的菜系。再以黄酒的消费为例，全国大概 80% 的黄酒是被江浙沪三个地方的人喝掉的，原因无他，口味实在改不过来。

不光口味，由于食品是一种直接关系健康，吃下去之前却又不知道质量如何，只能吃下去以后用胃舒不舒服来检验，真检验出来也迟了的特殊商品，因此一旦客户信赖上一个品牌、一个字号，就很难再尝试变化。南京后宰门地区有一家特有名的烤鸭店冯万兴，小小一个门脸开了几十年，任隔壁烤鸭店门可罗雀，这家门口也得排上一溜长队，就是客户改换成本太高所导致的。

在金融行业，当客户用惯一家银行的时候，一般不太爱换新的银行，改换所有的绑定实在太折腾了。但是，投机者在炒作概念的时候，往往喜欢最新的概念。昨天的概念造成的亏损历历在目，不但不会吸引投资者的热情，反而会让他们避而远之，这也就是我们看到资本市场的炒作往往会到处切换的原因（不过你永远不知道下一个是什么，还是别费劲折腾了）。

类似的例子还有许多，总而言之，投资者在选择投资标的时，需要多多考虑产品的使用累积效应，尽量寻找那些能够带来累积效应的行业和产品，这样就能收到“寡事成功，谓之知用”的效果。

从 A 股市场的波动基因看证券行业长期投资逻辑

在未来的长周期里，A 股市场还会出现癫狂的大牛市吗？我以为，这样的概率仍然存在，甚至不小。不信，看一个例子里的几组数据就知道了。

以一个证券账户有 30 万市值（一个普通白领可以拿出来的证券投资市值的大致模拟），其中 20 万分布在上海、10 万分布在深圳的投资者为例，在 2016 年，这个投资者可以取得的理论单纯 IPO 打新收益为 18.1%（按打开涨停板即卖出计算，未考虑交易费率）。在 2017 年的前 4 个月，这个数字的年化回报则上升到了 18.6%。

假设我们的股票市场在长期每年的内在增长是 12%（实际上选择一些好公司还不止这个数），那么加上打新收益，一个普通投资者可以轻松在这个市场获得 30% 的年化回报。那么，这么赚钱、几乎能秒杀所有投资回报的生意，又有多少投资者在参与呢？2016 年初的数字是 900 万，当前的数字是大概 1 500 万，第一个数字不到全国成年人总数的 1%，第二个不到 1.5（本文成文于 2017 年 6 月，文中数据取于当时）。

也就是说，这样一门极其赚钱的小生意，经过这么长时间，竟然还是只有不到 1.5% 的人在参与。由此我们可以看出，中国证券市场中的投资者有多么不成熟、多么缺乏独立判断市场的能力。而这种不成熟和能力的缺乏，也就必然表现出硬币的两面，在悲观的时候表现为极端的熊市，而在乐观的时候表现为疯狂的牛市。

只要投资者的属性不变，A 股牛市的基因就仍然存在。

但是，既然疯狂牛市的基因是极度不理性，那么极度不理性就不可能用理性思维、数据推演来预测到。也就是说，我们能预见这种现象的发生，但不能判断它发生的时机。由此，我们就需要一种电影《大空头》里的基金经理麦克·贝里（Michael Burry）看空次贷危机时所用的工具：如果看错赔得很少，一旦撞对可以大赚一笔。只不过，麦克的工具所瞄准的方向是做空，赌A股疯牛基因仍在的方向是做多而已。

而证券行业的性质，就决定了它具有极强的弹性，在熊市的时候会跌得很惨，牛市时涨幅往往能轻松赶上甚至远超市场。由此，如果证券行业估值已经极度低廉，那么它就会形成一种完美的麦克·贝里式工具：熊市继续延续下去也赔不了多少，万一大牛市来临则可以猛赚一笔。

这种性质主要体现在证券公司的收入来源上。目前，我们的证券公司收入来源主要有四大块：证券经纪、自营投资、资产管理、投资银行。可以看到，在牛市中，交易费用会大涨、自营仓位会大赚、资产管理的业绩报酬会飙升、投资银行的业务也会增加。四大板块，没有一个不受益于牛市、受损于熊市，证券行业的高弹性也就由此而来。

而这种极高的业绩弹性，也就决定了用PE估值方法为证券公司估价常常有失公允。牛市的时候会估得太便宜，熊市又会估得太贵。因此，基于净资产、重置成本的估值方法，相对会更适合一些。

此外，在分析证券行业的投资机会时，投资者还需要注意四个因素：基本面增长与同质化竞争、规模优势、政策保护、估值差与价差。

尽管证券行业长期的空间仍然巨大，但是同质化的竞争必然拉低大部分证券公司的利润率。同时，由于更大的规模能维持更好的规模经济、开出更高的工资、赢得更响的品牌，大型证券公司利润率往往高于同业，特别是小型证券公司。

另一方面，由于证券行业关系到国家金融安全，因此在外资的进入与竞争方面，一定的政策保护在长期仍然可以期待，这会相对缓解证券行业受到的压力。最后，恰恰是由于证券公司的同质化，同一级别的证券公司估值产生差距，以及 A 股和 H 股股价产生差距的时候，往往会酝酿一些不错的调仓机会。而这种机会，在牛市的时候由于波动加大，往往会尤其明显。

不过，也恰恰由于证券行业大起大落的特点，因此最好的买入时机往往是这个行业估值极度低廉，但是基本面也极其黯淡的时候。不过，正如 18 世纪的巴伦 · 罗斯柴尔德（Baron Rothschild）所说的那样，“在市场上血流成河时买入，即使有的血是你自己的”。极度低廉的估值，必然伴随证券行业极度黯淡的前景，但也蕴含了“看错赔不了多少，一旦撞到必然大赚”的绝妙机会。

嘚瑟：商品溢价的要素

如果说虚拟货币和黄金之间有一些不可逾越的区别，最终会导致黄金几千年来长盛不衰、虚拟货币或许只是昙花一现的话，那么其中必然有一条，就是“是否可以用来嘚瑟”。也就是说，金光闪闪的黄金首饰、金箔贴面等，可以让人类的虚荣心、攀比心、满足心、自信心等一系列心理活动得到巨大的满足，然而虚拟货币的一串代码却完全不行。

而这种“嘚瑟”的心理，其实反映在人们生活的方方面面，细致入微，其影响绝非人们可以有意避免的。

比如，黄金的黄色，其实就是一种波长适中的电磁波，在人类眼睛中激起反射，从而向大脑传递的一个信号。脱离了人类的眼睛，“金黄色”这个概念也许就不复存在。而金黄色给人类带来的心理震撼，却是人们无法摆脱、潜意识里就会受到它影响的。事实上，即使是虚拟货币市场的参与者们，都不自觉地受到黄金的“金黄色”的影响与震撼。

君不见，在许多虚拟货币以及最近被监管层叫停的首次币发行ICO的宣传册上，都画着金光闪闪的实体化的虚拟货币。这些宣传材料的设计者，为什么要用金黄色的实体化虚拟币而不用一大串真实的、白纸黑字或者黑屏白字的代码做宣传呢？这恰恰就是金黄色对人类“嘚瑟”心理产生影响的最真实写照。

不光黄金如此，许多商品是否能够取得溢价，消费者愿不愿意为这些商品付出高于它们实际使用价值的钱，从而购买“嘚瑟”的那部分功能，也取决于人们能不能用它们出去显摆、出去向同伴展示自己的富裕与出众。不信，就让我们来看一些例子。

乘用车是一种典型的可以用来嘚瑟的商品，所以我们可以看到许多人会买奢侈品牌的汽车，而且不少人在发财以后想做的第一件事情就是回家换辆车。开着某个大牌子的车上班、参加聚会乃至去超市买菜，都感到特有面子。

反之，抽油烟机、空调、冰箱这三大件，却属于没法嘚瑟的东西。你怎样把你家新换的对开门低能耗高保险的大冰箱在聚会的时候向你的同伴嘚瑟呢？上班的时候行吗？贴个“我家有个大好冰箱”的纸牌在帽子上怎么样？所以，我们会看到许多人对这三件商品的更换频率远不如汽车来得频繁。往往是感到实在不好用了，才会考虑买个新的。

从服装来说，男士正装是属于可以嘚瑟的东西，因此许多职场精英动不动就会弄一套新的西装，尽管旧的也还能穿。女士就更不用谈，郎才女貌的人类天然本性，导致她们相对来说更在意外表，而她们买新衣服的频率举世皆知。

但是，这世界上却没有任何一种方法可以让男士嘚瑟他们的内衣。因此，男士内衣品牌除了主打舒适的功能以外，似乎从来没听过哪个品牌标榜自己的奢侈与高贵。

在电子设备领域也是一样，以天天拿在手上、放在桌上的智能手机来说，漂亮的外表是嘚瑟的必需品，因此许多智能手机厂商就争先恐后地设计出更好看的手机：更漂亮的颜色、更有质感的后盖、更大的屏占比等。

但是，台式机主机的机箱却没什么嘚瑟的可能，99% 的人不会注意台式机的主机机箱到底是什么样，反正它们天生就是被扔在角落里的命。因此，几乎没有厂商愿意花费多少精力去设计一款外观特别好看的台式机机箱，即使设计出来了，估计也没有多少消费者愿意为之多花钱。

而两千年前助刘邦统一天下的萧何，更是一语道破“嘚瑟”对人心产生的作用。据《汉书·高帝纪》载，刘邦刚定天下，萧何就帮刘邦盖了一座大宫殿未央宫。刘邦看了大怒，说天下多年战乱劳苦，怎么可以现在造这么多大房子？萧何说：“天子以四海为家，非令壮丽无以重威。”言下之意就是，你要统治四海那么多人，交通又不方便，很多地方官一辈子也就见皇帝一两次，你不用宫殿嘚瑟一下、镇住这帮人（下次他们想造反的时候，想到你那么老大个宫殿，不知道有多少人力、能弄来多少军队，他们说不定就不敢了），你怎么当得稳皇帝呢？

再举一个金融行业里的例子。为什么投资银行的人需要穿得西装笔挺、皮鞋锃亮，而收入同样可观，甚至有时候更有钱的 IT 码农，却常常穿着汗衫拖鞋？因为投资银行的顾客，在上市完成前一刻，都几乎无法完全准确地判断为他服务的投行人员到底是能干还是不能干的，因此投行从业者就必须通过服装上的嘚瑟来增加客户的好感。而对于 IT 界人士，代码写得好不好当场就可以检验，穿什么衣服根本无所谓，所以也就完全不用考虑用服装去嘚瑟。

而这种“衣着鲜亮用来给对方带来震撼”的招数，三国的曹操也曾用过。据《三国志》记载，曹操征讨西凉时，曾经将自己的重骑兵集中起来，擦亮铠甲、整理队形，“列铁骑五千，为十重阵，精光耀日”。于是“贼益震惧”，西凉军队惊诧于曹操重骑兵装备之精良，心胆俱裂。而善用嘚瑟的曹操，也就给自己的胜利多增添了一份筹码。

说到底，一个商品、一件事情，到底能不能嘚瑟，还是来自人类心理活动是否接受这种嘚瑟。而对于那些能嘚瑟的事物来说，顾客往往就会为一些额外的、不是基于实际效果的东西买单，他们也往往更容易接受商品在实际使用功能以上的溢价。所以，在分析企业与行业时，其商品能否嘚瑟，也就因此成为一个不可忽视的要点。

论底部投资法在两类不同行业中的应用

在分析不同的行业时，我们可以从一个维度把它们分成两种类型：逆水行舟、不进则退的行业，落地生根、风雨难侵的行业。这两种行业在竞争力的形成、企业的发展上，有着截然不同的逻辑。因而在对它们进行投资时，也要考虑不同的角度。

第一种“逆水行舟”的行业，是比较辛苦、不进则退的。举例来说，流行服饰就是这样一个行业。如果你开创了一个流行服饰品牌，那么要么这个品牌很快被人们所认知，大家互相模仿，购买者越来越多，模仿者也就越来越多，品牌知名度也就越来越大，企业也就越做越强。要么这个品牌做不起来，服饰不被人们认可，大家甚至觉得穿这个牌子的衣服很土，这个品牌也就迅速消亡。

对于这种行业来说，盛衰周期有时候是非常迅速的。一个正在流行的品牌，有时候过了两三个季度，突然就变得不再流行。人们对它的态度，有时也会迅速从“好有面儿的衣服，我也要来一件”，变成“这衣服谁穿谁土，送我都不要”。因此，用“逆水行舟、不进则退”来形容这种行业，是再恰当不过了。

这种行业还有不少，比如装修装饰行业，有时候一家公司在小区里塑造了口碑，隔壁的业主就会不断跑来找这家公司。公司订单越多，就容易找更好的工人、拿更便宜的材料、做更多的广告，从而得到更多的订单。而隔壁的另一家公司，因为口碑没弄起来，就只能眼睁睁看着同行吃饱、自己饿倒。

汽车行业也有这样的属性，龙头汽车公司要资金有资金、要品牌有品牌、要人才有人才、要技术有技术，而且各个部分之间互相帮忙，资金多了人才就好，人才好了技术就强，技术强了品牌就棒，品牌棒了资金就多，如此循环。反之，走下坡路的汽车企业经常是恶性循环、一年不如一年。

同样，基金公司也是如此。好的基金公司品牌好，品牌好管的钱就多，管的钱多收入就多，收入多雇的人投资水平就高（至少相对来说是这样），同时钱多打的广告就多，投资水平高，广告多，品牌就好，如此循环。反之，那些倒霉的基金公司钱少、品牌差、工资低、规模小，如此除非管理者痛下决心、脱胎换骨，否则就很难走出恶性循环的圈圈。

不过，需要指出的是，由于资产管理行业存在“一人兴邦”的特殊性质，就是有时候一个特别能干的投资者能独立带动业绩，因此以上所说的只是普遍现象，而不是绝对现象。

食品行业也是一样，顺风顺水的食品公司，往往采购成本低、品牌形象好、广告费用高、食品研发投入高，如此就形成了正向循环。反之，则采购量小导致成本高、形象差、没钱打广告、没钱搞研发，如此就形成了恶性循环。因此，在食品行业中，我们往往能看到好公司的净资产回报率能达到 20% 甚至更高，而同时，有些同行业的公司甚至会做到负净资产回报率。

对于这种存在“逆水行舟”性质的行业来说，投资者要注意的是，采用“底部投资法”时要非常慎重。

所谓底部投资法，就是说当一家公司的经营转入困境、股价低廉的时候，逆势买入，等待公司业绩转好，取得业绩上涨、估值抬升的双丰收。对于这种逆水行舟、不进则退的行业来说，底部投资的投资者，可能需要等待很漫长的时间，才有比较小的概率能抓到一家真正反转的公司（不过往往能赚很多钱）。因为对于这类企业来说，反转往往是一件非常艰难的事情。

反之，有一些行业，其中的公司则具有强大的生存能力。同行业的公司虽然能给它们带来竞争，但这种竞争往往不是致命的。这种行业中的公司，即使陷入短暂的困境，也经常能够东山再起。对于这些公司来说，底部投资法就是一个不错的选择，因为这时候买入的价格十分低廉，而公司经营层面的反转也有比较大的概率。

此类行业多出现在公用事业行业中，比如地铁、高速公路、机场、燃气、水务、发电等。这类公司往往一家占一块地盘，互相之间竞争很少，或者说几乎没有竞争。一家公司哪怕短期经营得糟糕一点，别的公司也很难吞并它的多少地盘。同时，客户往往也没得选择（你回家换个燃气公司试试）。因此，这种公司在陷入困境以后，走出来的概率相对比较大，其股价也就往往会形成一个不错的买入机会。

“贾人夏则资皮，冬则资絺，旱则资舟，水则资车，以待乏也。”（商人夏天就囤积厚皮料，冬天就囤积薄布料，天旱就造船，下雨就修车，这样在充裕的时候为匮乏的时候做准备，才能赚钱。语出《国语 · 勾践灭吴》。）虽然作为一种有充分逆向思维的投资方法，底部投资法有着悠久的传统，但是，投资者在使用这种方法的时候一定要注意所选择的对象。对于以上描述的两种不同的行业来说，它们从底部反转的发展路径和概率是不一样的，所适用的投资技巧也就有所不同。

第六章

你需要找什么样的公司？

孔子有句名言："才难，不其然乎？"意思就是人才难得，优秀的人才少之又少。对于公司管理者来说，真正的将才十分难得，一旦找到并委以重任，则往往可以改变一个企业的命运。

对于研究公司，道理也是一样。真正优秀的伟大公司少之又少，但是，一旦投资者能找到一家真正优秀的公司，往往就能给自己的投资带来不错的长期收益。这里就让我们来看看，有哪些研究企业的好方法。

从三个历史故事看如何研究企业

中国历史上有一个著名的故事叫“丙吉问牛”，说的是汉宣帝时，有一次丞相丙吉外出，遇到路上有人斗殴导致死伤，他不管不问径直走过，却在一头喘气冒汗的牛边上停下来，问车夫“你的牛走了多远啦，怎么会喘气呀？”之类的问题。

丙吉的下属不解，问您怎么问畜生却不问人命呢？丙吉答，我是宰相，“宰相不亲小事”，斗殴死伤自然有地方官管理。但是，现在刚刚是春天，牛走路不应该喘气冒汗这么厉害，“此时气失节，恐有所伤害”，我担心气候失调、农业受灾，这是宰相应该管的事情，所以要问。于是属下叹服，“以吉知大体”（典出《汉书·丙吉传》）。

可以看到，丙吉在路上调研民情的时候，抓住了大方向，忽略了小问题，这也是他成为一代名相的原因。其实，在分析企业、调研行业时，我们也需要遵从这样的原则，寻找会影响企业长期发展、竞争力的大原则和大方向，避免因弄懂一些细枝末节的小问题而沾沾自喜，或者以调研中学习到的平常不知道的知识作为炫耀的资本。

不过，由于寻找大方向、大原则是一件比较痛苦又无聊的事情，而炫耀一些新学到的小知识既方便又有趣，还能显示自己与众不同的"专业性"，所以不少人在调研的时候，喜欢把注意力放在一些细枝末节的小知识上，却忽视了可能影响企业未来几年甚至十几年发展的关键因素。

比如说，我有个朋友去调研乳制品企业以后很高兴地问我，你知道奶牛有几个品种吗？还有朋友调研了酱菜企业，回来跟我嘚瑟，她知道了酱菜有几种做法。也有人去调研了白酒企业，之后号称知道了白酒生产线有多少个具体组成部分，每个部分又是如何具体运作。还有人调研了银行以后，拿回来一张银行的招聘审查表，说自己搞清了银行在人员录取时审查性格的方法。

以上这些，都属于看似专业其实对判断公司和行业并无多少作用的微小技术细节。对于投资判断、企业长期竞争力判断来说，奶牛有多少品种并不重要，重要的是怎样的企业可能会拥有更好的奶源。酱菜怎么做的并不重要，重要的是在中国人的食品配比里，这种起源于蔬菜不足尤其冬季蔬菜不足的食物（韩国的例子尤其明显），未来的发展方向可能会如何，如何能适应人们日益挑剔的食品需求。白酒企业如何生产白酒其实并不重要，重要的是在中国的酒文化中，白酒给人们带来的印象好坏导致了价格高低，而未来价格改变的可能性又来自印象的改变。银行在最近的招聘中如何考察性格其实并不重要，要知道一家银行少则有几万、多则有几十万员工，在充分市场化的情况下，员工的整体素质往往与银行开出的薪酬和考核机制关系更大。

在清朝史料《啸亭杂录》一书中，记载了一段岳钟琪对傅尔丹的评价。在讨伐准噶尔的战争中，雍正帝派镶黄旗贵胄傅尔丹与汉人将领岳钟琪领军出征。岳钟琪到傅尔丹营帐中议事，看到帐中刀枪林立，就问这些是干什么用的？傅尔丹说，这是我平时练习的兵器，挂在这里激励士卒。岳钟琪出来后，对手下说，傅尔丹是大将，“为大将者不恃谋而恃勇，亡无日矣”（做大将的人，不依靠谋略却依靠勇武，离失败也就不远了）。后来果如岳钟琪所料，傅尔丹在讨伐准部的战争中大败。

而据《开国将军轶事》一书记载，在井冈山时期，林彪曾经把缴获的一把精美手枪送给毛泽东，结果毛泽东不要，把枪直接丢到地上说：“吾用此物，红军休矣。”正是不用手枪的毛泽东，才带领红色革命武装从小到大、屡克强敌，最终建立了新中国。而刀枪剑戟挂了一帐的傅尔丹，只落得个败军之将的下场。

所以说，我们在研究企业、思考问题时，必须抓住主线、找到最关键的点，而不应该在细枝末节上纠缠不休，甚至以知道许多知识点作为炫耀的资本，这样才能把大方向搞明白，找到长期投资的落脚点。

还记得许多年前，我刚从学校毕业时，有同学去一家香港证券公司应聘，面试官问的问题是：“今天恒生指数收盘多少点？小数点以后也能讲清楚更好。”当时我那位同学答出来没有我不知道

（估计不可能答出来），但是即使是今天，我也几乎不可能记住这样的数字。不过，这样的问题，和对市场的理解深刻与否，又有什么真正的关系呢？

在国内市场判断企业，比海外市场更容易

一直以来，许多国内投资者都认为中国市场不容易投资。这种观点慢慢发展，最后很多人似乎以为，只要把钱弄到海外，甭管买什么资产都好赚钱，在国内则买啥亏啥。其实，这种观点是完全不符合事实的。不信，问问那些前两年把钱弄到海外的投资者究竟赚了多少钱，你就会发现事实和想象的不太一样。

其他不说，就以在股票市场挑选公司来说，国内的企业其实就比海外的企业要好判断得多。

有些投资者也许会说，那你怎么不说 2007 年的中国石油呢，48 元的价格跌下来。不过，2007 年的中国石油，在 48 元时，有高达 10 倍的 PB 估值。以 10 倍估值买入一家大型石油企业，本身就是非常冒险的行为。冒这么大的风险，这种近似赌博的行为，与判断公司好坏已经关系不大了。

需要指出的是，这里我所说的“挑选公司”，并不等同于挑选股票。挑选股票可以看作挑选公司 + 挑选买入价格，而挑选公司则只是挑选公司的基本面。在国内市场，由于种种原因，发现、判断一家好公司的长期基本面，比在海外市场做同样的事情其实要容易得多。

首先，国内市场是一个有13亿人的巨大市场。这意味着，一旦有一家公司占据了优势地位，它往往就顺带获得了巨大的规模效应，也就很难被竞争对手超越。而在许多海外市场，比如南亚、欧洲市场，那里的国家数量众多、规模相当，一家企业在本国市场获得了竞争优势，往往意味着跨国竞争才刚刚开始。它们很难获得内地大型企业的地位，也就相对难判断一些。

而且，国内的经济氛围往往具备比较强的政商关系。这也就意味着，越是优势企业，与政府的关系一般越近，也就越容易获得政府的支持，往往就会变得更有优势。这种效应在海外市场则不明确，即使是大型企业，有时候也会陷入小规模的诉讼而难以自拔。因此，在国内判断一家优势企业的长期基本面，往往来得更加容易。

另一个不可忽视的因素是，国内市场毕竟是一个新兴市场。以人均GDP来看，按照国际货币基金组织的统计，2017年以美元计价的内地人均GDP，只有美国的14.5%。即使以购买力平价（PPP）计算，2017年国内的人均GDP也只是美国的27.9%，不到1/3。

这样的差距也就意味着，国内市场作为一个新兴市场，还没有达到成熟的地步。对于判断国内企业来说，我们可以清晰地看到，一个市场从新兴走向成熟是怎样的一条路径。也就是说，成熟市场的今天，就是国内经济体未来的蓝图。因此，我们可以轻松得出一些结论，比如消费的比例会上升，保险和理财的需求会上升，劳动力成本会上升，家庭会越变越小，受教育程度会越来越高，等等。

但是，对于成熟经济体来说，判断这样的经济体会向什么地方发展，则没有蓝图可循。这时候，投资者就需要根据现有的条件，把科技、商业、金融、市场等各种因素加起来，努力做出一个推测（就好比 2000 年以前的科技股泡沫、2007 年以前的衍生品泛滥中，人们所做的那样）。这种开放性的推测，相对于墨守成规的抄袭，固然更加激动人心，但是错误率也更高。

此外，中央政府对于经济的直接管理和参与，也比西方自由经济体中政府所承担的职责要多得多。比如，在 2007 年以前，次贷危机的源头——大量的房地产贷款和衍生品，几乎没有受到任何监管。而在国内市场，尽管房地产市场一路高涨，但是在中央政府指导下的对购房首付款、房地产信贷和信贷衍生品的监管，也一路加码。这种类型的加码，被乔治·索罗斯称为“逆周期监管”，也是防范系统性危机的主要措施。因此，在这种更强的中央政府的管理和参与下，国内经济体也就更不容易出现突然的系统性风险。判断其中的企业，也就更加容易。

最后，对于国内投资者来说，本土性也是一个重要的企业判断优势。我经常说，判断一家企业，不能只看财务报表，而是要将这家企业的真实运作情况和财务报表结合起来。而对于海外企业，国内投资者几乎不可能了解它们的真实运作情况，一切只能从报表上看。对于国内企业来说，可能企业的门店就在自己家隔壁，某些企业就和自己的工作有关系。这样，就很容易感受到一家企业的真实经营状况究竟如何。

以上所说的，还只是判断企业这一个方面。如果算上估值的波动、流动性的溢价、投资对手的水平等因素，国内市场还有更多的优势。因此对于投资者来说，国内资本市场其实是一个更加容易判断、更容易盈利的地方。

而从国内和海外的优秀选股型基金管理者所取得的年化超额收益中，我们也可以看出这种差距。在海外市场，选股型基金经理每年能取得 3% ～ 5% 的超额收益就已经相当不错。但是在国内市场，好的投资者可以取得 10% 以上，甚至达到 15% ～ 20% 的超额收益。

所以说，“海外市场更规范更赚钱”这种想法，说到底，不过是“远方的和尚会念经”的现代资本市场版本罢了。

如何甄别企业的增长

在股票投资中，最让人着迷的机会之一，就是企业的增长。如果能够找到持续增长的企业，那么，不但企业的基本面会上升，估值也往往会由此抬高，让投资者赚个盆满钵满。

不过，投资者在研究企业增长时，也要注意甄别各种各样的问题型增长。这些增长要么难以持续，要么难以盈利，要么本身质量就有缺陷。这里，就让我们来看在企业分析中各种需要重点防范的增长类型。

以高估值驱动的增长

当一家上市公司自身估值水平远高于实体行业平均水平时，发行股份、以高于实体行业的估值购买非上市公司资产，就成为一个迅速增长的方法。

在这种做法中，上市公司的规模迅速扩大，被购买方也获得了更高的出价，上市公司股东的持有估值也有所下降，可谓一举多得。但是，一旦上市公司估值不再高企，这种增长就难以持续。

企业并购产生的增长

与高估值驱动增长类似的，是企业不断通过正常的并购取得增长。在这种情况下，企业的规模会迅速扩大，但是归属于原股东的利润份额并没有上升。

如果并购行为并没有取得 1+1>2 的效果，那么对于原股东来说，这种整体报表的增长就没有财务回报上的意义。

高销售投入驱动的增长

有一些企业在特定时刻，会选择用大面积广告宣传的方式来推广自己的产品。在这种情况下，企业的销售收入可能增加很多，但销售费用会增加更多。

而且，如果强推广的方式没有得到消费者对产品的认可，那么一旦销售投入停止增加，收入就会停止增长甚至开始下滑。

鉴别这种高销售投入的增长能否持续的方法，主要是和产品的消费者仔细沟通，看看他们是否真的认可这些产品，还是仅仅由于铺天盖地的广告而尝试性地进行购买。在一些新产品出现的行业中，如此鉴别尤其重要。

周期性的增长

有一些行业，比如证券、有色、煤炭、保险等，企业的收入和利润，呈现典型周期性的特点。由此，在周期的上升阶段，这些企业的增长也就格外显著。但是，一旦周期回到下降阶段，增长也就可能消失不见。

低基数导致的增长

在公告发布季，我们经常能看到“××企业利润大幅上涨500%”之类的报道。但是，这种超常规的大幅增长，往往不是因为企业特别好，而是前期的利润基数特别低所导致。而周期性出现超低利润水平的公司，往往不是特别好的选择。

有天花板的增长

作为消费者，你每天都需要消费新的食品饮料，或许有钱了还会换一部高性能的手机甚至一辆好看的新车，但很少有人会去换自己家的空调，直到它彻底坏掉为止。

由此，对于空调这一类“生产只为了使用，不坏一般不会换，而且使用周期还很长”的装备性行业来说，当前的高增长，往往意味着将来空间的下降。也就是说，这种增长是有天花板的，当前的高需求和高增长，会扼杀将来的空间，甚至为产能过剩埋下隐患。重型机械装备、交通运输装备、生活中的应用型机器，都是如此。

“一锤子买卖”式的增长

有些企业的当期报表中，利润增长很高，RoE 一下从个位数上升到 20%。但是，仔细看报表，会发现这种增长来自一些“一锤子买卖”式的营业外收入、补贴、资产处置收入等。很显然，这种增长是很难维持下去的。

流行概念型的增长

有时候，消费者的消费行为并不是理性、深思熟虑的，而是跟风型的。在流行服饰、流行食品（经常是健康型食品）、流行音乐、流行游戏（还记得“愤怒的小鸟”吗）领域，这种情况往往很普遍。

在流行风潮吹到一个产品时，投资者会惊讶地发现，其增长速度远高于正常的商业增长。但是，这种增长往往持续性极差，概念一过，增长就会迅速降温。

那么如何鉴别这种概念型的增长呢？很简单，我们只需要观察这个行业历史上的增长情况，就不难发现这种“忽焉而来，忽焉而去”的概念型增长。

已经体现在价格中的增长

有的企业增长固然资质不错，但是，这种增长已经体现在价格中了，而再好的东西，如果脱离了合理的价格，都难以成为好的投资。这就好比一克黄金卖一万元，绝对不是什么好事情。而一吨废纸只要一块钱，一定能大赚其钱。

在美国 20 世纪 70 年代的漂亮 50 泡沫、A 股创业板 2015 年的大泡沫中，我们都能看到这类情况。当然，这两个泡沫中的企业增长，也不完全是坚实的增长，但估值的昂贵却导致任何可能存在的增长，都已经反映在价格中了。

无利润的增长

有一些企业的增长，虽然我们看到其收入、资产、规模、市场影响力都大幅提高，企业却没有产生利润。或者有的企业虽然产生了会计利润，经营性净现金流却一直难以转为正值。

对于这种情况，我们不能下定论说“没有利润的企业增长就是坏增长”，而是需要甄别，这种增长在将来是否有可能为我们带来利润。要知道，绝大多数今天成功的互联网企业，在早期都是贴钱、不产生利润的。但是反过来说，绝大多数失败的互联网企业，在早期也不产生利润。

所以，不产生利润的增长，其本身并不是我们追逐的对象。毕竟，哪一个真正的价值投资者会容许自己投资的企业一直不产生真正的利润呢？我们需要鉴定的是，这种增长将来是否有可能形成一种巩固的优势，从而带来利润，而且是高额的、能够弥补前期亏损的利润。如果能，那么暂时的痛苦是可以忍受的。反之，趁早离场也许更好，至少会少亏一些。

举例来说，在可以形成网络效应的互联网企业中（网络效应指的是新的客户会带来更多的客户，从而以一个网络的形式迅速扩大，而且不可逆转），竞争中的赢家往往最终会赚大钱，为此忍受无利润时代就情有可原。但是，在客户黏性很差的行业中（比如智能手机、笔记本电脑），砸补贴、不赚钱的扩张，只会导致客户吃掉企业给的补贴，等补贴结束就转身走人、另投他方。在这种情况下，不赚钱的扩张是否还有意义，就十分值得思考。

分红导致的实际投资回报增长

有些传统的、没有太大发展空间的公司，会选择给自己的股东派发高额分红。在这种情况下，如果我们审视每年的报表，会发现基本面没有什么太大的增长。

但是，如果我们仔细观察投资者实际取得的回报，会发现几个百分点的分红，能在长期带来不错的实际投资回报，尤其在基础资产有所增长的情况下。举例来说，对于基础资产在长期完全没有增长的情况，如果加上 5% 的股息率，那么 105% 的 10 次方是 163%，对应 10 年中比 0% 多 63% 的增长。但是，如果基础资产增长 10%，那么 110% 的 10 次方是 259%，115% 的 10 次方则是 405%，比前者多出 146%。

举例来说，如果投资者对比英国富时 100 指数和美国标普 500 指数的长期增长，会发现标普 500 指数远超富时 100 指数。但是，由于富时 100 指数在历史上的股息率更高，而普通的、非全收益的指数，则是不包含股息率的，因此当我们在比较富时 100 全收益指数和标普 500 全收益指数时（也就是投资者真正取得的回报率），就会发现，两者之间的差距远没有那么大。

刻意制造的增长

当资本市场和实体经济碰到一起之后，投资者的投资行为被企业的基本面所影响，而投资者所给出的价格又能影响企业的基本面和实际控制人的利益，这就导致刻意制造企业的增长，在一些特定的时点，比如上市以前、大股东减持以前，变得有利可图。

一般来说，这种增长或是利用了会计准则的漏洞，或是采取了不切实际、只有短期效果的商业行为，更有甚者则违背了法律法规进行虚构，因此它们的可持续性也就可想而知。不过，鉴别这种增长的真实性并不算太难，只要投资者仔细调研企业和市场、仔细分析行业、仔细阅读报表，多半能发现问题所在。

运气带来的增长

在一些行业中，运气是一个非常重要的因素。这些行业往往依靠“爆款产品”存活，典型的行业就是电影，以及一些其他的行业，比如音乐、写作、汽车、智能手机、流行服饰、手机游戏等。

这些领域增长的到来往往非常突然，来了之后发展得非常迅速，而一旦消失之后又很快沉寂无踪。

对于这种“需要爆款产品”的行业来说，它们有一些共性，比如客户追逐流行、行为会互相影响，产品的客户黏性极差，感官的认知比实用性相对来说更重要，等等。对于这些行业中突然蹿红的公司来说，它们的下一个产品有很大的可能性突然光环全失。也就是说，导致它们爆红的原因主要是运气，而不一定是一套可持续运作的制作规范和实力。

对于这种投资标的，我们需要警惕它们的可持续性，以及买入它们时所给出的估值。由于爆款的影响力是如此之大（想想“愤怒的小鸟”当年有多火），而投资大众又没有意识到这种运气型增长的不可持续性，市场往往会给它们一个高得离谱的价格，而过高的价格，也就会为投资的失败埋下伏笔。

你死我活式的增长

有一些企业，为了抢占市场份额，不惜追求“你死我活”式的增长。具体表现为，为了吸引更多的用户，进行大量的、明显亏本的补贴，进行极度低价的销售，甚至不惜降低产品质量、大打超过实际承载能力的广告，等等。

举例来说，在吴军先生的《浪潮之巅》一书中，即记载了在2000年美国互联网泡沫最顶峰的时候，曾经有在线招聘网站宣布只要用户注册并录入自己的简历信息，就赠送100美元亚马逊公司的购物卡。而在过去多年中，国内的电商行业、打车软件行业、共享单车行业等，也都出现了这种“你死我活”式的增长。

应该说，这种增长往往对应着不错的大行业前景，而且也经常有一两个很不错的胜出者。但是其中的风险也不言而喻：一方面失败者会跌落得惨不忍睹，让投资者血本无归；另一方面，胜出者也往往经历了殊死拼杀，消耗了巨量资本，而这些投入的资本，加上它的机会投资成本，这笔巨款能否在之后如数赚回，也常常存在不少的未知因素。

技术上存在断崖风险的增长

对于很多依靠技术的行业来说，技术的变迁节点会导致之前的增长前功尽弃。也就是说，即使公司之前的增长很不错，但是一旦技术路径改变、新的技术全盘取代旧的技术，那么之前的增长再好，也会被瞬间归零。

举例来说，摩托罗拉在处理器方面曾经较英特尔取得的增长优势，诺基亚在早期手机上取得的增长优势，柯达在胶片行业取得的增长优势，尽管这些优势在当时都是无可辩驳的高增长，但是它们后来都被新的技术瞬间归零。而随着机器自动翻译越来越完善，翻译行业在过去的增长也很可能被大规模削弱。

容易被模仿的增长

有些公司依靠一些新的战略、新的思路，取得了短期的增长，但是如果这些战略、思路没有有效的专利权保障、很容易被竞争对手模拟的话，那么这种增长往往不能持续太久。

举例来说，证券公司的保证金理财产品在几年前是一项非常优秀的创新业务，但是行业内的所有公司几乎在一夜之间都模仿了首创者的架构设计，导致首创者的增长并没有维持太长的时间。

独立于行业的增长

有的时候，我们会看到一个行业整体趋势一般，但是其中一家企业增长得特别快，速度远超同行。在这时候，我们有必要对这种增长保持一定的警惕，尤其在这个行业同质化比较显著的情况下。

从规模来说，中国是一个特别大的大国（说是全世界人口经济综合考量第一大也不过分），因此在一个行业中，一家公司很难把任何一个细分市场占全。也就是说，如果一家公司能够高速增长，那么它的同行或多或少也能分到一杯羹。而如果我们发现一家公司的增长与周围的同行完全格格不入，就需要对这种增长的真实性是否可靠抱有一份警惕了。

其他财务、生产经营数据不匹配的增长

不光一家企业的增长会与同行有所呼应，企业主要财务指标的增长，与自身的其他财务指标、生产经营的数据乃至上下游企业的生产经营数据，也需要有所呼应，才能印证企业的增长。

举例来说，一家企业如果销售收入、利润增长都很快，但税收缴纳、员工工资、经营性净现金流却都停滞不前，同时审计师费用却一路走高，那么投资者就有理由怀疑增长的真实性。而如果企业在高增长的同时，其水电消耗、原材料消耗、产品外运、工人工作时长和班次等生产经营数据却没有显著变化，其上下游公司的销售额、采购额没有同步的可观察到的增长，那么我们也需要对这种增长保持谨慎。

漠视规则取得的增长

有的企业增长看似非常迅速，实际上却是打了现有规则的擦边球，或者说漠视了现有的规则。这些规则包括许多，不光是法律法规，还有社会习俗、人民生活幸福感等方面的规律与规则。

举例来说，美国的托拉斯企业在 19 世纪末 20 世纪初取得的高增长，即是以压迫工人生活质量，同时通过垄断不合理打压对手换来的。这种增长虽然在一开始并没有违法（当时也没有相应的法规），但是却导致美国人民的生活水平低下、美国工业的竞争混乱无序。而这种违反了公序良俗的增长，注定无法长久。后来，美国社会逐渐从工人权益保障、反垄断两方面推动法制建设，这种增长也就走到了尽头。

2017 年蓬勃兴起的使用虚拟货币进行 ICO 的融资（Initial Coin Offering，首次币发行），也因为漠视中国的监管规则，包括公开融资规则、发行证券规则等，在 9 月初突然被监管层叫停。如果说之前的 ICO 增长速度可以用突飞猛进来形容，那么它的衰落也是断崖式的，远远超出许多参与者的预料。

总结来说，企业增长中可能遇到的问题非常多。不过，如果投资者细心观察、仔细分析、认真调研，其实都能发现端倪，从而避免大部分的“增长陷阱”。所以，正所谓“一叶障目，不见泰山”，最大的敌人其实并不是那些有瑕疵的企业增长，而是来自投资者急于求成、不求甚解的投资态度。

欲快睹我书不难

现在有人戏称，这个社会的最大矛盾是家长辅导孩子作业时候的矛盾。很多家长以为培养出来一个大文豪、大科学家、大艺术家可简单了，只要天天好好做作业，每年花一大笔钱上补习班，外加把眼镜练到 800 度，就差不多了。可是，真正的大文豪，写东西难道真的是这样痛苦吗？

清代大文豪曹雪芹，写下了中国四大名著之一《红楼梦》。老先生当年在写这书的时候说过一句名言："若有人欲快睹我书，不难，唯日以南酒烧鸭享我，我即为之作书。"意思就是说，你们想早一点看到新的《红楼梦》章节啊（类似现代人盼着下一集电视连续剧），这事儿不难，天天给我供南酒（就是黄酒）和烧鸭（南京烤鸭，不是北京烤鸭）就行。你们给我吃好喝好，我这书呢，写得就又快又好，否则你们就等着呗。

按照一般人的思维，小学生写个作文、大学生写个毕业论文，尚且如此费劲，曹雪芹写红楼梦，不知道得有多痛苦。可是事实上，人家写得不但不痛苦，还很快乐。要是不快乐，还写不出来。这有趣的差异，揭示了一个商业上的道理：以创造力为源动力的企业，其企业文化是我们不经常见到的。

以前我们经常看到报道，说硅谷的 ×× 公司，允许员工上班穿拖鞋、带宠物、看小说、啃零食。我们以前不懂啊，以为美国人就是有钱，公司老板不看重利润，就宠着员工。其实，以创新为源动力的硅谷，如果员工上班不开心，就根本没有创造力。没有创造力，工作纪律再严格，在这样瞬息万变的行业里，又有什么竞争力？那么，怎么才能让员工开心，从而激发创造力、带来企业的竞争优势以及最终的利润呢？答案就是允许员工上班穿拖鞋、带宠物、看小说、啃零食。

硅谷的企业完成了设计以后，在有些需要硬件制造的地方，会把设计好的东西交给一些生产企业去做（往往位于东亚）。从利润上来说，尽管生产企业要把图纸和设计准时、保质保量地生产出来，做的是最苦最累的工作，但是因为生产企业之间竞争太激烈，而硅谷的设计企业掌握了创意和创新的源泉，从而减少了竞争，因此生产企业只能分到利润中非常小的一块。

理论上来说，这些生产企业天天看硅谷拿来的东西，然后能一丝不苟地做出来，那么它们为什么不学习硅谷的企业，也去设计最好的东西，自己拿最大头的利润呢？我看过一个理论，给出了非常到位的解释。

由于对生产企业的要求，是按时、确保质量、确保成本，因此这些生产企业的企业文化恰恰是和硅谷的创意文化相违背的。简单来说，这些生产企业难以一边严格管理自己的工厂，让员工准时上下班、按流水线程序工作、一个步骤都不差，一边允许程序员团队穿拖鞋、带宠物来上班。因此，即使大家都知道生产不赚钱、创造才赚钱，但是想从生产企业转型成创造企业，却是难上加难，因为这两种企业的基因根本就不一样。

不光艺术家、程序员需要有创造性，投资行业也一样。原因很简单，如果投资是一个类似于工厂的行业，可以做到一加一等于二，可以用一套公式或者哪怕 100 套公式搞定所有的事情，那么在不太长的时间以后，这些公式一定会被其他投资者学会。但是，这种“投资可以被公式搞定”的理论，天然是不可能成立的。

如果投资可以被公式搞定，那么别人慢慢就会学走这些公式。而当公式被全市场学会以后，公式又怎么可能有用呢？一个全市场都掌握了的公式，其带来的回报和指数基金会有什么区别？你怎么可能指望最终一定会被全市场学习到的、死板的公式，能够持续带来超额收益？而如果投资不能被公式搞定，那么“学会公式等于搞懂投资”的理论，当然就是错误的。

事实上，投资是一门不断变化的科学与艺术，从来都没有一成不变的章法。这与按照会计准则行事的会计行业是完全不一样的。因此，投资机构想要成功，也就需要激发员工的思考力。

在我见过的优秀投资机构里，许多都有鲜明的“硅谷风格”。有中午穿着便装跑出来吃商务餐的，有中午在办公室关灯睡觉，一觉睡到下午一点半的（也就是开盘以后半个小时，这在许多喜欢短线交易的人看来，是不可想象的），有思索的时候不知不觉把脚翘到桌上的，还有每天下午集体在办公室做瑜伽的。这些人就算偶尔为了见客户穿上西装，也很少像香港电影里那样穿得特别合身，西装大两号是家常便饭——因为这样才舒服呀。而上下级之间的争论，更是稀松平常。在优秀的投资机构里，你很难看到中国人传统的、严肃的上下级关系，下级常常积极甚至开心地指出上级的错误，上级也乐于热烈讨论。上下级之间的论辩和互相否定，构成了这类投资机构日常的风景线。

这些机构看似不整齐的风格，恰恰是其思考能力的来源。反之，有些等级森严、仪容整齐的投资机构，却常常做不了太好。有一次我去一家机构见一位领导，恰好该公司的一个员工汇报工作结束，我看到他几乎是半倒退着走出领导办公室的——以免自己背对着领导。我当时就想，这样森严的等级关系，怎么能做好投资呢？下级如何敢在上级决策错误的时候及时指出来呢？他们如何能够通过科学的讨论得出最恰当的结论呢？后来一查，他们的业绩果然很一般。

所以说，以创造力、思考力为基础的企业，其基因和一般企业是决然不同的。在分析、经营企业的时候，我们一定要意识到这点。通过积极发掘、培养动脑的能力，放弃其他没有实际意义的繁文缛节，才能带来最大的收益。

收益今天有，风险以后算

“如果一只货币基金获得了好到难以置信的业绩，那么，它多半做了些货币基金不应该做的事情。”这句描述货币基金风险的话，道出了金融行业的一个要素，就是当周期只走到一半的时候，那些“看起来最好”的金融公司、金融产品，往往不是真正最好的，而是最胆大的。

以货币基金来说，资金随时可能提取、净值不能亏损的特点，导致规范运营、审慎经营的货币基金，只能投资在久期（债券的期限）很短、评级很高、流动性很好的资产上，而且不能用多少杠杆。所以，对于一些胆子特别大、特别敢冒风险的投资者来说，通过传统的、尽量选择好的投资标的的方法来提高货币基金的收益，显得太慢了。

他们有 4 个简单的方法，可以瞬间提高货币基金的收益率：通过某些方式投资更高久期的产品、降低评级的要求、降低流动性的要求、尽量增加杠杆。很显然，这 4 个方法，没有一个是“货币基金应该做的”。第 1 个和第 3 个方法，可能导致基金的流动性不能满足客户的提款需求，而第 2 个和第 4 个方法，则可能导致客户的本金亏损。

需要指出的是，由于这些方法往往是和金融监管的思路相抵触的，因此只有在一些监管不严格的市场里，那些大胆的货币基金才会在周期的下半场面临无法兑现承诺的风险。而内地市场的强监管，导致这种风险发生的概率非常之低。

对于很多普通企业来说，如果在经营中不计成本和风险，那么问题往往很快就会暴露出来。但是，金融行业却天然存在“收益今天有，风险以后算”的特点（一些投资和产出周期特别长的企业，也有这样的现象）。因此，如果说一个金融周期包含了上升、下降两个阶段的话，那么在前半个上升周期中，最胆大的金融公司、产品，往往会取得最好的业绩，而最好的业绩往往也是由最胆大而非最有水平的人所取得。但是，这种包含了太多风险的业绩注定不会长久。

举个例子，对于资产管理者来说，在市场一直上涨、逐步进入泡沫阶段时，最有风险意识的人往往会被市场抛在身后。其中最典型的例子，就要数沃伦·巴菲特在20世纪最后几年里在美国科技股大牛市中的表现。当时他因为坚持不买已经贵到天上的科技股，业绩一直落后于市场不少，以至于遭到媒体的嘲笑。

反之，在泡沫阶段胆子最大的基金（而不是水平最高的基金），敢于在泡沫中压上最重的注。它们买风头最劲的股票，加最高的杠杆，炒作最热门的消息，等等，因此能获得短期最好的业绩。但是，当周期进入下半场时，这些缺乏风险意识的基金，业绩往往不怎么样，而且经常很糟糕。

在这样一个循环中，基金的销售者和投资者，也会起到推波助澜的作用。销售者为了短期业绩，会把短期业绩最好的基金卖给狂热的投资者，而狂热的投资者也在周期的上半场忘记风险，只肯买短期“最猛”的产品。投资者在周期下半场亏损的种子，也就在这时候埋下了。这也就是为什么我们经常看到，在市场最热的时候，基金中的业绩冠军产品往往在后来几年里业绩令人失望。它们在周期的上半场成为冠军，常常不是因为有水平，而是因为有胆子。

对于本质是以借贷资金、赚取两个收益率之间差价为主业的金融公司，比如银行（赚存款和贷款之间的差价）、做股票质押的证券公司（赚质押利息和资金成本之间的差价）、保险公司（赚保单成本和投资回报之间的差价）来说，情况也差不多。在经济周期的上半段，最会赚钱的往往不是最有水平的那个，而是最忽视贷款风险的银行、最忽视股票质押风险的证券公司、最忽视高收益保单带来的成本压力和高风险投资带来的回报压力的保险公司，等等。这些公司往往在周期的前半截表现异常优秀，但是这种优秀不是精致经营的结果，而是扩大风险所带来的短期回报。

再让我们来看这几年惹出无数话题的 P2P 贷款行业（个人对个人贷款），在这个行业的上半场，是那些经营最规范的公司发展得最好吗？绝对不是。对于经营最规范的 P2P 贷款公司来说，它们可能和贷款者收取 15% 的贷款利息，可能要扣掉 5% 甚至更高的坏账准备，还有 2% 的运营成本、1% 的利润率，这样它们就只能给资金投入者 7% 的回报。

但是那些特别胆大的 P2P 贷款公司呢？它们有的根本不考虑什么风险，甚至没有打算归还投资者的钱，生生把一个个公司做成了庞氏骗局。它们可以给投资者开出 20% 甚至 30% 的回报，根本不考虑能不能从贷款者身上把这钱给赚回来，只要不断有新的投资者加入就可以。

在周期的上半场，这些公司看起来无比光鲜，它们的早期产品得到了兑付，投资者拿到了高达 20%、30% 的回报，大家都很开心，这些公司的规模也越来越大。同时，这些财大气粗的公司也能承担最贵的宣传成本，它们的名字变得家喻户晓。与此同时，规范经营的公司那可怜的 7% 的利率（以及没钱导致的微弱的宣传能力），很快就被人们抛在脑后。但是，当周期的下半场来临时，我们就看到了一地鸡毛。

失败的企业更值得研究

曹操有一篇著名的文章《拒王芬辞》，收录在《三国志 · 魏书·武帝纪》中。当时，冀州刺史王芬联合了一些人，想要发动政变，废掉汉灵帝，立合肥侯为帝。王芬找到曹操，希望曹操加入。

曹操拒绝了，回复王芬说，搞政变、废立皇帝，是最艰难、最危险的事情。你们啊，“徒见曩者之易，未睹当今之难”，只看到过去伊尹、霍光那些人轻轻松松就搞成了政变，只看到成功的例子，你们怎么不分析那些失败的例子呢？

曹操说，当年，伊尹、霍光都是有绝对大优势的人，找到绝对好的时点，才发动了成功的政变，你们能比吗？看看那些失败的例子，你们的势力比得过汉初七王之乱的势力吗？你们拥立的合肥侯的名望，和当年的吴王、楚王相比如何？他们尚且失败，你们能成功吗？曹操拒绝王芬之后不久，王芬等人政变失败，王芬自杀身亡。

在《拒王芬辞》中，王芬等人看到的是历史上的成功案例，并且想当然地认为，自己只要去做，就可以做得一样成功。但是，曹操却分析了更多失败的案例，因此得出了更加客观的判断。这种“从失败的例子中，更容易学到真正的经验、理解真相”的思维方法，恰恰是我们今天所必备的。

我见过许多创业者，一说自己的创业计划，就是“我打算怎么怎么做，然后就会成功”。我问他们，你们知道自己失败的可能性吗？考虑过恶性竞争的问题吗？别人难道不会做同样的事情、难道不会和你们一样努力吗？政策的变动考虑过吗？市场的热度会持续下去吗？很遗憾，很少有创业者能仔细回答这些问题，也很少有创业者能成功。

在投资领域，事情也是一样。在研究股票的时候，价值投资者都会努力寻找基本面在长期最好的公司。但是，许多时候，研究好公司并不是一件简单的事情。当一家公司风头正盛的时候，你看到的各种资讯大多是关于它的正面报道。毕竟，有多少人爱和一家风头正盛的公司唱反调呢？一家处在上升阶段的公司，又能有多少负面新闻呢？

当一家公司经营得顺风顺水时，我们很容易看到它的正面因素，非常难看到它可能面临的困难、潜在的风险。于是，我们会简单地觉得，这家公司某些方面就是优秀，所以它的优秀财务数字就是理所应当的。

但是事实上，企业经营绝非一帆风顺。比尔·盖茨曾说，微软离破产永远只有 18 个月。而诺基亚的故事告诉我们，科技企业，哪怕是那些风头最盛的科技企业，也真的可能离破产非常近。如果我们看不到一家企业可能出现的问题在哪里，那么我们对这家企业的成功，认识得也就不够深刻。事实上，恰恰是时刻意识到微软破产风险的盖茨，才带领微软成长为一家伟大的企业。

当我们观察一个行业的成功公司时，一个非常好的、能够理解它们可能遇到的问题的方法，就是观察同行业中失败的公司。在这些公司身上，我们能看到更多的潜在问题，看到更多的负面报道，了解更多的问题真相。这些往往是光环笼罩下的公司不能提供给我们的，但这些问题也恰恰是那些光环下的公司未来可能会遇到的。

比如说，在过去几十年，家电制造领域涌现了很多成功的公司，诸如美的、格力、海尔。但是，我们同时也看到了在同一个行业中，许多公司做得并不好，甚至十几年都原地踏步。是什么原因导致这些公司的落后呢？问题有很多，比如产品设计落后，品质要求不够严格，品牌管理和宣传不到位，日常经营管理松懈，管理层动力不足导致行动迟缓，规模效应没有跟上，等等。

如此，我们就能很轻松地把家电制造行业中可能遇到的问题搞明白，进而也就能把好公司的特质勾勒出来。

与家电制造这种集生产和销售为一体的行业不同，基金和证券行业则是更加需要重视规避风险的行业。2008 年金融危机中，美国五大投资银行全部倒下，其根源就在于过高的杠杆。2005 年我国一些证券公司的倒闭，根源也在于用了过高的杠杆投资股票市场。而一些国际知名的案例，比如长期资产管理公司、不凋花基金，也证明了风险控制的绝对重要性。

如果说规模效应导致的品牌和成本区别，导致在家电制造领域“小而美”的公司相对难以维持下去，那么在证券和投资领域，“小而美”的生存概率会高很多，“大而混乱”所伴随的风险相对更大。

服装领域尤其是流行服装领域的公司，则常常呈现一种“其兴也勃，其亡也忽”的状态。对于那些抓住了流行趋势、迅速铺开品牌的公司来说，可以用“顺风顺水”四个字来形容。它们的品牌迅速赢得时尚的青睐，铺货范围越来越广，反过来更加促进了它们的品牌提升，同时对供货商的议价能力加强，产品变得越来越物美价廉，进入一个良性循环的过程。

但是，在光环之后，对于那些走背运的公司来说，事情则恰恰相反。它们的服饰被市场冷落，慢慢地，它们的品牌形象变成掉队的代名词，商品逐渐卖不出去，成本越来越高。而因为库存上升带来的甩卖，更削弱了它们的品牌形象。这些公司进入一个恶性循环，并且很难走出来。而这些，是当我们只把目光聚焦在成功的服装公司身上时所难以看到的。

再看投资者日常接触的证券投资领域，也许我们与成功的投资者距离很远，难以直接窥探成功投资的奥秘，毕竟和巴菲特吃一顿午饭就要好几百万美元。但是，我们可以很轻松地观察到许多身边的投资者是如何失败的。超短线交易，赌博式交易，听消息，打探内幕，不认真分析企业，不研究行业，天天看手机刷新闻，每天都要看好多遍股票报价，不自己琢磨估值，等等。如果投资者能避开这些投资上的问题，那么他们找到真正有效的投资方法也就距离不远了。

所以说，人只有在失败中才会冷静反省“为什么倒霉的会是我”。而在成功的状态中，我们更喜欢做的事情，是自信地吹嘘“我就是能干，我选的公司就是好”。要从失败中学习教训，而不要站在成功的结论上沾沾自喜，这才是一个理性投资者应该做的事情。

以色事人者，色衰而爱弛

在《史记·吕不韦列传》中，有一句揭露了残酷现实但非常有哲理的话：“以色事人者，色衰而爱弛。”这句话是吕不韦对秦国华阳夫人说的，意思是“用美色讨好别人的人，一旦容颜衰老，得到的爱就会消退。所以，夫人您虽然现在依靠美色吸引了君王，但也要为自己老去以后做准备啊”。

吕不韦以这句话打动了当时作为秦王太子夫人的华阳夫人。华阳夫人因而收吕不韦所扶持的子楚为长子，用政治资源这种有效期更长的力量，代替自己用美色所换来的力量。子楚后来继位成为秦庄襄王，三年而薨，太子继位，是为秦始皇。

华阳夫人听进了吕不韦“以色事人者，色衰而爱弛”的道理，明白了在秦国的宫廷中，光依靠美色讨好君主是难长久的。其实，在企业中、在生活中，这个道理也同样适用：单纯依靠讨好客户来维持的生意，往往不是什么好生意。

举例来说，改革开放以后，我国许多企业开始进入海外市场。但是，由于我国的产品往往技术含量低、附加值不高，加上中国同类企业为数众多，结果往往被迫去打价格战，一味用低价格讨好客户。在这种情况下，海外的采购商利用中国企业之间的竞争，就能够拿到很低的价格。甚至在每次我国政府增加出口企业补助以后，其中一大部分补助最后都会被海外客户通过继续压低价格的方式拿走。

在网约车、共享单车等行业的发展中，也有不少企业用对乘客和司机的巨量补贴来争抢市场份额。尽管这种方法在短期带来了大量的客户，但是，这些被低价格吸引来的客户，其实并不可靠。一旦竞争对手开出类似的补贴，或者原有企业的补贴消失，客户就开始流失。而走得快、市场份额扩大得快，但是根基并不稳固的一些企业，却在得到了巨大市场份额之后遇到了各种各样的危机。

再比如，在资产管理行业的大发展中，曾经出现过一些主动型资产管理者，用较低的管理费率（甚至计提0固定管理费率）来吸引客户。但是，这种讨好客户的做法，并没有为客户带来核心的价值，我们也很少看到真正优秀的主动型资产管理者是依靠收取更低比例的费用发展起来的。反之，如美国的詹姆斯·西蒙斯（James Simons）等优秀的投资者，往往收取更高的管理费用，客户仍然趋之若鹜。

同时，许多资产管理者也都遇到过一个问题，客户的需求是不切实际的，他们希望资产管理者最好每年都能赚钱甚至赚大钱，还不能有什么波动。这时候，试图去控制自己的组合波动迎合客户是几乎不可能完成的任务。但是，仍然有许多资产管理者企图控制自己组合的波动，让客户上涨时赚钱、下跌时不亏，同时还要获取更高的回报——他们几乎全都失败了（美国的长期资产管理公司就是一个非常典型的例子）。

对于那些成功的资产管理者来说，他们所做的事情，并不是努力控制组合的波动，而是教育客户，让他们意识到，既然想得到更高的长期回报，短期的波动就在所难免。如果不能适应短期的高波动，那么客户根本就不应该追求长期的高回报。在沃伦·巴菲特的许多致股东信中（尤其是早期的致股东信，后来他的名声已经让他不需要再过多重复了），他都反复提到这个观点。

反过来，一个企业如果能给客户带来真正优秀的产品，或者把握住市场竞争中真正不可替代的竞争优势，就能在不讨好客户的情况下仍然做到利润丰厚。

美国苹果公司的创始人史蒂夫·乔布斯曾经说过一个理念，不要去调研客户的想法，客户根本没有能力想象，也就不会知道他们想要什么样的产品。他们只是在现有的产品中选择一个相对比较好的，然后凑合着用。所以，乔布斯认为，产品的设计和开发，根本不需要依赖市场调研去迎合客户的需求，而只要设计出、生产出最好的产品，然后扔给客户就可以了。结果，苹果公司生产出了一代又一代甚至比科幻电影里的产品更漂亮、更好用的优秀产品，不断得到客户的认可。

“以色事人者，色衰而爱驰。”对于企业来说，如果一味只知道迎合、讨好客户，最终会找不到自己的核心竞争力，陷入种种被动。而那些走在客户眼光之前的企业，才能巩固、发展自己的核心竞争力，最终在与客户的关系中进入一种更优秀的状态。这正如两千多年前商鞅在《商君书》中所说的那样：“民不可与虑始，而可与乐成。”

在这三种情况下，企业应该主动停止扩张

对于人的一生来说，经营企业是一件有意义的事情，它会让我们看到不一样的风景。经营企业中有热情也是必要的，没有热情的企业家，很难熬过市场的寒冬。但是，当这种热情转化为一种“我们要一直努力发展、扩张，直到成为中国的×××、世界的×××”的豪情之后，事情的变化，就不一定在正确的方向上了。

尽管一直采取扩张战略，听起来很有豪情壮志，但是清醒的人必须认识到，绝不是所有的生意都可以一直扩张下去。很多行业根本就不支持其中绝大多数的参与者持续取得高额回报。有三个重要的因素，导致很多行业在走过了初创期以后，很难再给参与者带来持续增长的利润。这三个因素就是：市场的天花板、行业的周期性和技术变化、企业之间的竞争。

首先，拿市场的天花板来说，并不是所有的行业都像时下天天上媒体头条的互联网行业一样，拥有几乎无限的市场空间（在这个问题上，很多互联网的子行业，都是上天的宠儿）。对于绝大多数行业来说，市场其实是有天花板的。而一旦行业参与者的整体供给超过了市场的整体需求，残酷的价格战和去产能就会让盲目的扩张者付出代价。

举个例子，我有一个朋友，信心满满打算做一种本地化的宠物上门服务生意。生意的模式本身很好，但是为了快速扩张生意，她打算在本地投入 200 个货物交换柜。我就问她，你算过没有，整个城市有多少人会用到你的交换柜？

本市总共大概有 2 000 万人，我们按一家 2 ～ 3 个人算，大概 800 万户，其中养这种宠物的，算 1/10，就是 80 万户。而 80 万户里，经常离开本地需要服务的，如果有 1/4，就剩下 20 万户。这 20 万户里，假设有 1/2 的人有付费意愿（她的那项服务相对人均工资来说还挺贵，但是考虑到经常要出差的人往往工资更高，这里就算 1/2），那么你的潜在目标客户，一共也就 10 万户。假设你的市场占有率是 20%（已经不低了），你最多就有 2 万个客户。

问题是，一个柜子一年的维护成本将近 1 万元，200 个柜子总成本是 200 万元，每个客户要在上面至少花 100 元才能打平，你算算他们花得到 100 元吗？有 100 元还不如把东西快递出来更加方便。这么一算，这个市场的天花板，基本就不支持她庞大的扩张计划。

行业的周期性和技术改变，则是企业扩张时需要考虑的第二个问题。有的行业有着强大的周期，有的行业所依赖的技术又在发生改变（往往会导致这个行业的前景变得黯淡），这些都会导致扩张可能变成一个糟糕的选择。

举例来说，在即时网络通信发展起来的时候，依赖之前短信技术的所有行业几乎都走到了尽头。在新能源逐步发展、社会对环保的要求越来越高以后，传统能源行业的扩张趋势就趋于停滞。在信奉短平快的新媒体行业成长起来以后，传统媒体行业的模式就受到了挑战。在国际海运市场于 2007 年以前过度扩张的时候，扩张周期的下一步往往就伴随着收缩的周期（事实也确实如此）。如此种种，如果一家企业在扩张的时候忽视了周期和技术的变化，那么这种扩张往往适得其反。

企业之间的竞争，也就是“护城河”的高低，决定了扩张的质量。对于那些护城河很浅、顾客黏性超级低的行业，盲目扩张往往会导致“增产不增效”。企业规模和市场份额是上去了，但是上去的结果，要么是价格战导致企业利润微薄，扩大了规模没扩大利润，要么是企业最终占有了巨大的市场份额、拿到了定价权，但正打算大赚一笔的时候，却遭到了公共舆论以垄断为理由的抨击（真正垄断与否需要法律来裁决，这里指的是舆论的导向）。

对于前一种情况来说，21 世纪第二个 10 年里的钢铁行业是一个很好的例子。扩张的钢铁企业遭到了同质化竞争的问题，客户买哪家的钢铁其实都差不多，浅浅的护城河加上产能过剩，结果导致最惨的时候，每吨钢铁的利润甚至跌到只有一个鸡蛋的钱。

对于第二种情况来说，2018 年的网约车行业是一个不错的例子。在经历了之前多年的拼杀以后，这个行业的龙头企业取得了巨大的市场份额。本来，网约车是一个护城河不太深的行业，客户用哪家的软件都可以，往往价格决定一切（大多数运输行业都有这个问题）。规模效应和拥有市场份额所带来的强大定价权，也许是加深这种护城河的有效方法，但是当这种护城河真的被加深时，舆论以垄断为逻辑的抨击就让企业进退两难。

所以，对于企业经营来说，持续扩张、不断扩大企业规模，并不是一件必然正确的事情。认为企业越大越好的错误认识，或者来自在过去中国经济持续高速发展下很多企业家养成的一种惯性思维，或者来自在资本诉求的压力下所导致的战略制定失误。

许多时候，与其盲目扩大规模，企业不如持续把精力投入到加深企业的护城河上，做出差异化显著、产品精致且难以复制、客户忠诚度高、品牌效应强、规模相对更小的企业。而对于那些实在找不到护城河，或者天花板太明显，又或者周期与科技可能发生不利改变的企业来说，趁着行业还算景气，趁早把企业卖个好价钱，往往是比继续扩张更加明智的选择。

为什么发掘特别伟大的公司特别困难

随着过去两年市场风格开始向价值股倾斜，许多投资者也开始加入“追星”价值投资的行列。而且，随着价值股尤其是绩优价值股价格的一路上扬，一种“不要太在意估值，只要找到最伟大的企业，就可以做好投资”的理论开始在市场中蔓延。（本文成文于2018年1月12日。在2016年和2017年，前述现象非常明显，结果到了2018年，这种“不要太在意估值，只要找到最伟大的企业，就可以做好投资”的理论，就如同以前市场上人们曾经提出过的无数相似理论一样，再次被市场打脸。）

但是，发掘特别伟大的公司，其实是一件特别困难的事情。在许多场合，寻找哪家公司“优秀到不需要太在意估值”，是一件比寻找“估值低业务稳定的公司”更困难的事情。那么，为什么寻找特别伟大的公司是一件特别困难的事情呢？原因其实也不复杂。

在任何行业中，要成为特别伟大的公司，多半只有两条路径：一条是从竞争对手手中夺取巨大的市场份额，另一条是长期保持极高的利润率。

对于第一种情况来说，假设在竞争开始的时候市场上有500家公司，在竞争结束的时候剩下5家，那么幸存下来的5家公司，往往在成长路径中伴随大量的兼并收购、蚕食市场份额，也往往会成为伟大的公司。但是问题在于，你怎么知道是哪5家能幸存下来、哪495家不会呢？要知道，这可只有1%的概率。

我们看看美国的科技行业就会发现，尽管其中诞生了许多伟大的公司，但这些公司在刚成立的时候，许多都面临严酷的市场厮杀。微软刚诞生的时候，IBM 就没把它当个东西。网景公司如日中天的时候，也没人想到它会迅速倒下，互联网的世界最后会交给谷歌、脸书这样的企业。而当苹果公司终于站起来的时候，倒下的是当年不可一世的诺基亚。

中国的家电行业也是如此，尽管今天我们都认为格力是一家伟大的公司，但是早期的中国空调行业可不止格力一家企业。而美的集团的脚下，也倒着无数的家电企业。

再看全球的对冲基金行业，虽然我们今天对一些知名投资者耳熟能详，他们的投资业绩也在市场上成为传奇，但是他们成功的代价，却是无数举步维艰的对冲基金公司。看看巴顿·比格斯的《对冲基金风云录》（*Hedgehogging*），看看过去几年中国私募基金公司注销的速度，你就会了解这个行业的残酷。

而在第二种情况，即伟大的公司主要通过高利润率维系时，尽管企业之间的竞争没有第一种情况那么直接、惨烈，但是这也往往意味着，竞争失败者只能接受更低的利润率。

比如，今天许多投资者认为，白酒行业是一个出众的行业，行业龙头企业的利润率都很高，但是当年中国可是有八大名酒之称，是什么导致了今天龙头企业的高利润率和其他一些当时并驾齐驱企业的低利润率呢？这种因素是否有一天又会翻转过来呢？

更重要的是，维持高利润率并不是一件容易的事情。高利润率同时也就意味着，对于消费者来说，付出更多的钱但是买到了更少的东西，如此剩下的一部分钱才成为企业的高利润。同时，这也就意味着这家企业的同行赚不到这么高的利润率，同时社会资本的回报也没有这么高。

但是，在市场经济中，所有人都想赚更多的钱。不光竞争对手想赚，投资者也想赚，消费者同时也想省钱。在这种情况下，想要保住手中的高利润率不下滑，其实是一件不太容易的事情。而人和人之间的智力、资本和资本之间的魔力，究竟又有多大差别呢？这也就如沃伦·巴菲特所说，护城河的作用，就是抵抗敌人不断的进攻。

举例来说，预调酒行业曾经在中国市场中享有很高的销售利润率（利润/销售额）。一方面，预调酒的生产工艺并不复杂，成本也不高；另一方面，受冲动型消费的驱使（喝酒的人总不如买菜的人在乎钱，开派对喝预调酒的人尤其如此），因此往往能卖出很高的价格。但是，过高的利润率很快吸引了资本和同行的眼球，迅速涌入的竞争也导致这种高利润率没有维持太长时间。

反之，可口可乐公司在维持了极强客户黏性的同时，却没有定价过高。在全球各个市场，可口可乐往往以很低的价格销售，国内市场一大瓶也不过几块钱。这样，就很少有竞争对手愿意去拼抢这块生意，毕竟可口可乐公司的知名度高、客户黏性强、规模效应又大，想和这样大的公司拼抢不是太高的销售利润，是非常费力的事情。

由此我们可以看到，尽管找到特别伟大的公司能给投资者带来非凡的投资业绩，但是寻找这样的公司却是一件不太容易的事情。反之，在那些没有巨大竞争的行业，尽管我们很难找到特别优秀的公司，但是也不容易失手不幸选中特别差的公司。无怪乎巴菲特在早期投资时，倾向于寻找便宜而不是好的公司，这并不完全是老先生失算这么简单，而是寻找便宜的普通公司，的确是比寻找不便宜的好公司，来得更容易一些。

像男生买电脑那样分析投资

许多投资者都说，投资研究是件困难的事情，不知道怎么做。的确，这种每个人都能参与的事情，如果太简单了，似乎也不现实。不过，正如孔子所说，三人行必有我师，有时候投资的老师就在身边。

如果我们仔细观察身边的绝大多数男生是怎样挑选电脑设备的，我们就会发现，他们选择电脑的步骤，和优秀投资者做投资研究和决策的方法，有异曲同工之妙。

对于大部分男生来说，买笔记本电脑是一件最快乐的事情。那么，这种工作是如何进行的呢？

首先，他会把所有的术语搞明白。处理器分几代？什么叫标压、什么叫低压？内存的型号有多少种？显示器是镜面还是雾面？显卡有什么型号？键盘分几种尺寸和设计？前置摄像头分辨率是多少？诸如此类，一大堆五花八门的名词。但是这些对想要买一台好电脑的男生来说，那就不是事。

而对于好的投资者来说，他也必须了解投资中遇到的各种术语、规定和数据。会计准则、法律法规、基金合同、公司公告、各种资本工具、价格、估值、财报情况、经济数据，等等，不一而足。

其次，一个打算认真买电脑的男生会去了解不同品牌、型号的电脑。华为新出的机器有什么特点？惠普的呢？戴尔的笔记本性价比高但是键盘特别简陋，苹果的机器性能好但是系统有时候不适应，一些国产品牌的机器配置特别好但是噪声控制不行，等等。

而一个好的投资者，也会充分了解各种金融产品、各个不同的行业和不同的公司。一个行业的属性是什么？股票为什么要长期持有，债券却不行？为什么海外市场垃圾债就可以用持有到期策略赚很多钱，一般的国债市场就不行？为什么有的公司躺着就能赚钱，有的公司累得半死也赚不到多少钱？这些问题，许多时候并没有现成的答案，需要投资者自己去琢磨、去研究、去发掘。

然后，一个仔细买电脑的男生会在不同的选择之间权衡。这个世界上其实并没有完美的电脑，恰如没有完美的投资机会一样。聪明的人需要做的，是在各个不完美的机会之间抉择，选出“不完美程度最轻”的那一个。

标压的处理器速度是快，但是噪声大、耗电量高；镜面的高清显示器成像清楚，但是外界强光下会反光；全尺寸键盘确实用着舒服，不过整体重量会上升；简易键盘优雅紧凑，但是编 Excel 表的时候会累死人；固态硬盘确实速度很快，但是空间太小，空间足够大的价格又太高；续航时间长的电脑功率普遍不行，而功率大性能好的，续航时间又普遍太短。

对于投资来说，同样的烦恼也普遍存在。价格波动低的，往往潜在收益率也低；价格弹性大的，常常不便宜；好公司不容易买到好价格，差公司价格低又不敢买；货币基金当然最稳妥、最便捷，但收益率也最低；成长股行业好、空间大，但估值太贵；价值股估值低，但是增长性又让人担心；衍生品套利听起来高大上，收益似乎也不差，但是进入门槛太高；长期债券在收益率波动的时候机会多多，但万一做反也能让人亏得哭不出来。

以上这些细节似乎太多，不太容易全部记住，而有经验的电脑挑选者甚至会自己列个单子，把需要注意的要点一个个记下来，到时候捧着单子一项项检查。而对于有经验的投资者来说，投资前的清单检查同样重要，查理·芒格就在《穷查理宝典》中，不断强调检查清单的作用。

最后，既然无法找到最满意的电脑，那些最有经验的男生，会在买来的电脑上自己动手，捣鼓一些修修补补。内存太小，那就多加一条；硬盘太慢，拆下来换个快的；屏幕反光，贴个膜可以搞定；等等。当然，这些电脑是否有足够的空间能够进行这些改装，也是需要事先研究的。

而最有经验的一些投资者，在购买了上市公司股票、获得一定的公司经营影响力甚至公司控制权以后，也会开始对公司的治理提出自己的要求，当年沃伦·巴菲特对伯克希尔·哈撒韦公司就是这么做的。当然，这些公司是否接受这些要求，也是需要事先揣摩、沟通的。

所以说，投资难吗？当然难，要不广大投资者也不会天天劳神费心了。投资简单吗？也简单，有几个男生不喜欢挑选电脑呢？又有多少女生不爱琢磨化妆品呢？既然大家都曾经年轻过，都曾经琢磨过自己痴迷的东西，那么投资这件纯粹依赖研究和选择的事情，又有什么真正难做的呢？

贵以贱为本，高以下为基

想必许多人平时都会去社区的小店里，花点小钱剪个头发、修双鞋之类。对于这种小店来说，一般只会收很少一点钱，比如剪个头十元十五元，修双鞋也就是十元八元。对于这样稀松平常的小事，有没有人想过，这些小店是怎么定价的呢？为什么只收这么一点儿钱呢？

对于顾客来说，自己几乎是不可能理发的，理个发带来的实际价值，恐怕得有好几十元。而对于修鞋来说，自己更是不可能动手的（技术太差），一双 500 元的鞋，花 20 元修好，带来的实际价值也最少在好几十元。所以很明显，理发店和修鞋店的定价，并不是按照客户取得的实际价值计算的。

这些小店服务的低廉价格，是按照“排除潜在竞争”的标准制定的。也就是说，如果一个小店每单生意收 10 元，一个月正好可以给店主带来 3 000 元的纯利润，而这个城市里手艺人的平均工资也就是 3 000 元上下，那么店主就不敢抬价。如果店主把价格抬到 20 元，尽管第一个月可能给自己带来 8 000 元的收入，但是一定会迅速吸引来新的竞争者，或者把顾客逼到隔壁社区的小店里去。所以，尽管顾客在理发、修鞋中得到的实际利益远不止 10 元 20 元，店主却只敢收“能够阻止竞争者”的钱。

更糟糕的是，如果一个社区小店盲目抬价，吸引来新的竞争者，那么对于新的竞争者来说，还会带来一个固定沉没成本的问题。也就是说，在一个只能容纳一家理发店的社区里，如果有人花20 000元新装修了一家理发店，那么残酷的竞争会导致原来的店主在长期连每个月3 000元都赚不到。因为对于新进入者来说，已经投入的成本是带不走的，再次搬迁的成本太高，因此许多人会选择留下来加入惨烈的竞争，哪怕竞争导致大家每个月只能赚一两千元。

小企业如此，大企业也差不多。对于经济生态圈中的企业来说，绝大多数都没有足够的排他性护城河（有些企业例外，比如航空业中的信息整合服务公司、机场等）。因此，如果在行业还没有饱和的时候，只看到抬价能够带来的利润，把自己的价格定得过高，那么虽然会短期获得大量的利润增长，但是从长期来看，一定会吸引更多的竞争者加入。而一旦竞争者的资产沉淀到这个行业中，行业的供给就会大于需求，最终所有的参与者都将被迫接受更低的利润率。

举例来说，几年前，预调酒行业作为一个新兴行业，一度充满朝气。在此前，中国主要的酒无非白酒、黄酒、红酒几个类别，预调酒作为一种特别适合年轻人口味、能被绝大多数人接受的低酒精度饮料，迅速满足了年轻人在传统酒类里没有找到的需求。由于行业初生、供给有限，那时候的预调酒企业掌握着预调酒的定价权，都能赚得盆满钵满。

但是，高利润的预调酒企业忽视了一个问题，预调酒并不是一种特别难以制作的酒，其品牌在消费者心中的沉淀度，也没有传统白酒甚至黄酒那么强。这也就意味着，消费者其实很容易接纳其他品牌的预调酒，只要它们足够便宜。

这时候，阻挡新进入的预调酒企业的有效方法，是降低价格、降低利润率、尽快占领更大的市场。这样做，一方面会以更低的利润率阻止新进入者的窥伺（反正也没钱好赚，有什么好投资的），另一方面则会通过更大规模的生产和销售，获得规模效应和品牌效应。规模效应会导致企业的成本更低，这样也就能通过进一步的降价，使竞争者的利润率更低，而品牌效应则会使得消费者在购买大品牌的预调酒时更愿意多付一点钱。

以上一进一出，原有预调酒企业的市场地位，就会越来越稳固。尽管这种稳固是以当前赚更少的钱为代价，但是却会为企业带来长期的空间。可惜的是，预调酒行业并没有如此发展，最后整个行业的竞争者不断涌入，投资资本不断沉淀，大家在激烈的竞争中不断开出更低的价码，行业的整体利润率也就在之后的几年里越来越低。

还有一次，我在看一家上市公司时，一开始甚至忍不住要打哈欠。为什么呢？这家企业主要生产的是纽扣和拉链，而且从 2004 年上市以来，十几年都没变，一直就是生产纽扣和拉链，简直无聊无趣至极。但是，这家公司的年报却让我大吃一惊，2004—2017 年年报的净资产回报率平均值将近 15%（最近几年稍微下降，也有 10% 还多），2004—2017 年的每股净资产（复权）增长了 1 280%，平均每年 22.4%（最近几年也略有下降，下降到 10% 多一点，不过仍然是一个不错的数字）。

当然，好公司不一定是好股票，这里面还有一个估值的问题，在这里暂且不谈。但是，为什么一个做纽扣和拉链的公司利润率会如此稳定呢？恐怕一个很重要的原因是这个行业实在太不吸引人了。试想，大家西装革履、拿出漂亮的 PPT 面对 PE 基金的时候，前几年是说投 P2P，最近几年一大堆人在投区块链，未来几年又不知道要投什么，但是有几个人会说，我们要去做纽扣、做拉链？没有聚光灯就没有竞争，没有竞争，企业自然就容易保持一定的利润率。

不光今天的商场如此，古人早就参透了这种人生智慧。据《吕氏春秋 · 异宝》记载，春秋时代辅佐楚庄王称霸的楚国名臣孙叔敖，在死前对他的儿子说，等我死了，楚王必然要封你土地。你啊，千万不要接受好地（竞争太大，别人看了眼红）。楚国、越国之间有个地方叫寝之丘，这个地方特破，楚越两国的人都不喜欢它，“可长有者，其唯此也”。孙叔敖死后，他的儿子照办，果然事事皆如老爸所言。

所以说，贵以贱为本，高以下为基。短期的暴利常常并不代表长期的利润，长久的基业也往往要建立在短期的割舍上。可惜，这个道理，有几人能明白，又有几人愿意明白呢？

第七章

海外市场与多种资产

汉末天下大乱，群雄并起割据中原。袁绍问曹操，如果你失败了怎么办，有什么依靠？曹操说：“吾任天下之智力，以道御之，无所不可。”意思就是说，对于天下的人马资源，只要我能用正道去统御他们，我就能所向无敌、无所不可。

对于投资而言也是一样。尽管不同的资产本质不同、特征各异，但是其中的投资之道却是一通百通。这恐怕也就是沃伦·巴菲特虽然以股票投资见长，但是对于高收益债券、外汇、衍生品等也经常能加以利用的原因。

香港市场的中盘股购买术

在《吕氏春秋·察今》中，有这样一句话："释先王之成法，而法其所以为法。"就是说，我们不能照抄前人的经验本身，得看这个经验到底是怎么总结出来的，然后再用同样的方法总结我们自己的经验，方为有效。在投资中，这种思想尤其必要。

在美国，著名基金经理彼得·林奇曾经发明了一个"小公司购买术"，就是专门在小市值股票中寻找超额收益，在美国市场颇为奏效。结果，我们的一些投资者照猫画虎，也在内地和香港市场大谈小公司购买术，只要市值小就是好。（这种现象在2015年以前特别明显。2015年以后，随着小公司估值大幅下降，投资者的热情也逐渐消失。）

问题是，林奇之所以在美国寻找小公司，是因为美国有数以万计的上市公司，所以小公司很少有人覆盖，估值低、数量多，容易找到又好又便宜的标的。所以，彼得·林奇的"小公司购买术"，其实应该是“被人忽视的冷门优质股购买术”，也就是价值投资的精髓，又好又便宜，而不是单纯的“市值小就是好”。

而在内地和香港市场，情况却不是这样。内地市场姑且不论，从这个“又好又便宜”“质量好＋被忽视”的角度，我们再来看香港市场，就不难发现，香港市场最符合“质量好又被人在一定程度上忽视”标准的，在不少时候往往不是林奇的小盘股，也不是经典机构投资者的大盘价值股，而是中盘股。

一方面，香港市场流动性不好，投资者又以迷恋大公司的高稳定性、高知名度、高透明度的国际投资者为主导。可以理解的是，他们远在万里之外，坐在伦敦、纽约、悉尼的租金不菲的办公室里，猴年马月也不一定来内地市场一趟，即使来了也往往是浮光掠影地拜访上市公司本身而已，从而很难深入了解内地市场，在信息选择上也就偏向于大公司。

因此，在香港市场，流动性更佳、名声更响的大公司，往往更容易受到投资者青睐。这也就意味着，在同等资质甚至资质略逊的情况下，它们都容易变得更贵。

另一方面，香港市场小公司的盈利能力，相对整体市场来说是比较差的。举例来说，与内地市场不同，香港创业板股票中，亏损股的比例占到很大一部分。同时，太小的公司，其治理结构相对更不透明，因各种原因退市和私有化的概率也相对更大。

因此，虽然很多时候我们可以在香港的小公司中找到匪夷所思的便宜估值，但是投资其股票的风险也就相对变得更大。

此外，香港市场小公司的流动性之差，是很多只熟悉内地市场的投资者难以想象的，其每天的成交有时可以以十万元甚至万元为单位。对于机构投资者来说，这种超低的流动性，无疑是难以承受的。

由此，要在香港市场找到彼得·林奇的“小公司购买术”中的精髓，即又好又被人忽视，就只剩下第三种选择——中盘股。在传统的两分法，即价值投资蓝筹股、价值挖掘小盘股以外，这是一个奇怪但最现实的选择。

以上所描述的，是理论的推演部分，下面看一些数据挖掘。尽管我在实际的香港市场股票研究中，经常可以感受到这种“中盘股又被忽略基本面又不错”的情况，但是经验之谈只是个人感受，难以量化。这里，我用一种虽然比较机械和死板，但是总算可以量化的指标，来探索这个规律的存在。

首先，我选择 4 个指标作为评价“又好又便宜”的标准：一个公司的前溯 12 个月市盈率（PE）、最近一期财报市净率（PB）、2016 年财报股息率（DY）、前溯 12 个月盈利与最近一期财报得出的净资产收益率（RoE）。然后，我把 Wind 资讯提供的这 4 个数据（以 2017 年 5 月 9 日收盘价和当时取得的财务指标为准），分别做一个排序，然后再按 PE、PB、DY、RoE 的排序分别占 20%、20%、20%、40% 权重的方法，把这 4 个排序进行加总，得到一个新的排序（排序相同则以市值更大者为先），并以这个排序来定义“又好又便宜”。

也就是说，在 60% 的估值考量（PE20%、PB20%、DY20%）和 40% 的盈利能力考量（RoE40%）下（估值考量中也包含了一些盈利的考量，比如高股息派发一般和健康的基本面挂钩，因此采取6对4的分配方法），我用这个机械的方法，按照股票“又好又便宜”的排名，与市值进行对比，看看最符合“又好又便宜”标准的公司有多少是中盘股。

当然，这种“中盘股现象”不可能出现在所有的行业中，而且有很多只有七八家、十几家公司的小行业（香港市场只有大约2 000家公司，同时GICS细分行业有大约150个，平均每个行业十来家公司，这就意味着很多行业难以进行这样的数据测试），其样本太少，公司之间又存在一定差异，因此，这种测试显然难以在所有的行业里进行。这里，我只选择几个比较典型的、公司众多或者市值巨大的行业来举例。

不过，需要指出的是，作为一种其实并不是量化检测方法而是选择股票逻辑的思考方法，“中盘股购买术”其实也可以在不能进行数据检验的行业中应用。

另外，需要特别指出的是，在以下分析中，按照模型筛选出的股票名录，只是在这个粗略的模型下筛选出来的结果，用来反映一种统计意义上的规律，并没有经过严谨的推论与分析。它们的具体质量好坏，可能受到各种因素的干扰，比如财务数据失真、数据提供商的数据有误、基本面偏离，等等。所以，读者绝不应当把它们视为对具体股票的推荐。

以银行业为例，在香港市场，GICS的“商业银行”分类下，共有30家公司。按PE、PB、DY（股息率）、RoE（2倍权重）的综合排名，排在第1、2、3、4、5、6位的公司分别是重庆银行、重庆农村商业银行、中银香港、盛京银行、农业银行、郑州银行，分别位于市值排行榜的第28、18、9、20、4、23位。可以看到，其中有4只是中盘股（本文成文于2017年5月，文中数据均取于当时）。

而如果把整体30家公司用市值三分法按市值大小平均分为3组，则最大10家、中间10家、最小10家的排名平均数，分别为15.0、13.8、17.7。可以看到，即使从整体角度看，中盘股的排位也更靠前。

而在GICS的“房地产管理和开发”分类下，共有207家房地产企业，占到港股总数的约1/10。在这个行业，小市值公司的表现并不优秀，在总计207家公司中，RoE为负的有46家，占比22%，而其中市值位于后50位的公司中即包含了28家，占比高达56%。

在去除RoE为负的46家公司以后（负值会影响排名准确性，而且RoE为负的公司大概率很难符合“又好又便宜”中“好”的标准），剩下的161家公司中，综合四项指标排名前10位的公司，分别为金朝阳集团、华人置业、莱蒙国际、德祥地产、天安、宏安集团、时代地产、朗诗绿色地产、合景泰富、安全货仓，市值排名分别是83、35、101、110、62、145、63、117、39、118，既没有前30，也少有后30，平均排名为87.3。对于总计161家公司来说，87.3是不折不扣的中盘股。

而按之前的三分法将股票按市值大小平均分为3组，得到的每组平均排名分别为78.6、74.4、90.1，中盘股的74.4相对最优。

而在“服装服饰与奢侈品”项下，共有82家公司，在香港市场也算一个公司数众多的子行业。其中，RoE 小于 0 的“服装服饰与奢侈品”公司，达到了惊人的 35 家，而香港大公司和小公司的巨大差距在此也再一次反映出来。

在这个子行业中，市值大于 50 亿港元的公司 RoE 无一为负，而市值小于 10 亿元的 44 家公司，有 27 家 RoE 小于 0。

在去除 RoE 小于 0 的公司以后，剩下的 47 家公司中，综合排名在前 5 位的公司分别是卡宾、谭木匠、时代集团控股、中国利郎、乐声电子，市值分别列第 23、31、22、13、29 名，没有前 10 也没有后 10 位，平均排名 23.6。对于总计 47 家公司来说，这又是一个不折不扣的“中盘股现象”。而按市值三分法得到的 3 组公司，排名的平均数分别是 24.9、17.9、29.5。再一次，中盘股的 17.9 是最优排位。

再以坐拥 90 家公司的 GICS 分类“建筑与工程”行业来说，其中 RoE 小于 0 的公司有 17 家，占比 18.9%。但在市值 50 亿以上的 15 家公司中，RoE 小于 0 的公司只有 1 家，占比仅为 6.7%。

在剩下的 73 家 RoE 为正的公司中，按以上四项指标综合排序，排前 10 名的公司分别是迪臣建设、兴胜创建、现恒建筑、利基控股、建联集团、建业建荣、青建国际、惠记集团、安保工程控股、丰盛机电，其市值分别位于第 68、28、46、38、37、43、18、22、27、34 位，全部列于 10 名以后，其中有 7 家列在 15 ～ 40 名之间，平均排位第 36.1 位。对于 73 家公司来说，这又是一个比较典型的“中盘股”现象。

而从市值三分法的角度来看，三个象限（即大中小公司组）的排名平均数，分别是44、30、37。可以看到，中盘股的30得分，又是最靠前的。

由此可见，无论从理论、经验感受还是机械呆板的数据分析，我们都可以推导出，在香港市场，最容易被投资者忽略、同时资质也相对有保障的公司，更容易出现在中盘股中。

当然，这并不是说中盘股就一定好，大盘股或者小盘股就一定不好，只是在香港市场特定的投资者能力缺陷、思想偏见、心理决策偏差、信息获取和流动性差异以及企业自身的基本面特质的共同作用下，中盘股在很大概率上，更容易给香港股票市场的投资者带来更优质的投资机会。

如何看待内地和香港股市之间的价值区别和价格差异

一直以来，内地股票和港股之间，都存在多多少少的价差。那么面对这种情况，尤其在当前香港市场受到的关注程度无比之高的时候，我们应该如何理解这个价差？（本文成文于2017年2月）两地股市的价值除了传统的企业价值以外，还有多少差异？这里，我们从各个不同的点来讨论这个问题。

内地股市并不是永远比港股贵：在过去几年，绝大多数股票在绝大多数时候，A股的估值都比港股要贵。但是，这种情况并非100%。

一个例子出现在极端的A股大熊市，即2005年的夏天。彼时，港股的估值往往比内地股票更贵。当然，之后A股走出了惊人的大牛市行情。

另一种情况则出现在一些个股身上，有时候一些公司的股票在香港的估值比内地更高。这种倒挂有时候是由于内地股票盘子太大，因此估值变得便宜；有时候由于海外资本太喜欢这个公司的股票，使得香港估值更贵；有时候则两种因素兼有。

两地估值差的产生具有随机性，而不完全由必然性决定。尽管大部分分析试图找出决定两地价差的必然因素，试图找到一劳永逸地解决这个问题的分析路径，但是实际上，我们需要承认，这个价差存在太多的决定因素，因此非常难以被彻底定性，随机性在很大程度上决定了这个价差究竟有多大。

也就是说，当一个市场的股价已经包含了大量随机性的时候，一个由两地股价决定的价差，其随机性必然大增。如果忽视了这一点，我们就很难理解这种价差的产生。

股息分红税率不同导致同股不同价值。目前，香港的股息分红税率比较高，在 20% 左右，而内地的分红税率则为持有 1 个月以内为 20%、1 个月到 1 年为 10%、1 年以上为 5%。

不同的税率导致在价格相同的情况下，内地股票必然比香港的更有价值。反之，也就意味着在价值相等的时候，内地股票应该比香港更贵。

打新效应导致内地股票价值更高。比分红税率赋予内地股票更多价值的，是其秉承的申购新股功能。

在目前的新股申购政策下，只有持有市值才能申购新股，而新股上市则几乎不可能破发。对于机构投资者来说，这意味着每年几个百分点的无风险收益加成，而对资金量更小的个人投资者来说，这意味着每年 20% 左右的无风险收益加成，尽管这种加成有一定的随机性。

而在香港，这种效应则完全不存在。因此，内地市场在估值同样的情况下，必然比香港股票更有价值。

不过，对于不同投资者来说，这种价值差的大小有所不同。值得指出的是，对于个人投资者而言，20% 左右的无风险收益加成是非常难以忽视的。

流动性问题更加偏向内地市场。宏观环境下的流动性充裕度差距，则导致内地市场的流动性充裕度远高于受制于全球流动性大环境的香港市场。

也就是说，由于资本项目尚未开放，内地市场几乎不存在流动性抽逃的问题，而香港市场则要看全球流动性松紧的脸色。如果把这个因素考虑进去，无疑会为内地市场加分。

内地市场的投资对手更弱小。尽管有点不公平竞争的意思，但是沃伦·巴菲特先生在分析投资的时候曾经提到，尽量找投资水平更差的市场投资，这样你更容易获得投资技术上的优势，"就像尽量找一个 3 岁的小孩打架，而不是单挑一个 20 岁的小伙子一样"。

就内地市场来讲，投资者的专业能力普遍较差，即使是机构投资者，大部分和国际同行也有不小的差距。反之，香港市场则充满了智商极高、技术精湛的国际投资者，孰难孰易，一目了然。由此，内地市场只有对香港保持一定的溢价，才能抹平这种投资能力差异带来的价值差别。

利用价差可以在内地选择更好的投资标的。总体来讲，香港市场的投资者更聪明，从而定价更准确。我在之前的研究中曾经发现，如果参考香港市场的定价买卖内地股票，比如持续买入对港股估值比价更小的股票，往往可以在长期取得超额收益。

总体来看，香港市场由于种种原因，在估值相同的时候，其价值并不如内地市场。当然，这并不代表香港市场一定更便宜，两地之间的价差经常由一些更加随机、更难预测的因素所导致。而这些价值上的差距，以及价格上的差别的出现，也就给了有准备的、聪明的投资者数不清的机会。

盘点历史上港股的极低估值

自从 2016 年 2 月触及一个特别低估的点位以后，香港市场展开了一轮持续的反弹，至今已逾一年半，以至于许多投资者一谈到港股，就觉得充满了机会而不是风险（本文首次发表于 2017 年 9 月 23 日）。

但是，在历史上，恰恰是香港市场常常出现极低的、匪夷所思的、完全不能反映其优秀企业价值的低估值。当这种极低估值出现时，往往会让按正常价格买入的投资者蒙受巨大的短期亏损，却也给手握现金的人极好的买入机会。这里，我们回顾一下港股在历史上曾经出现过的极低估值。

为了能够简便回测，这里我一律使用 Wind 资讯和彭博资讯提供的市净率数据进行估值比较。之所以如此，是因为基于盈利的估值更有可能受到异常财务数据的影响，一些周期性行业在行业低谷时更难以用盈利数据衡量其估值，而过于复杂的估值方法，则不能进行简明的跨历史和跨行业比较。

以整体指数来说，恒生国企指数在 2016 年 2 月、2002 年到 2003 年上半年曾经创下了两次极低的估值，其中 2016 年 2 月的整体指数 PB 估值达到 0.7 倍左右（彭博数据），而按当时企业净资产年均 15% 左右的增速计算，如果价格不变，一年以后的预期 PB 就会达到 0.6 倍。

具体到公司来看，这种情况就更多。当然，港股往往会给糟糕的或者遭遇毁灭性负面事件的企业以极低的估值，低至 0.1、0.2 倍 PB 也常常能见到，这点投资者早就耳熟能详。这里我想指出的是，对于一些大型、稳定、行业地位牢固、长期发展前景不错的公司，港股也往往会给出非常低廉的估值。

而这些极低的估值，有的是伴随着公司的负面事件（但是绝不是致命的负面事件）发生的（比如产品滞销、行业冷淡），而有时候甚至不需要伴随多少与公司本身或者行业有关的负面事件，只要当时港股市场没有情绪、不在状态（比如 2008 年金融危机），这种估值就都有可能出现。

这里，先来看一些业务稳定的内资大企业的例子。

沃伦·巴菲特在 2002—2003 年买入中国石油（00857）时，中石油的 PB 估值（下同）大约是 0.5 倍，相当于后来其在 A 股上市后最高 48 元估值的大约 1/20。2011 年 10 月 4 日，中国中铁（00390）的估值是 0.38 倍；2016 年 5 月 16 日，交通银行（03328）的估值下降到0.54倍；2008年10月27日，复星国际（00656）的估值为0.33倍，几年以后的2012年9月6日，其估值又降至0.55倍；而在2013年6月24日，中信股份（00267）的估值则降至0.37倍；晨鸣纸业（01812）的估值则在2012年年中到2014年年中的两年时间里，一直在0.35倍上下徘徊。

稳定的内资大企业如此，周期性波动的内资公司更是常常受到极低的估值对待。2008年11月25日，中国南方航空股份（01055）的估值是0.36倍；2008年10月27日，江西铜业股份（00358）的估值达到0.37倍，而2016年2月3日其估值又达到0.45倍；2012年8月1日，金风科技（02208）的估值降为0.42倍；中国神华（01088）在2016年1月20日录得的估值则是0.56倍；长城汽车（02333）在2008年10月27日，更是录得了0.19倍的超低估值，而其在2017年9月18日的估值则是1.7倍，天渊之别。

不仅内资股如此，一些非内资公司，也往往在港股遭遇极低的估值。比如说，渣打集团（02888）在2016年2月25日的估值是0.37倍，银河娱乐（00027）在2008年10月28日的估值是0.19倍（2017年9月19日则是4.45倍），台泥国际集团在2016年6月13日的估值是0.3倍，海通国际（00665）的前身大福证券，在2008年11月4日的估值则是0.35倍。

在以上这些估值出现时，由于标的企业稳健的基本面（有些甚至是优秀的基本面），加上极低的估值，这些时点上的股票，无一不是异常优秀的买点。在这些点位买入的投资者，少则赚一两倍，多则三五倍、七八倍乃至十几二十倍者亦有之。不过，“此情可待成追忆，只是当时已惘然”，在这些价格上敢于买入的投资者，却是极其少数的。

香港股票市场为什么会偶尔出现这样极低的估值？究其原因，主要是由于港股是一个非本土市场。也就是说，其投资者多半并非来自本地，因而既在信息方面有劣势，无法理解企业基本面，又容易因为代理人机制问题抛售相对投资者来说是“外围市场”的股票。

不过，现在投资者需要面对的一个变化，则是主要通过港股通进入香港市场的内地资本，开始夺取越来越强的话语权。虽然这种改变不一定会立即消除港股市场偶尔出现的极端低估现象，但是由于内资既不存在信息劣势，也不存在代理人机制问题，所以其会使这种现象出现的频率有所减少，是毋庸置疑的。

在逐渐国际化的市场中，内地投资者需要正视差距

最近几年，随着沪港通、深港通的开放以及整体额度的取消，各种投资渠道的不断扩容，以及最近 A 股被纳入 MSCI，我们欣喜地看到，中国的证券投资行业正在与世界越走越近。

但是，在享受市场开放带来的种种改善时，我们也必须意识到，内地投资者与海外同行，尤其是来自成熟市场的海外同行之间，仍然有比较大的差距。在这全球化的市场中，以中国投资界区区二三十年的经验，与海外投资者动辄几十几百年的经验对抗，我们需要准备的，应当比我们所憧憬的更多。

理念的差距

从南海泡沫、密西西比泡沫等金融现象一路走来，存活到今天的海外市场投资者，往往经历过市场最残酷的洗礼。对于这些投资者来说，用什么方法做投资，已经形成了固定的风格。

他们大多数采取价值投资手段，有一些也采取另类投资、事件分析、数量化投资等方法。不管怎样，海外投资者大都形成了自己成熟的投资理念，并且将其不断细化、完善。

然而在内地市场，我们仍然可以看到大量投资者不停地讨论到底应该采用怎样的投资理念。同时，由于对投资理念理解不透彻，导致内地投资者在采取某种投资理念时，往往并不坚定。许多人是价值股好就追价值股，科技股好就研究成长股，宏观经济波动大就搞事件驱动，AI（人工智能）热就搞数量化分析，等等。

这样做看似面面俱到、一样不缺，实则无一能精。面对内地同行时，或许尚可花样百出、勉强支撑，一旦与深思熟虑的海外投资者交锋，就难免胜少败多。

投资者素质和投入的差距

在海外市场，金融行业尤其是投资行业，是一个武装到牙齿的行业。由于管理了大量金钱，每一个百分点的波动都会带来巨大差异，因此西方资本家常常不惜重金，聘请最好的人才，尽全力来管理资本。在重金激励下，这些人才的综合素质甚至常常超过最好的科研机构，工作努力程度更是让人侧目。

反之，内地市场的投资者，无论是学历、社会经验还是工作状态，普遍与海外投资者差距不小。这种现象，一方面是由于内地高等教育本身与海外有差距，另一方面也因为内地资本市场尚属稚嫩，还没有发展出大量成熟、专业的投资者。

专业技术的差距

在具体投资的研究分析工作中，海外投资者是比较专业和细致的。他们会采取仔细的财务分析方法，用高质量的数据库和硬件设备，利用复杂的数量化方法和软件系统，等等。

相比之下，内地投资者在专业技术方面往往不够细致。就我所了解的情况，不少人甚至在决策之前都不一定仔细看财务报表（甚至根本不看），在分析中不利用专业的数据库，或者不仔细检查数据库给出的数据是否正确，不会仔细回测数量化程序，只要跑出来一个看起来还不错的结果就直接应用，等等。想要以粗心马虎、不耐心分析就赌一把的态度，对抗严谨细致、冷静客观的海外投资者，无疑是艰难的。

国际视野的差距

这种差距在内地资本试图“走出去”的时候，表现得尤其明显。海外市场有许多与中国内地市场不尽相同的经济秩序、法律程序，这些往往不为内地投资者所熟悉。比如，英国有一条法律规定，对于空置的房屋，如果有人居住多年，并一直试图寻找原房主但是没有找到，那么该房屋就可以归此人所有。这些法律和市场体系是不为内地投资者所熟悉的。

同时，内地投资者在语言、文化、市场敏感度上，与海外投资者也有不小的差距。比如对于印度市场，西方投资者从东印度公司时代开始，至今有数百年的经验，而中国投资者则几乎没有太多了解。印度口音的英语，对中国人来说则往往像是另一种语言，英国投资者却没有什么理解障碍。

当然，在面对国内市场时，内地投资者仍然有一些自己的优势，我们更理解中国的政治经济环境、更理解中国的市场规则，等等。但是，海外投资者也不断通过聘请有中国背景的雇员，试图取得同样的竞争力。而在“走出去”投资时，内地投资者与海外投资者的差距往往更大。我们只有意识到了这种巨大的差异，并且不断弥补，才能在这个逐步开放的市场里赢得投资竞争的胜利。

为何大盘股在全球普遍估值更高

在 2017 年，A 股市场的大盘股表现普遍好于中盘股、小盘股。不少对此没有准备的投资者纷纷感到不解，甚至认为 2017 年的行情不可理喻的也大有人在。其实，在过去几年中，A 股大盘股估值比中小盘股低的现象，从全球市场来看，属于一个异态而非常态。

从全球市场来看，不管是成熟市场，比如美国、欧洲、日本、中国香港，还是新兴市场，比如俄罗斯、马来西亚、印度等，大盘股的估值普遍更高。

值得指出的是，由于中小盘股普遍盈利能力更弱，这种估值一般是使用重置成本方法，比如市值 / 净资产衡量的估值，而不是市盈率的估值方法。其实在一些市场，比如日本、香港小盘股等，很多时候投资者也根本无法使用市盈率法进行估值，理由很简单，这些市场有时候企业的加总盈利根本不是一个正值。

那么，为什么大盘股在全球市场普遍估值更高呢？这里，就让我们一一分析其中的主要原因。

企业的经济规模效应

规模效应是经济规律中非常重要的一条。在绝大多数行业中，大型企业比起中小企业往往有天然的优势：采购成本更低，生产规模效应更强，贷款利率、发债利率更低，品牌效应更强，因此导致销售利润率更高，单产品负担的总部成本更低，等等。

这种“大盘股规模效应更强”的经济规律，是导致大盘股估值普遍更高的最重要原因，它也适用于绝大多数行业，比如房地产、银行、证券公司、保险公司、机场、食品、服装、采掘、原材料、旅游、电子商务、网络搜索、门户资讯网站，等等。

甚至在小公司谱写了诸多神话的科技行业中，也有著名的7-2-1定律。在《浪潮之巅》一书中，吴军先生就曾解读过这种定律，即在一个科技子行业中，比如操作系统、个人电脑、处理器、搜索引擎等，一般会有一个巨大的公司拿走70%的市场份额，第二名拿走20%（有时候这20%是第一名故意让出来的，以免被反垄断法处罚），剩下一堆小公司瓜分最后10%的市场份额。

而能够逃脱这种规模效应的行业并不太多，一些可以参考的例子包括：理发，正装定制，文学创作和翻译，特色餐厅等。

更好的流动性

一般来说，大盘股的股票流动性要好于小盘股，因此对于投资者尤其是机构投资者来说也就更有吸引力。更好的流动性通常意味着机构投资者在面对每天的申购赎回时，更容易交易，而其交易也更不容易影响价格。

其实，最近A股市场出现的一些小盘股成交低迷的情况，在香港市场、东京市场早已被投资者所熟识。不过，这种为大盘股流动性付出的溢价，从本质上来说并没有购买到相应的企业价值。因此在成熟市场，反而有不少投资者专门愿意承担小盘股的低流动性，从而以折价购买股票，因此获得长期的超额收益。

为更高企业稳定性付出的溢价

一般来说，大盘股的企业更大、稳定性更强，同时其产品更容易广泛地接触到，基本面也就更容易预测。因此，大盘股的企业稳定性、可预测性都比小盘股要强很多。而为这种稳定性付出溢价，也是投资者的理性选择。

股价更从众，投资者的“免责”属性更强

关于“免责”导致大盘股更受欢迎的原因，美国著名的投资经理彼得·林奇曾经说过一段至理名言：“作为一个基金经理，如果你买了IBM（美国的超级大盘股）但IBM暴跌，那么别人都会问，IBM怎么了？但是如果你买了一个小公司但小公司暴跌，那么别人都会问，你怎么了？”

因此，对于投资者尤其是比较从众的投资者，以及需要向他的客户频频做出解释的投资者来说，让他们购买一些小众的冷门股票，比让他们购买大盘股要难得多。因此，大盘股也就取得了更高的溢价。

但是，和前述的流动性溢价一样，这种基于“免责”属性的溢价，其实也没有给投资者带来真正的价值。所以在全球市场上，那些能够不顾其他投资者或者自己的客户的看法，坚定持有估值更低、基本面更好的中小盘股的投资者，往往能取得不错的超额收益。彼得·林奇本人，就是靠挖掘中小盘股取得了传奇般的超额收益。

其实，在今天的全球市场上，这种“免责”属性仍然存在，而且不光简单反映在市值大小的角度，很多也反映在“盯市”的角度。举个例子，当一个欧美的基金经理发现亚太某个市场的一些股票又好又便宜（比如过去两年的香港市场），他往往不敢重仓，因为这会导致他的基金的波动和欧美主流市场不同步，从而在净值下跌时遭到客户更多的问责。

以上就是在全球市场上导致大盘股相对中小盘股估值更高的一些主要原因。这些原因有的符合价值投资的规则，因为大盘股相对小盘股更有价值；有的则出于一些不会带来价值的市场规律，这些价值和规律，导致了大中小盘股票各自不同的属性，也就为有准备的投资者带来了更多的机会。

内地投资者应当怎样投资海外

最近几年，内地投资者投资海外资产的热情逐渐高涨。但是，海外市场的复杂程度远超内地投资者的想象，而内地市场又没有足够的专业机构帮助内地投资者进行海外投资，导致许多人在海外的投资并不顺利。

那么，内地投资者需要怎样看待海外市场投资呢？需要意识到哪些风险和机会呢？下文将一一探讨我认为内地投资者在考虑投资海外市场时需要注意的要点。

首先来看看风险：

意识到海外市场的复杂性

与内地市场相比，海外市场异常复杂，具体体现在几个方面：市场的广度更大，从非常成熟的市场如美国、德国，到非常混乱的新兴市场如南美，不一而足。

同时，海外市场的金融产品又极其复杂，各种设计层出不穷。举例来说，仅仅就 ETF 一类而言，就有行业 ETF、指数增强 ETF、带杠杆 ETF（不同于内地投资者的理解，这种杠杆仅是博取短期波动下的杠杆，和长期回报并不相关）、行业 ETF、多空 ETF 等种种，而各个 ETF 的管理人不同、规模不同，可能出现的偏离指数乃至退市等情况，都比内地市场复杂得多。

对海外投资者的专业性要有所了解

与内地市场由大量个人投资者组成不同，海外市场的投资者极其专业，一些家族基金甚至已经存在了百年之久。这些投资者的专业程度远非内地市场可比。想从这些投资者身上赚取超额收益，是非常困难的。

不仅是历史悠久的价值投资，海外市场各种投资方向，如事件驱动、量化交易、套利交易、宏观驱动等多种方向，大多有非常专业的投资者充斥其中。这些投资者要么经验丰富，要么最少也是高薪聘请的名校毕业生，智力超群。和这些投资者做交易的时候，内地投资者需要慎之又慎。坦率地说，我以为大部分内地投资者并非海外投资者的对手。

你并不了解当地社会

内地投资者在面对海外市场时，要牢记自己的劣势，就是不了解当地社会。由于风俗、文化、法律、政治体制等均有不同，海外市场与内地市场差别甚大，甚至不同的海外市场之间差别也非常大。所以，用内地市场的思维去考虑当地的问题，甚至用一个普世的“发达国家”的思维去考虑当地的问题，都是不合适的。

不要被汇率问题吓到（也不要轻易判断汇率问题）

许多投资者在投资海外市场时，最担心的一个问题就是持有本币资产的汇率损失。实际上，我以为这大可不必。

一方面，汇率问题非常难以判断，一段时间的贬值或者升值，根本不能作为未来汇率波动方向的判断依据。君不见，海外市场最优秀的投资者都经常在汇率问题上犯错，又何况内地的投资者？认为自己能准确判断汇率未来的波动，这本身就是有问题的。

另一方面，汇率波动的幅度其实不大，即使在比较激烈的年份，一般也不容易超过10%。而且这10%，还不是年年都有。而投资成熟、复杂的海外市场，很可能比投资内地市场赚取的回报更少，这就导致单纯因为汇率问题就去投资一个自己不熟悉的陌生市场，其实很可能并不上算。

注意法律和其他各类细节

由于海外市场相比内地市场更加复杂，参与主体更多，政治法律环境也迥然不同，导致投资者在参与海外市场时，经常被一些内地市场不存在的小问题绊倒。

举例来说，在投资者投资了海外地产市场后，如果将地产出租，就可能会遭遇租客既不付房租也不搬走的情况。这种情况在内地比较好解决，打民事官司让租客搬走即可，但在海外市场，有时候会存在一些保护某类租客的条款，最后导致房东既收不到租金也拿不回房子。

如果投资房产以后，空关不租呢？一方面，这种情况下仍然需要支付不菲的房产税；另一方面，有些国家还有旨在避免浪费社会资源的法律，规定空关的房屋如果无人居住、被人占据并且在若干年内原屋主并未提出异议的话，该房屋就归占据者所有。这些法律法规，都是内地投资者闻所未闻的。

而在资本市场，类似的问题也有不少。比如，大部分海外市场都征收资本利得税，税率经常很高。此外，不少海外市场的证券公司、基金管理公司等，并不像内地公司一样采用严格的第三方托管。这也就意味着，一旦这些机构出现诚信问题，投资者只能自认倒霉，不会有政府机构兜底。其中，2008 年的美国麦道夫案就是此类案件的典型。

所以，在投资海外市场时，投资者需要极度重视一些在内地市场常常被忽略的法律和其他方面的细节。内地市场投资者常有的一些坏习惯，比如签合同不阅读全文、不仔细抠合同条款等，都不可取。而如果要完善这些细节，投资者又需在语言、法律知识上投入大量的精力。

其次了解各类机会：

寻找当地社会最稳妥的机会

既然我们已经知道海外市场非常复杂、交易对手非常专业，那么，最稳妥的方法绝不是如在内地市场般，看到差不多的机会就大胆参与，而是需要寻找最稳妥的投资机会。

一种比较常见的稳妥机会，是最大类资产的投资方向，也就是海外市场中当地社会每个市民、每个机构都会多少参与的机会，比如存银行、购买短期国债和货币基金、购买最大规模的普通类型指数基金、购买最大的共同基金，等等。

俗话说得好，赚大钱永远是少数人的事情。由于这类投资方向参与者太多，所以一般不可能带来太高的回报（最大型的指数基金可能是个例外），但是由于社会大众参与度广、监管相对严格，所以安全性较高。

寻找最优秀的搭档

西方有一句谚语，“打不过他们，就加入他们”。所以，既然海外市场高手云集、难以挑战，那么如果内地投资者发现自己打不过他们，加入他们也就不失为一个好的选择。

在这个逻辑下，选择当地历史最悠久、社会声誉最优良的企业（同时别太贵），选择当地最优秀的投资管理者管理的资产，都不失为一个不错的选择。之后，再尽可能地分散投资，以免单次交易失误带来重大损失。

虽然这样的做法不会让投资者赚到最多的钱，比起彼得 · 林奇那样的精挑细选回报率肯定也要差很多，但是由于内地投资者并不了解海外市场的诸多细节，那么加入最优秀的投资者、经营者组成的群体，再辅以适当的分散（比如同时持有 20 ～ 30 个仓位），总是一种次优的选择。

区分会投资和会营销（然后选择会投资）

在选择基金的时候，内地投资者的一个通病，是不善区分最会投资的基金和最会营销的基金。而这种区别，在经历了数百年资本市场演化、竞争、淘汰的海外市场，可能更为显著。内地投资者在参与当地市场时也就要尤为注意。

比如，国际大型投资银行一般来说非常会营销。即使是它们的低级别员工，出差都是头等舱、五星级酒店，穿手工定制西装。但是，它们的长期投资能力怎么样呢？看看 2008 年国际投资银行几乎全军覆没，就不难得到答案了。

真正善于做投资的基金，或是因为不太擅长销售（按现在话讲，技术宅脸皮都比较薄），或是因为钱太多懒得销售，也不爱管别人的钱（典型的就是做量化的大奖章基金），在营销上往往不怎么下功夫。

再者，内地投资者在参与海外市场时，往往不能深入当地市场，而坐等营销机构上门推销产品。在这种情况下，我们就更可能接触到更会营销而不是更会投资的基金。由此，内地投资者在面对海外市场时，一定要细加甄别，不要人云亦云，要阅读材料深入分析，深入投资圈打探口碑，然后努力选择最会投资而不是最会营销的产品。

利用海外市场的广泛性和不趋同性获利

海外市场有两个特点，是内地市场不太具备的。一个是广泛性，就是拥有巨量的不同市场、行业、股票、基金、债券、衍生品等，就这点来说，比较容易理解。

另一个则是不趋同性，也就是说，在内地市场，由于投资者不专业、受情绪影响大，因此趋同性很强，一个市场的股票齐涨齐跌比较常见。但是在海外市场，由于市场割裂、投资者专业性相对较强、受情绪影响弱，所以我们经常可以看到，资产之间的趋同性相对比较弱（不过也不是绝对的）。

广泛性和不趋同性这两个要点，导致海外市场的价格涨跌区别较大，耐心的投资者也就更容易等到更多的好机会。举例来说，在2000 年科技股泡沫的时候，美股市场仍有一些便宜公司，但是内地市场由于齐涨齐跌，在一个市场大涨以后（比如 2007 年的股票市场），就几乎找不到可以买的东西。

也就是说，在海外市场只要有足够的耐心，做一个“全球优良机会猎手”，会比内地市场更有优势。当然，这种捕猎需要大量的研究和分析、不怕繁琐的细致和极佳的耐心。不过，和可能获取的更高回报来说，这些又算得了什么呢？这个永远不完美的世界，难道不是本来就需要我们去辛勤耕耘的吗？

在房地产市场中寻找价值错配

对于如何获取超额投资收益，我一直有个观点，就是优秀的投资回报不应该仅仅从大级别的行情、大类资产的机会中来，比如很多人喜欢关心的“股市大盘未来涨跌如何”“北上深房地产只涨不跌”，也不应该只从传统的长期价值发现中来，比如经典价值投资者信奉的“精挑细选买入一只股票然后持有十年不动”。

在这两种机会之外，我们经常可以看到一些价格和价值错配带来的套利机会，就是说，两个资产之间的价值和价格不匹配。而这些机会，往往能让我们在不判断长期市场走向的情况下，持续取得超额收益。

这种价值套利的机会，在公开交易的股票市场中比较普遍，主要原因是公开市场交投活跃、参与者多、波动巨大。在越不成熟的市场，投资者判断能力越弱，这类机会也就越多。

举一个最简单明了的例子，很多投资者耳熟能详的 A 股和 H 股价差，在历史上就提供了许多不错的价值套利机会。A 股在 2005 年、2014 年都较 H 股大幅折价，却在 2007 年、2015 年较 H 股大幅溢价，其间各种大小波动还有不少。在 A 股便宜的时候买入 A 股、H 股便宜的时候买入 H 股，就能给投资者不断带来超额回报。

不仅活跃的股票市场如此，在过去十多年里号称“只涨不跌”的内地房地产市场，如果我们足够有心，也可以发现在不同市场之间巨大的价值和价格错位。不过，由于相对房价的暴涨暴跌，这些错位往往牵涉到来自实地的数据比对，而没有什么新闻性，所以常常难以见诸报道，也就不为深入挖掘、走访、比对一线市场的人们所熟知。

这里，我们来看一些例子。

2015—2016 年，我在北京永安里附近发现一些只有 10 年左右楼龄的小区，二手房市场价是 4 万～ 5 万元。彼时，北京五环外的新楼盘，售价都达到 4 万～ 5 万元。而永安里作为北京市核心地段，北接使馆区和长安街，西临建国门，东靠国贸，价格却和五环外相仿，必然是有问题的。

而在 2017 年初，我在南京走访时，发现主城区（就是朱元璋几百年前修建的那一圈城墙里面）不少核心地段，如夫子庙、大行宫一带，离南京市的最中心点只有两三公里，房价在 2 万多元到 3 万多元之间徘徊：好一些的小区 3 万多元，差一点的 2 万多元。而即使是南京最中心的新街口，二手房房价也只在 3 万多元。

就价格来说，这本不说明问题，这些小区的房屋年化出租回报率仅有 2% ～ 2.5%，换成股票的市盈率得在 40 ～ 50 倍（这还不考虑各种税费）。但是，把这些小区的价格和南京的河西新区一比较，你就会发现事情不对：河西新区的价格在 4 万～ 5 万元，几近市区的两倍。而当地作为新区，不仅位置相对偏远，配套设施等都远不及市中心。

而在更早一些的 2013 年前后，当时深圳市场的房屋年出租回报率，竟然达到大约 4%。尽管从国际市场来看，4% 的出租回报率谈不上多高（国际成熟市场常见的回报率在 5% ～ 7% 之间），但是相比当时北京和上海大约 2% 的回报率，却高出一倍。在北上深三个城市竞争力不相伯仲的情况下，深圳市场的房价却便宜了一半，这明显是一个错误。

更有甚者，在内地许多地方，我们都能观察到新开盘的一手楼盘，价格比周围几年楼龄的二手房贵出一大截。在产权长达 70 年且 70 年之后可续的情况下，一手房和二手房之间如此大的价差，必然是一个错误。

那么，为什么会出现这些特别明显的价值和价格的错位，给投资者提供在不判断大方向的情况下，买到更好更便宜东西的机会呢？我以为，市场的无效性在此完美解释了这个问题。

资本市场由无数参与者组成，而这些参与者之间没有沟通、没有协调，情绪各不相同，判断能力迥异。与股票市场一样，房地产市场同样是由大众组成的，其判断能力、定价技术，并不比股票市场高出多少。遥想当年，解放战争中，国民党区区几百个师，在南京的指挥下，尚且彼此不能配合如意，在作战中漏洞百出，今天的我们又怎能指望投资者给出的定价，能配合得完美无缺呢？

由此，我们就看到了大量的价格和价值错配，这些错配中蕴含的机会，恰能为聪明的投资者所用。

为什么商品和外汇难赚钱

在投资领域，依靠交易大宗商品、外汇赚钱，是一件比依靠交易股票、股权甚至固定收益赚钱都更困难的事情。国际国内绝大多数长期业绩回报出众的投资者，都是依靠股票或者股权（其中依靠价值投资者尤其多，量化交易也不少），却很少有依靠交易商品和汇率以及它们的衍生品的。

当然，这里说的赚钱，指的是在长期持续地赚取利润，而不是在短期依靠杠杆一夜暴富。因为有经验的投资者都会知道，短期一夜暴富的神话背后，一般同时蕴含着“短期一夜巨亏”的风险。比如，最近原油价格大幅下挫，我们就又看到国际上有投资者爆出来一夜巨亏。

如果说规模太小不好赚钱，在一些小众收藏品市场可能说得通，但是比起规模来，全球商品和外汇市场也不算小（甚至很大），那么为什么商品和外汇交易这么难赚钱呢？

首先，外汇和商品市场有一个共性，它们都是全球性的、品种单调的市场。这里的品种单调，指的是这样一种情况：比如人民币兑美元就只有一个汇率，而光A股市场就有三四千只股票，香港还有一两千只，加上各种基金还有好几千只。这种全球性和品种单调性意味着，商品和外汇的价格影响因素，是全球性而非地区性的，而全球的投资者在获得了这些价格因素以后，分析的对应标的都是仅有的几个价格。

对于投资者来说，取得长期高收益的一个重要途径，是找到一个方向上的思维优势。这种思维优势可以体现在许多方面，比如对一个小众行业更深入的理解，对一只被忽视了的股票的深度挖掘，对被边缘化的封闭式基金的折价率更频繁的观察。

对于股票来说，其影响因素在许多时候更具地区性，投资者可能由于某种因素，比如更广泛的知识、更丰富的阅历、更多的调研，因此更了解一个行业、某几家公司，而别的投资者就不那么了解。而产品的丰富性，也导致这种优势思维更容易找到被市场忽略的投资品种。

但是，对于一个全球性的、品种单调的市场来说，投资者很难找到思维优势。找不到思维优势，也就意味着投资者更难超越他们的对手。同时，相对于股票市场来说，外汇和商品市场的参与者更加专业，非专业投资者的数量更少，这也意味着更难从别的投资者身上获得超额收益。而长期投资业绩的精髓，恰恰来自从对手身上赚到的超额收益。

此外，商品和外汇的基本面变动，在长期来说一般是不大的。比较一下人民币和美元的汇率变动，和A股价值型股票在过去10年的价格变动，你就能发现这种巨大的差距。在绝大多数时候，外汇和商品很难像股票那样有巨大的升幅，尤其是优质股票那样巨大的升幅。像优质股票一样巨大的升幅，必然意味着物价的巨额扭曲，或者国际汇率的巨大变化，因此是经济体所难以承受的。所以，投资者就只能追逐这些标的在短期的价格波动。而我们知道，追逐短期价格波动，是一件不靠谱的事情。

对于追求长期回报的股票、股权投资者来说，他们所依据的分析因素，像品牌优势（比如高端消费品）、经济规模效应（比如大型汽车公司）、天然垄断（比如机场）、网络效应（比如微软的Office系统，你用了别人就得用），都是一些可以长期维持的因素。这也就意味着，只要发现一个因素，就能稳稳当当赚很多年的钱。

但是外汇和商品的交易者呢？他们许多时候分析的是波动因素，比如库存多少、外贸强弱、短期的地缘政治变动、天气因素、短期的经济周期需求。这些因素，都是短期的、难以捕捉的，都是需要频繁交易、难以长期持有的。而频繁交易也就意味着频繁出错，难以长期持有也就意味着需要持续不断试错。

更糟糕的一个问题在于，以上所说的这些短期波动，在很多时候幅度都不是太大：你能想象人民币和美元汇率在一年中的波动幅度，赶上A股中的活跃股票吗？而因为商品和外汇直接关系到国计民生，它们的波动幅度如果太大，对经济的影响也不会小。因此，为了追求更高的利润，许多投资者在交易商品和外汇时，就会使用"适度"的杠杆。

但是，由于金融市场的天然不稳定性，这种长期习惯性的小幅波动仅仅是一个表象。在市场突然失灵的时候，我们会瞬间看到价格有巨大的、超出所有人意料之外的波动。这就好比香港股票市场在1987年的那次开盘大跌40%一样，在这之前几十年、之后几十年，我们都没看到这么大的跌幅，但是这巨大的跌幅，在当时确确实实就发生了。

而在这种巨型波动突然袭来的时候，习惯于用"适度"杠杆交易的投资者，就会瞬间发现他们的杠杆不再"适度"。由于这种巨型波动往往是难以预料的（有多少人预料到了看似容易预料的2008年金融海啸，又有多少人预料到了2015年A股的大跌呢），因此我们也就不断在市场上看到，几乎在每次市场波动巨大的时候，都会有一些外汇和商品投资者一夜亏光。

全球性的市场和资讯，单调的投资品种，专业的参与者，短期的小幅波动和长期必然和偶然发生的巨大波动，共同导致在外汇和商品市场赚钱，比其他市场更加困难。对于那些没有做好足够准备或者自认做好了准备的投资者来说，对这些市场的投资应当三思而后行。而正如马克·吐温所说，"让我们陷入困境的不是无知，而是看似正确的谬论"，自认为做好了准备，可能是比没有做好准备更糟糕的事情。

可转债：价格破百并非万全之道

一直以来，不少 A 股投资者将可转债价格跌破 100 元作为值得投资的万全之道，认为一旦可转债价格破百，就可以“无脑买入”。诚然，可转债价格跌破百元，的确意味着价格下降、价值上升，但是，将价格破百作为可以投资的必然条件却过于简单。

首先，可转债的利率往往很低，因此百元的可转债，其纯债价值往往远低于 100 元。按相同评级、相近久期债券的收益率计算，其纯债价值常在 80 ～ 90 元乃至更低。因此，如果买入价格刚破百元的可转债，最终却未能享受转股收益，那么投资者可能面临从机会成本角度来说实际意义上的亏损。

举个简单的例子，如果一只还有 5 年到期的可转债，其年利率为 1%，而类似评级、期限企业债的年利率为 6%，那么按复利计算，5 年后可转债的纯债收益为 5.1%，企业债的收益为 33.8%，两者相差 28.7%。

所以，在考虑可转债的纯债价值时，投资者一定要计算其纯债溢价率，即投资者从债券角度来说，购买可转债所付出的机会成本。举例来说，目前 A 股市场中交易价格在 96 ～ 100 元、剩余期限在 3.2 ～ 6 年的可转债，其纯债溢价率最低约为 5%、最高约为 22%（本文首次发表于 2017 年 12 月 9 日）。

另一方面，投资者需要考量可转债的转股溢价率，即当前可转债的价格，比按当前转股价格转成的股票价值，产生的溢价百分比。理论上来说，如果不考虑可转债下调转股价格，那么转股溢价率越低，可转债的转股价值就越高。

但是，免费午餐毕竟少见。一般来说，纯债溢价率越低，往往也就意味着安全边际越高的可转债（这里不考虑债券违约的情况），其转股溢价率一般也就越高。目前，A 股市场上纯债溢价率低于 10% 的可转债，其转股溢价率最小也有 30%，均值达到大约 50%，最高则有近 90%。

当然，在转股溢价率过高时，可转债的价格存在下调的可能。而且，不少企业为了融资的需要，也存在下调转股价格的动机。但是，公司董事会是否提议、股东是否同意下调转股价格，毕竟都存在很大的不确定性。

另外，在过去几年里，由于小盘股估值虚高，同时股票市场价格波动巨大，因此价格破百的可转债常能给投资者带来相对确定的回报。但是，小盘股的估值在最近两年的市场中有所回归，而市场未来的波动性如何尚未可知。在这种情况下，价格破百的可转债是否一定意味着确定性回报是存疑的（本文成文于 2017 年 12 月）。

此外，可转债的纯债价值，也存在一定风险，并不是价格破百乃至纯债溢价率为 0% 就能完全消除的。从可转债的债项、主体评级来说，不少可转债都没能拿到企业债的最高评级（AAA 评级）。当然，作为可转债的发行主体，上市公司一般财务情况尚可，但是作为一种企业债，可转债在无法转股情况下的违约风险仍需要留意。

最后，对于可转债可能带来的收益，投资者也需要思考，尤其需要注意不少可转债附带的有条件赎回条款，即在转股期内（一般是从可转债发行后 6 个月起，至到期日止），如果在一段时间里，公司股票价格连续高于转股价一定百分比（通常是 30%），公司即有权提前赎回可转债。这也就意味着，如果投资者预计可转债对应的正股在长周期里有大幅上涨的可能，他们也可能不能依靠可转债这种有安全保障的方式来拿到全部收益，而必须被迫转股：可转债的生命期可能短于投资者的预期。

其实，按交易价格是否破百元来判断可转债的价值，就和用市净率是否破 1 来判断股票的价值一样，是刻舟求剑的思路。尽管在 A 股的历史上，上市公司很少跌破 1 倍市净率，即使跌破也常常意味着不错的投资机会，但是在成熟市场，1 倍市净率却是一个意义不大的指标。在香港市场，我们就经常能看到 0.5 倍市净率乃至更便宜的股票（笔者曾经见过最低大约 0.1 倍），而它们也不一定能给投资者在长期带来很好的收益（在本文发表以后的 2018 年，大量 A 股股票跌破 1 倍市净率）。

当然，从获得一个看涨期权的角度来说，跌破百元的可转债毕竟在提供了一定安全边际的同时，增加了未来获得收益的可能。而且，可转债价格下调的潜在可能性，让这种看涨期权变得相对来说更有价值。因此，价格跌破百元，仍然是判断可转债价值的粗略估算手段。只是投资者需要警惕，这种衡量标准并非万全之道。

分级 A 的定价误区：市场不可预测论的完美案例

分级基金是一种很有意思的衍生品资产。不过，基于监管变化，未来这种基金将退出内地资本市场。

尽管即将成为历史，但是探讨这种复杂的衍生品类资产究竟应该如何定价、如何分析判断，仍然可以为后来者提供借鉴。我对分级基金中 A 端的分析思路，用一句话概括就是：基于价值，而不是基于预测，才是投资分级 A 的王道。

再过几天，从 5 月 1 日开始，投资者就需要符合一系列的监管要求才能购买分级基金了（本文成文于 2017 年 4 月 20 日）。

一直以来，很多投资者在投资的时候，都会很开心地讲一堆逻辑，从 A 到 B 到 C，最后得出价格就一定是 D。但是，实际的情况是，市场里各种因素互相制约、互相影响，而这种影响的过程又会导致其他因素发生改变，最后形成一个其实“测不准”的市场。

这里，通过讨论分级 A 的市场价格形成机制，我们就会发现一个完美的案例，很好地阐述了市场价格的不可预测性。

简单来说，分级基金就是把一个母基金（通常是盯住一个指数的指数基金）的收益拆成两部分，A 端拿到相对固定的收益，剩下都给 B 端。也就是说，B 端向 A 端借钱，放了一个杠杆，持有相对应的指数基金。

那么，A 端的价格，究竟由哪些因素决定呢？

第一，作为一个准债券，分级 A 每年给投资者一个相对固定的回报，大部分会在期满的时候，派送一定比例的可赎回的母基金作为当期利息。从这个角度来看，分级 A 类拥有一定的浮息债券属性。

第二，分级 A 的利息并不等于一般的浮息债券，其可以拿到的利息也是浮动的。在定期到点折算以后，投资者往往要过几天才能拿到母基金并且赎回，这样就会承担一部分母基金净值的波动。不过，因为派息本身就不多，这个因素并不太重要，姑且将这个现象称为分级 A 的债券票息不确定属性。

第三，则来自分级 A 的本金安全问题。对于绝大部分分级 A 来说，合同里都有一个“到点折算”的条款，也就是说在分级 B 的价格大跌时，为了保护分级 A 的投资者，会在母基金净值跌到一定水平、快要危害到分级 A 的净值时，将分级 A 中一大部分基金净值还给投资者，并让投资者可以赎回这部分净值。

从债券的角度看，这种赎回可以看作一种本金偿还。但是，这种偿还并不是确定不变的，而是存在一定风险的。

第一种风险，来自折算日和可赎回日之间股票市场波动导致赎回金额不确定的风险。由于这种波动牵涉到占净值很大一部分的本金，而 A 股市场历来以高波动出名，由此带来的波动风险不容小觑。

第二种风险则来自到手的母基金份额不可赎回的风险。从历史上来看，这种情况还没有出现过，而且也不太容易出现。但是，市场永远充满了黑天鹅，在 2015 年市场大幅波动期间，如果不是管理层用雷霆手段止住了无量暴跌，挽回了市场的流动性，那么一些分级 A 可能发生投资者拿到折算后的母基金份额、提交赎回申请，但是基金资产里无流动性可赎的情况。

可以看到，在分级A的债券属性下，它已经包含了票息不确定、本金不确定的属性。由此，在分级A热火朝天的年代里（比如现在的市场），投资者们往往乐观地把这种资产看成一种高等级的债券，并给予很高的定价，无疑是有问题的。

不过，分级A又不是一种低等级债券。在绝大多数波动的情况下（上文阐述的2015年的状态除外），它的波动是双向的，股票大涨就多赚、大跌就少赚。而低等级债券的波动则是单向的：要么按本还钱，要么少给一些。

如果说分级A只有债券属性，那还好办，我们还容易预测它的价格波动。问题是，由于存在一二级市场套利机制，分级A的价格还严重受制于分级B的价格，而分级B的市场价格，又严重受制于股票市场的情绪。

而A股市场的情绪，众所周知，是出了名的不稳定。

所谓套利机制，就是说如果一个分级基金的A和B的市场交易价格，加在一起不等于分级基金母基金的净值，那么投资者就可以买入便宜的，转换以后卖出贵的。这就意味着如果分级B有溢价，那么在套利机制的作用下分级A必然有折价，无论当时其债券属性多么被人看好。反之，分级B如果有折价，那么分级A就必然有溢价，无论当时债券市场是多么惨淡。

也就是说，如果分级B的投资者在市场大涨的时候非常看好分级B，或者在市场大跌的时候死扛分级B不肯卖，不管哪一种情况，只要分级B因此出现大幅溢价，而溢价的造成者又很坚决，那么分级 A 就一定会大跌。反之，分级 A 一定会大涨。

由于分级 B 的溢价，不一定和股票市场走势完全正相关，股市大涨热情买入导致溢价有之，股市上涨不敢追高买入导致折价亦有之；股市大跌死扛不卖导致溢价有之，股市大跌恐慌抛售导致折价亦有之，因此，这种传导性的预测就变得难上加难。

实际上，由于分级 B 的存在，那些把分级 A 看作纯债券的理论，往往会被事实无情批驳。比如说，在 2016 年，债券市场从 10 月下旬就开始走跌，但是分级 A 的价格直到 12 月初才开跌，其间的一个多月二者走势截然不同。

更糟糕的是，由于分级 B 天生带杠杆（有的还有很多倍杠杆），这就导致在股票市场上反映出来的乐观、悲观情绪，在分级 B 上很容易被放大，而这种放大更会传导到分级 A 的定价上，导致分级 A 的价格也反映出波动——尽管从收益分配的角度来说，分级 A 是一种纯粹的债券（虽然也不太稳定）。

如果说分级 A 的不稳定性只受不太稳定的债券属性、不可预测的分级 B 影响，那么我们可能还可以对分级 A 的价格进行哪怕是模糊的预测。但是，第三个问题在于，市场对分级 A 和 B 的认识也存在不确定性。

在实践中，我发现市场上绝大多数参与者都没有意识到分级 A 条款构成上的复杂属性，而是倾向于在分级 A 上涨、价格接近甚至超过净值的时候，把它视作一种稳定的债券，从而情绪化地为当时的上涨找到合适的理由。这时候弥漫市场的理论，往往是“分级 A 可以长期持有”“分级 A 可以拿来养老”，等等。

反之，在分级A价格大跌、出现折价的时候，投资大众的眼光又容易盯在分级A的不稳定性上，将其归纳为一种不可长期持有的投机品。此时的市场论调，又常常变成“分级A完全不稳定”，“分级A没有明确兑现到期日前永远拿不回来，再便宜都不能买”，等等。

同时，类似的现象也出现的分级B身上，大涨的时候投资者认为“分级B带杠杆波动大快进快出好赚钱”，大跌的时候则认为“分级B就是赌博工具最好不要碰”。

如果说分级A和B的制度设定是一成不变的，1乘1只能等于1，也就是只有1个结果，那么市场在分级A和B上各有两种情绪，能够产生的结果就变成2乘2等于4。分级A的市场价格，也就因此变得更为复杂。

所以说，分级A的市场价格决定机制，给了我们一个非常好的案例，就是市场的价格决定过程非常复杂，大量的因素互相制约，而制约产生的结果和结果之间、心理和情绪之间又互相影响，最后导致很难进行十分准确的预测。传统的沙盘推理式的因为一、二、三，所以价格就是四，因为经济怎样、流动性怎样、情绪怎样，所以下个月行情就会怎样等，在实际应用中往往会吃大亏。

那么，如果分级A的价格形成机制如此复杂，我们几乎不能预测分级A的价格走向，又如何投资分级A呢？很简单，我们不预测，我们买最好、最有价值的，剩下的随市场开心就好了。

也就是说，虽然我们无法预测分级A的价格走势，但是我们可以知道它现在是便宜还是贵，收益率是高还是低，发生下折的概率是大还是小（这也就意味着本金波动风险的大小）。在价格便宜、价值高的时候，买入分级A，那么在长期获利的概率就相当大。

从历史上来说，这样的机会只出现过几次，其中最好的两次分别出现在2011年下半年和2015年年中。不过，虽然次数少，但如果我们抓住这两次机会就会发现，虽然这种交易性买入导致持有分级A的时间很短，但是收益却能赶上多年的利息。

在2011年下半年，分级A从8月中旬突然开始大跌，一直跌到9月底，持续了一个半月。彼时A股市场跌跌不休，分级B的溢价却持续走高，同时企业债价格大幅下跌。那么，如何解释当时分级A的大跌呢？主流的观点是企业债下跌导致了分级A的大跌。但是，这却不能解释当时分级B买盘持续出现、溢价逐步走高的现象，更不能解释当时分级A隐含回报率达到15%～25%，远超企业债的现象。不管怎样，在2011年9月底10月初的时候，分级A形成了一个极好的买点。

而在2015年6月，分级A的大跌则几乎可以肯定是A股市场的火爆导致的。彼时A股市场正处在大牛市中，投资者疯狂买入分级B，导致分级B大幅溢价，分级A的价格也就猛烈下跌：这和当时的债券市场一点关联性都没有。结果，一个绝佳的买点又一次形成。

另一种方法，则是在持有分级A时，不断进行品种间的轮动。也就是说，虽然我们无法预测分级A在大方向上的运动，但是可以判断十分相似的一些分级A哪个最便宜、最有价值。而如果持续买入最有价值的品种，那么持有的价值一定会越来越大，无论市场整体是朝哪个方向运动。

所以，基于价值而不是基于预测，才是投资分级 A 的王道。其他许多投资也一样，那些花哨的、预测明天价格波动的理论，常常没有那么好用，而踏踏实实寻找价值的方法，却往往一步一个脚印，跬步千里。

从三个常识思考虚拟货币的价值

最近，以比特币为代表的虚拟货币，在受到监管层严厉监管之后，占据了市场的头条（本文成文于 2017 年 9 月）。在这场轰轰烈烈的虚拟货币大牛市中，许多投资者也许都感到迷惑，毕竟“区块链技术”“算法”“密码学”这些新名词，比我们在以往金融泡沫中见到的概念都要新颖，都要难以理解。相对于郁金香的繁殖、企业的利润和增长，投资者对这些新技术词汇难以领会，许多人也就不敢随便反驳，以至人云亦云。

但是，如果我们从几个金融常识的角度去思考虚拟货币，就能够瞬间揭开这些高科技背后的迷雾，发现虚拟货币的本质。这些金融常识根本不需要投资者理解在每个泡沫中出现的不同术语，而可以通过统一的分析方法，迅速发现金融泡沫中定价的荒谬。

这里，就让我们一条条梳理。

第一，这种资产总共有多少价值？

面对金融泡沫，有时候我们从本质上难以分辨这个泡沫有多大、价格是否离谱，但是如果我们把总量相加，就会很轻松地发现这是一个巨大的泡沫。

举例来说，在日本20世纪80年代房地产泡沫中，只要卖掉东京的土地，就能买下整个美国。一个日本东京可能与整个美国相提并论吗？显然不可能。那么，这不是泡沫又是什么呢？

而在虚拟货币的泡沫中，比特币的历史最高价位达到大约5 000美元，而比特币的最大总量是2 100万枚，当前的总量已经接近此数。这也就是说，按最高价算，比特币的潜在总市值是大约1 000亿美元，相当于中国外汇储备的1/30。

这也就是说，光比特币一个虚拟货币，这一小串并无实际应用价值的代码，其“总市值”就达到了改革开放以来，全中国十几亿人民辛辛苦苦攒下的所有外汇储备的1/30。（后来比特币在2017年底的最高点达到大约2万美元1个，也就是其总价值相当于当时中国外汇储备的1/7.5。）

那么，全球现在有多少种虚拟货币呢？据报道大约是900种。既然每一种虚拟货币和比特币在技术上其实并没有本质的区别，那么我们就可以假设，这900种虚拟货币的“理论最大市值”，可以达到90万亿美元，是当时中国外汇储备总额的30倍。

显然，这一点都不现实。

第二，如果这种产品崩溃，会对我们的社会有什么影响？

对于许多金融产品，包括资产、商品、股票、债券来说，如果价格合理的话，那么一旦价格崩溃，会对我们的社会造成巨大的影响。反过来，这种影响也会产生反身性，导致这种产品的价格不会永远崩溃下去。

举例来说，2014 年 A 股蓝筹股只有 6 倍 PE 估值时，如果市场再度下跌 50%，PE 就会达到 3 倍；如果下跌 75%，那么 PE 估值就会达到 1.5 倍。显然，这种下跌会导致买盘的大幅介入，而其对社会可能造成的巨大影响，也使得这种下跌很难发生。

当原油价格在 2015 年跌破 40 美元之后，极低的价格就导致了社会意义上的反身性：价格越低，消费的人就越多、生产的人就越少，这样就会导致价格反弹。

但是，如果现在虚拟货币的价格下跌 50% 乃至 75% 或 90%，对我们的社会会有什么影响吗？基本不会。会产生“社会反身性”吗？没有可能。这种下跌对我们的社会乃至全球社会是不可承受的吗？并不是。那么，这种下跌一旦发生，会有多少力量去阻止价格的崩溃呢？（在 2018 年虚拟货币大崩盘中，社会的正常运转基本没有受到影响。）

第三，如果资产价格下跌一半甚至更多，并且维持多年如此，投资者是否会心慌？

沃伦·巴菲特曾经说过，真正好的投资，是在买入以后，即使交易所关闭 10 年，在 10 年之中都不能出手，也能让人泰然自若地投资。举例来说，在 2000 年前后，中国一线城市的房价，其租金的年回报率在 8% ～ 10%。在这种情况下，不要说买入持有 10 年不交易，哪怕 20、30 年不交易，投资者也不会感到心慌。

但是，如果现在有一个投资者买入一种虚拟货币，随即被禁止在未来 10 年内出售，投资者会感觉如何？ 10 个月呢？对于一些炒家来说，恐怕 10 天的禁售期都无法忍耐。在这种情况下，我们就可以清醒地认识到，虚拟货币的所谓“价值”，其实主要来自下一个买家的接盘，而不是来自其本身。

而对于一种价格只能由下一个买家接盘来维系的金融资产，我们就会用四个字来定义它：金融泡沫。

所以说，在面对任何一种潜在的金融泡沫时，我们其实并不需要纠结其中的很多技术细节。这些细节往往新颖、难以完全理解、难以反驳。我们需要做的，只是从常识角度考虑一下这种价格是否合理，自然就能发现其中存在的问题。

虚拟货币：一个标准的泡沫

一个标准的金融泡沫

17 世纪荷兰的郁金香泡沫，18 世纪英国的南海公司股票泡沫和法国密西西比泡沫，20 世纪初的清朝橡胶泡沫，20 世纪 70 年代美国股市漂亮 50 泡沫，1980 年底台股大泡沫和同期的日本股市大泡沫，1989 年日本地产泡沫，2000 年美国科技股泡沫，2007 年 A 股泡沫，2008 年美国 / 全球金融衍生品泡沫，2015 年 A 股创业板泡沫，一路走来，人类对金融市场的认知一直存在漏洞与偏差，而金融泡沫也从未消失。

在这些金融泡沫褪去以后，留下的往往是一地狼藉。现在，以比特币为首的虚拟货币泡沫，披着这个时代特有的高科技外衣，再次走进我们的生活。

虽然伴随着算法、计算机技术、区块链等名词，虚拟货币看起来是一种十分高大上的东西，但是，当我们从本质上仔细剖析之后就会发现，火热的虚拟货币其实是一个彻底的金融泡沫。

为什么呢？最核心的原因在于虚拟货币本身没有任何价值，其供应也没有任何实际限制。

尽管绝大多数虚拟货币都宣称自己的发行数量有限，不会无限扩张，但是关键的问题在于，到底有多少种虚拟货币，却是没有一点限制的。而不同虚拟货币之间，又存在极强的可替代性。

也就是说，虽然某种虚拟货币 A 可能宣称自己只有 2 000 万枚，但是隔壁的虚拟货币 B 可能又有 3 000 万枚，过了两个月可能又有人搞出来 C、D、E、F、G 等各种虚拟货币，各有几千万、几亿枚。而这些虚拟货币之间，并没有本质的区别。

所以，尽管单个虚拟货币的供应可能的确是有限的，但是作为一个整体，虚拟货币的供应却是无限的。

这就好比你去吃早点的时候，可能店里每天只卖 100 个包子，却有 1 000 个人要吃饭，但是包子的价格却不会无限上涨，因为隔壁还有烧麦、油条、馄饨、大饼等。如果烧麦、大饼的供应是不限量的，而且廉价甚至免费，那么包子的价格绝对贵不到哪里去，甚至也会被迫以近乎免费的价格甩卖，即使包子的供应只是有限的 100 个。

看看现在的虚拟货币供应（本文发表于 2017 年 9 月），在最著名的比特币之外，还有莱特币、公信币、小蚁币、瑞波币、活力币、狗狗币、比特币现金、极光币、黑币、爆裂币、侃爷币、达世币、崛起币、以太币、以太坊经典币、格雷德币、门罗币、域名币、新经币、未来币、质数币、绿币、民族币、飞速币等，以及一些找不到中文译名的虚拟货币，如 IOTA 币、Omni 币、Peer 币、Ubiq 币、ZEC 币等。

这些货币的发行有法律法规的限制吗？并没有。制造一种和这些货币类似的新币，会受到任何阻碍吗？完全不会。那么，这些没有任何实际价值的虚拟货币，其供应量难道不是在实际意义上无限的吗？

事实上，几乎任何一种虚拟货币，都会宣称自己比其他的虚拟货币还要先进、还要优秀。让我们看看互联网上对狗狗币（Dogecoin）的介绍吧：由于没有预挖，狗币分发公平；基于 Scrypt 算法（我估计没多少虚拟货币的投资者真懂得 Scrypt 算法到底是什么），交易过程比比特币更加便捷，狗狗币确认时间只要 1 分钟，比特币要 10 分钟；狗狗币并不像比特币那样，人们并不是为了投机才参与其中，这是一种表达分享和感谢的方式；未来狗狗币的通胀率比比特币还低，等等。

问题是，当这些虚拟货币每一个都宣称自己“更优秀”的时候，当我们看到越来越多的虚拟货币的时候，我们如何能相信这种“优秀”是真正有价值的呢？我们如何能阻止新的、更“优越”的虚拟货币产生呢？这种“更优秀的虚拟货币”，它们的供应难道不也是无限的吗？

虚拟货币不是真正的货币

事实上，对于真正的货币或者有货币属性的东西来说，其价值的保障无外乎来自两个方面：或是强大的国家政权的保障与背书，或是普遍的民众使用性与难以替代性。人民币、美元、欧元、英镑属于前一种，复制这类或者类似的货币会遭受法律制裁，黄金、白银、宝石属于后一种，它们要么光彩夺目，要么数量稀少并且有不可替代的使用价值，要么两者兼而有之。

问题是，虚拟货币具备以上的任何一种资质吗？从第一个角度来说，抄袭一种虚拟货币、做出一个极为类似的虚拟货币，不会遭到任何法律的惩罚，而复制人民币、美元的代价举世皆知。

从第二个角度来说，虚拟货币有哪怕任何一丁点的实际使用价值吗？黄金和白银可以用来装饰，钻石也可以，虚拟货币可以吗？我们究竟怎样才能把一串代码戴在脖子上、手腕上，用来炫耀财富、装点外表、吸引人们的注意？

在现代工业中，贵金属也有巨大的使用价值，白银的导电性和稳定性就使其成为生产高端电子仪器不可缺少的原料，可是我们又如何能用一串并无任何实际意义的代码，去完善一颗发射往太空的卫星呢？

既无国家力量背书，也无实际使用价值，更无实际供应限制，虚拟货币的价格只能通过一种方式来体现，就是下一个接盘者愿意出的价格。而价格高低完全由下一个接盘者决定的金融现象，就可以用两个字来清晰描述：泡沫。

那些所有的价格基础都由下一个接盘者愿意出的价格决定的东西，一旦击鼓传花结束，不再有投资者接盘，它们就会回归自己的本原，甚至变得一钱不值（如果它实际上就是一钱不值的话）。也就是说，郁金香泡沫破裂以后，投资者就会只剩下一盆花；股票市场泡沫破裂以后，投资者会剩下只有原来价格几分之一的公司股权（如果没有因为杠杆交易而爆仓的话）；房地产泡沫破裂以后，投资者就会剩下一堆水泥房子；而虚拟货币泡沫一旦破裂，投资者也就只会剩下一大段代码。

不同之处在于，花好歹还可以观赏，公司好歹还能继续经营（如果没破产的话），房子好歹还能住人，而一大段代码除了占据存储空间，什么都做不了。

虚拟货币到底解决了什么问题？

有人也许会问，虚拟货币不是解决了很多现实社会欠缺的东西、给了人们更好的金融手段吗？那么这里就来看看这些“解决”做得究竟如何。

虚拟货币去中心化，特别安全

到底有多少漏洞，连最好的电脑专家都没完全搞清楚（否则怎么会有 2017 年的 WannaCry 病毒大泛滥）。一句“去中心化所以特别安全”，我们的普通投资者，又如何有能力鉴别这句话的真伪呢？

事实上，最近几年，虚拟货币被盗、交易平台被黑的新闻屡见报端，那么，这种安全由何而来？为什么“去中心化”没有保障这些投资者和投资平台的安全？漏洞究竟出在哪里，那些买卖虚拟货币的普通投资者，又有几个真正搞清楚了？

虚拟货币可以在全球自由流通

难道美元、英镑、欧元不可以在全球流通吗？人民币不是也在开始国际化进程吗？一种新的全球流通手段究竟有多少意义呢？正如沃伦·巴菲特所说，为什么一种财富的支付手段需要有价值呢？人们用支票支付账款，难道支票就应该因此有价值吗？

虚拟货币可以匿名、不接受监管

和安全性问题一样，投资者真的懂虚拟货币为什么完全无法追踪吗？如果它实际上可以追踪呢？退一步来说，就算我们需要匿名、不需要监管，虚拟货币的匿名性难道能比黄金和钻石更好吗？

而且，为什么那些来源正当的钱，需要规避监管呢？有多少人又需要规避监管，又是什么样的人最需要规避监管呢？

最近几年，我们看到国际上形形色色的犯罪，地下军火交易、人口买卖、计算机病毒勒索，有多少是通过新兴的虚拟货币进行的？为什么一个健康的社会，需要发展这种规避监管的交易手段呢？又有多少负责任的政府，会长期容忍不受监管的地下金钱交易呢？

这不是科技，是盲目与从众

据媒体报道，作为虚拟货币主流的比特币，其 60% ～ 90% 的交易量来自中国，而中国投资者持有虚拟货币的数量，却只有全球总量的 10% 上下。这也就是说，当中国投资者认为火爆的虚拟货币可能代表了全球最新的科技趋势、最具革命性的支付手段时，其真正代表的，可能只是中国投资者的盲目投资与从众心理。

对于虚拟货币的价值，沃伦·巴菲特曾经直言不讳地指出，投资者离它们越远越好，这只不过是一场海市蜃楼而已。不过，巴菲特的警告向来不太被狂热的投资者所重视，还记得 2000 年美国科技股泡沫之前他的警告吗？《巴伦周刊》当年可是用了一个封面文章来抨击老先生的言论。

没有实际使用价值，实际总量无限且无人控制，价格的全部决定因素既不来自供需也不来自政府法规，而只是来自下一个投资者出价的虚拟货币，从长期来看，只能成为下一个经典的金融泡沫。而任何一个金融泡沫，都一定有破裂的一天。

当然，长期的泡沫属性，并不会决定短期的价格波动，金融泡沫的长期必然破裂性，也完全无法解释它自己的短期价格涨跌。虚拟货币之火还能烧多久，谁也无法预测。

但是话说回来，任何没有长期意义的短期投机行为，都无异于剜肉补疮、饮鸩止渴。也许有一天，当虚拟货币泡沫完全破裂之日，投资者真正剩下的，只是一串计算机里毫无用处的代码。

而这，才是虚拟货币的本质。

量化基金错在哪里？

2017 年，随着蓝筹股一路走高、小盘股行情持续疲软，许多量化基金的业绩都不尽如人意。那么，究竟是什么导致了许多量化基金在这段时间里的失落呢？量化模型不是掌握了大数据、进行了常人无法进行的分析吗？它们难道不是可以理性投资，不受感情波动困扰，因此更容易取得超额回报吗？

这里，就让我们以 2017 年的“量化基金集体折戟”事件为例，看看量化基金到底下错了哪一步棋。（量化基金在 2017 年的具体表现，可以参阅当时的新闻报道，在此不再赘述。）

主要的问题就出在大多数量化基金的选股策略上。从大类来说，量化投资策略可以分成几种，高频交易、事件驱动、多因子选择、趋势跟踪、基本面优化等。

在A股市场，由于T+1交易制度和更高的交易费用，以及衍生品的匮乏，导致高频交易型量化基金相对较少。事件驱动型基金则需要强大的数据分析能力，比如能够实时读取、归类、智能分析互联网上的各类不规则信息，这超出了许多基金管理者的能力范围。

而基本面优化本身是一个非常好的策略，2017年使用这种策略的量化基金普遍取得了不错的回报。不过，鉴于基本面优化基金往往需要更长的持股周期，这也就意味着它们需要更有耐心的投资者，而后者恰恰是A股市场所缺乏的。因此，基本面优化型基金在A股市场从来都不太受人待见。

结果，在基金投资者与基金管理者的双重共同选择下，A股市场剩下的最适合市场口味的，多是多因子选择型量化基金，辅以趋势跟踪型量化手段。而这两种量化分析手段有一个通病：根据过去的股价表现预测未来。

对于主流量化基金采用的多因子策略来说，它们会选择在过去对股价最有正向作用的因子，从而在未来选择具备这些因子的股票作为持仓。而对于跟随趋势的量化策略，过去的股价意味着将来股价的走势：你绝对不会在趋势系统向上的时候做空一只股票。

在过去多年中，市值因子成为多因子模型中最有效率的因子。如果你按照基本面选择股票，那么得到的回报远不如按照市值选择的结果。也就是说，虽然按市值选股票从财务、从基本的角度来讲，可以说是完全无厘头（市值的大小和企业的价值能有多少关系呢），但是从数据的角度来说，小市值就是影响股价的最有效因素，而小市值股票的长期趋势也是最好的。

问题是，2017 年恰恰是过去最有效的股价因子不再有效、过去走势优秀的股票不再优秀的一段时间。在过去多年中表现优异的小市值股票，在这段时间里展现出了迅速的估值下行。反而估值更低、基本面更稳健的蓝筹股，则价格大涨。

从均值回归、价值回归的角度来说，高估的小市值股票的估值和低估的蓝筹股估值彼此向对方靠拢，是概率极大的事情。但是，对于机械的多因子模型、趋势模型来说，小市值股票基于历史表现推测出的未来上涨概率，则远大于蓝筹股。这也就导致主要采取这些策略的量化基金，在 2017 年遭受了大幅挫折。

事实上，如果我们本着“历史数据印证未来”的思路研究，那么我们就会错判很多东西。这个世界上最优秀的判断，从来都不是根据“现有数据”做出的，而更多的是依据经验、规律、细致的洞察、恢弘的远见。

比如，在改革开放初期，如果根据中国经济一直以来的低迷状态做预测，你就不会预测到之后几十年里震惊世界的经济奇迹。而郭嘉为什么能在官渡大战之前，用“袁绍有十败，曹操有十胜”预测到大战的结果？难道“四世三公、门多故吏、部下能事者极多”且兵精粮足、占据地利的袁绍，历史数据不比兵粮不足、身处四战之地的曹操更好看吗？至于日本军队在第二次世界大战中的武器设计，其海军继续重巨舰大炮、轻航空兵，其陆军则重射击技术、轻连发武器，都是牢牢抱住历史经验和数据不放的典型代表。

所以说，知其然而不知其所以然，非算之上。相比于基于历史股价波动分析的多因子策略、趋势策略，那些真正钻研、笃定并立足于价值优化的量化策略，其长期的表现更值得期待。

因为这种价值优化策略并不理会“历史上股价到底是怎样波动”这个虚无缥缈的因素，而是持续试图让自己的持仓变得“又好又便宜”。而“又好又便宜”，恰恰是长期投资成功的基石，也是无数价值投资大师的制胜法宝。给这种法宝配以量化投资的大数据分析，自然就能让投资者的长期业绩如虎添翼。

第八章

论资产管理行业与基金选择

据《战国策》记载，魏国大将乐羊攻打中山国，三年而胜。乐羊有骄傲之色，魏文侯默不作声，“示之谤书一箧”，给他看了一箱骂他的文件。乐羊惭愧道：“此非臣之功，主君之力也。”

选择资产管理者也是一个道理，看起来业绩都是资产管理者、基金经理做出来的，但实际上，选择、信任、依靠怎样的管理人，却是投资者自己的工作。这种选择的重要性，甚至超出了具体执行投资工作的人所能发挥的作用。

成功投资 FOF 五要素

我们究竟应该如何投资基金？对于专门从事购买基金的基金来说，通用的名字就是 FOF（基金中的基金，fund of fund）。这里，就让我们来看一下，如何才能专业地挑选到好基金，做一个好的 FOF。

许多投资者一谈到买基金，就说某基金最近业绩特别好，赶快买云云。殊不知，按照历史业绩去选择基金，几乎可以说是盲人摸象、按图索骥，毫无准确率可言。

一个基金一段时间的优秀业绩，可以由很多因素决定：有可能是标的资产表现特别好，有可能是基金经理重仓压宝运气特别好，有可能是过分使用了杠杆（在私募基金中相对更常见一些），也有可能是正好赶上一个泡沫，而年轻的基金经理不能识别泡沫，因此胆子特别大导致短期业绩特别好，等等，不一而足。

不管怎么说，一个基金短期业绩特别好，并不是一个很重要的指标，甚至根本不是一个有意义的指标：这和看股价走势选股票没什么区别。那么，到底应该如何选择基金，如何做一个好的FOF？

首先，你得完全了解这个基金经理的投资哲学。说到底，FOF赚钱的根本来源，是选中的基金经理其投资能力相对市场更高。因此，投资者需要非常了解这个基金经理的水平究竟如何，知识储备是否丰富、完整，投资哲学到底是怎样，是否有成熟、独立、大致准确的投资判断体系。

但是如何判断一个素不相识的基金经理的水平呢？中医诊病有望、闻、问、切四法，其实，判断一个基金经理的水平究竟如何，也可以通过类似的方法。

所谓“望”“闻”，就是通过基金经理历史上的业绩表现、选股的情况和当时市场的匹配程度，来判断基金经理的水平如何。比如历史上市场泡沫期间，基金经理反而买入了一些低估值的股票，不理会泡沫的疯狂，比如重仓股稳健、换手率低但业绩不错，这些都是发现一个好基金经理的方法。反之，则可能面对的是一个心浮气躁、毛手毛脚的基金经理。

所谓“问”“切”，就是看看基金经理的理论水平如何。而评价一个人的理论水平，往往需要细致比较历史上各个信息来源提供的言论，而不是光看基金的宣传材料。比如在历史上接受采访时可以聊出非常有深度的判断，在大熊市中反而发表乐观的言论，长期的理论分析框架统一而不散乱，这些都是发现一个好基金经理的方法。

在寻找到好的基金经理以后，选择基金还要考虑这个基金经理的动机如何，所在的基金管理平台如何。

如果一个基金经理很有水平，但所在的基金公司急功近利、逼迫他去追逐市场热点，或者利益机制不到位、不能调动优秀基金经理的全部动力，不能激发他努力的动机，那么基金的表现也会因此打折扣。

就这点来说，一个稳定、市场化、开明包容、规范健康的平台，如同好的基金经理一样不可或缺。反过来，好的平台也会修正、规范基金经理的错误决策，从而降低基金投资失误的概率。

最后需要考虑的，则是所投资基金所在的大类资产的长期时点。

正所谓覆巢之下焉有完卵、大厦将倾一木难支，如果一个大类资产当时的市场情绪特别疯狂、价格特别贵、泡沫特别大，那么能力再优秀、动力再强的基金经理以及资质再好的基金管理平台，也很难让投资者赚多少钱，充其量能做到不亏钱而已。

举例来说，在 2007 年底到 2008 年底、2015 年年中到 2016 年的 A 股，能够不亏钱的基金就已经是一流水平，赚钱的则凤毛麟角。反之，在 2008 年底、2014 年年中这些时点，即使是挑选一个“无人干预、自动管理”的指数基金，也都可以取得不错的收益。

在挑选了优秀的基金经理、良好的基金管理平台和管理机制、不错的大类资产时点以后，我们离组建一个好的 FOF 就只差两步了：分散和耐心。

在反映次贷危机中几位有先见之明的基金经理传奇经历的电影

《大空头》中，曾经引用过一句马克·吐温的名言："让我们陷入困境的不是无知，而是看似正确的谬论和误判。"而就判断这件事来说，谁都很难保证自己永远准确无误。因此，适度的分散、多选择一些基金，就成为保证FOF优异又稳健的必备方法。

而一旦按照以上的思路选定基金，良好的耐心就成为最后一个必备要素。须知，任何优秀的基金都不可能长期一帆风顺，而对于好的基金来说，短期业绩的低迷，反而往往预示着长期投资的机会。历史上鲍叔牙选管仲、秦穆公选孟明视，都不以暂时的失败而废贤才良将，最终才有所收获。因此，对于好的FOF投资来说，一旦选定标的，极佳的耐心和坚韧就不可或缺。

所以，选择优秀的基金经理、良好的管理平台、恰当的大类资产、适度的分散、耐心与坚韧，只有把这五者结合在一起，才能做成优秀的FOF。如此所能取得的丰厚回报，也是显而易见的：一个好的FOF，会让这个市场上最聪明的人努力帮你赚钱，而投资者自己却从此不必再操劳忧虑，"岂不懿欤"。

为何价值投资者难遇滑铁卢

每逢市场大跌，许多投资者就开始不淡定起来。其实，应对大跌的方法极其简单，就是平时少用杠杆，大跌的时候趁机买入优质、便宜的资产，然后静待长期收益就是了。正如彼得·林奇所说，如果你成功地避开了历史上所有的大跌，但不会选优质的资产进行投资，那么到头来，你还是赚不到多少钱。

不过，以上这些价值投资的道理，和懂的人说一两遍他就懂，和不懂的人呢，正如沃伦·巴菲特所吐槽的，你说三年他也不肯听，该怎么炒作还是怎么炒作，碰到大跌该怎么跳脚还是怎么跳脚。正可谓“无可奈何人烦躁，似曾相识大跌来”。

不过，就在这满市场充斥着的对股市波动的不淡定中（我觉得这种幅度充其量只能算波动，如果这也算崩盘，那么1987年的香港市场算什么呢），我却想起一个不常被人琢磨，却非常有规律的事来，那就是在过去几十年中，但凡经过市场检验的价值投资者，一旦成名，就很少看到再有突然遭遇滑铁卢的。

即使有一些价值投资者偶尔失手，比如巴菲特在1999年被美国《巴伦周刊》嘲笑，安东尼·波顿在香港市场折戟，也往往不会对他们造成致命的打击。要么事后证明他们是对的，要么最糟糕也不过受一点损伤仍能全身而退。与我们经常看到的，对市场价格走势的那些今天对、明天错的预测相比，与偶尔见诸媒体的投机大佬满盘皆输相比，被市场证明了的价值投资者，他们的稳定性实在是高太多了。

比如说，巴菲特在20世纪80年代前后就在华尔街有一些名气，大家就知道他是一个有自己价值信念的投资者（但是当时市场还不是很认可他）。到了2000年前，老先生已经很有名，经常抨击当时的互联网泡沫，就像最近两年他一直在抨击虚拟货币一样。

当时互联网泡沫实在太火，老先生不买科技股，又好几年没跑过指数，《巴伦周刊》觉得终于找到一个机会可以搞臭这个价值投资者，就写了一期封面文章，意思是巴菲特终于错了。后来的结果大家都知道了，科技股泡沫成为人类历史上有名的泡沫之一，老先生仍然很开心地每年开自己的股东大会，向全世界宣传价值投资理念。

有人也许会说巴菲特是个例外，那我们再看看彼得·林奇，这位教育人们要价值选股、放弃预测波动的大师，1977 年担任麦哲伦基金的基金经理，一直做到 1990 年，业绩惊人。他还写了三本书，其中的哲学和他的投资方法如出一辙。1990 年，林奇觉得自己工作太辛苦，无法和家人相处，因此退休，从事慈善与投资。到 2006 年，按《波士顿杂志》的统计，彼得·林奇依旧在市场上有一席之地。直到今天，他的投资理念仍然影响着一代又一代的投资者。

有人也许会说，怎么没有价值投资者折戟的？安东尼·波顿不就折戟香港了吗？波顿号称欧洲股神，从 1979 年开始到 2007 年，他的业绩一直被欧洲投资者称道。在 2010 年开始管理投资中国香港市场的基金以后，波顿确实没能复制他在欧洲的传奇。不过，这种“折戟”实际是被夸大了的。

从 2010 年到 2014 年，在安东尼·波顿的整个任期中，恒生指数大概上涨了 20%，而我印象里，波顿只赚了大概 6%，仅此而已。这既不是什么巨大的亏损，也没持续多长时间。因此，所谓“折戟”，不过是安东尼·波顿在短短三年里没能复制在欧洲几十年的传奇而已。而指望价值投资者年年都赚钱而且和银行存款一样稳当，这无疑是不现实的。

波顿从 2014 年开始不再管理该基金，我们也就没有继续观察他业绩的机会。如果让这位书写了一生传奇的投资者继续在中国市场投资，他会不会一直“折戟”，也很难预料。而且，不要忘记，在《安东尼·波顿的成功投资》里，波顿表示了他对技术分析的热爱，他因此也被称为“可能是唯一一个使用技术分析的价值投资大师”。而技术分析的方法，本身与价值投资的经典理论是有所矛盾的。

在A股市场，真正信念坚定的价值投资者，经过市场检验的时间还比较短，所以我们不好找出哪个价值投资者有几十年的业绩。不过，相信海外市场的经验会在中国市场复制，而真正笃信价值的投资者，在将来也会如他们的同行一般，取得令人骄傲的业绩。

那么，为什么真正被市场检验过的价值投资者，往往长盛难衰呢？这是因为价值投资的超额收益，是来自稳定的社会学原理，而不是赌运气般的投机所致。一方面，有价值的资产不断产生新的收益；另一方面，不理性的整体社会又不断提供优质的投资机会。而这种整体社会的不理性，则是非常难以在哪怕以几十年为维度的时间内得到有效改善的。

一旦一个投资者完全认可了这种价值投资的方法，则他就已经洞察了这个社会的各种逻辑。一个洞察了社会的人，又怎么会轻易改变自己的判断呢？所以，当洞察社会的人，遇上难以改变的、存在各种不完美构造的社会，价值投资者的长期超额收益也就不难理解了。明白了这一点，我的读者，你还会把暂时性的市场大跌放在心上吗？

巴菲特有多少钱是 59 岁以后赚的？

如果问像沃伦·巴菲特这样有钱的人，有多少钱是 59 岁以后赚的，你觉得会是多少？75%？80%？其实，按我能查到的数据，公开资料显示，巴菲特在 59 岁那年的财富是 38 亿美元，2018 年最新的数据是 875 亿美元。这意味着，老先生有 96% 的钱是 59 岁以后才赚的。

这个数字看起来惊人，但仔细想想，也就那么回事。巴菲特生于 1930 年，这意味着他的财富从 38 亿美元增加到 875 亿美元，这 22 倍增长，花了 29 年的时间，年复合增长率只有 11.4%。说句难听的，也就比我们许多股票投资者心心念念的一个涨停板，稍微高那么一点点。

其实，任何牵涉到复利的数学题，都会让我们感到吃惊。这小小的、稳定的、年复一年的回报，在长期增长中，会释放出巨大的能量。而且，越到后来，随着基数的不断扩大，其回报率也就越发惊人。比如说，一个投资者在 10 年里赚 8 倍，这好像没什么，但是 20 年就是 64 倍，30 年就是 512 倍，40 年就是 4 096 倍，这就比较可观了。

让我们再看一个例子，你猜猜改革开放 39 年（1978—2017 年），中国 GDP 总量有多少是在最后 10 年（2008—2017 年）里新增加的？答案是大概 70%，不同统计口径有不同的精确数字。也就是说，在将近 40 年的改革开放历程中，虽然早期的增长速度快得多，但是，有大概 70% 的 GDP 是在最近 10 年中才累积起来的。

而其背后只不过是10%左右的GDP增长速度。

尽管复利的威力巨大，看起来年增长率也不高，但是有一条非常重要，就是尽量避免巨大的亏损。要知道，任何巨大的亏损，都需要用十倍的代价才能挽回。

举例来说，如果一个投资者亏损了80%，那么他就得盈利400%才能补回这80%的亏损。从上面两个例子中，我们可以看到，巴菲特也好，改革开放以后的中国经济也罢，都没有经历过特别巨幅的亏损、下降。因此，一个看似不高的复利数字才能发挥自己巨大的力量。

相反，我们市场里的许多投资者，对投机乐此不疲，有时候也确实能抓到不少涨停板，但是长期看下来仍然没有赚到多少钱。这就是因为亏钱的时候，亏得实在太厉害。而同时，亏损带来的悲伤又被赚钱带来的兴奋所掩盖（心理上讲，从20万元亏到15万元带来的痛苦，往往会小于从5万元赚到20万元带来的兴奋），以至于投资者最后忘记了自己的钱赔在哪里，周而复始地从事短期激动有趣、长期不赚钱甚至赔钱的投机交易。

不光证券投资如此，在看企业的时候，我们也要多考虑一桩生意是不是能带来长期的哪怕是缓慢的增长，而不是只看到眼前一个机会，赚一笔再说。这时候，投资者就需要运用霍华德·马克斯先生所说的“第二层思维”（the secondary thought）。

不少生意虽然当时看起来需求火爆、供给不足、利润高昂、周期景气，只要加入就是赚到，但最大的问题在于没有门槛，既没有技术壁垒，也没有天然壁垒，更没有资本密集壁垒，是人就能做、有点资本就能做、想做就能做，顾客买你的产品也是买，买他的也是买，卖方根本没有议价能力。这种生意往往可以做得一时，但是想长期获取复利却并不容易。

而且，这种生意即使一时赚了不少钱，后期也常常因为扩大投入导致竞争加剧，结果初始投入无法退出，扩大投入的贷款利息高于成本导致债台高筑，等等，不但利润下降，更是退出无门，想赚一笔钱就跑都没有那么容易。最后，算上行业初期赚的暴利和行业末期的巨大亏损，回报率往往也就那样。

反之，有些生意虽然看起来利润不算太丰厚，但是一旦做成，就很难受到挑战，甚至不可能受到挑战，这种生意在长期就会带来还算不错的回报。也就是说，这种生意虽然回报率不高，但是回撤率极低，因此能够享受复利的魔力。

所以说，积跬步以至千里，复利的威力来自长期、来自缓慢而稳定的增加以及避免巨大的亏损。只要能获得复利的魔法，那么即使是已经59岁、按中国的制度都快要退休的巴菲特（美国退休年龄远晚于中国），都还有看似有限但实际广大的成长空间。反之，则虽然一时繁华刺激，但是长期收益到底如何，却仍是未知之数。

在有的熊市里亏太少，不一定是好事

《后汉书 · 桓谭冯衍列传》里有一句名言，“天下皆知取之为取，而莫知与之为取”。用在资本市场中，这句话就是说，天下人都知道赚钱是好事，却不知道亏钱有时候也是好事、不亏钱有时候也是坏事。感觉这种理论很奇怪？听我慢慢道来。

让人亏钱的熊市，看起来都一样讨厌，但其实我们可以把熊市分成两种，而两者的内在逻辑截然不同。在第一种熊市里，不亏钱或者亏很少的钱，确实是一件好事。但是在第二种熊市里，如果投资者几乎没有亏钱，那么可能一点也不好。

在第一种熊市里，市场估值在之前特别贵，比如2007年的A股、2015年的创业板市场；或者市场有根本性的瑕疵，比如2006年的美国股票市场；甚至市场本身并没有具体的价值，比如2017年的虚拟货币市场。

在这种价值缺损的市场所造成的熊市中，如果投资者能做到少亏钱甚至不亏钱，是一件非常好的事情。这证明聪明的投资者意识到了市场中蕴含的巨大问题，并作出了明智的选择。典型的例子就是沃伦·巴菲特在2000年以后科技股崩盘的熊市中，因为完全没有参与而毫发无损。

但是，第二种熊市，在其到来之前，市场并不是完全没有价值的。在这种熊市发生以前，市场整体基本面尚属稳健（当然也不一定完全没有瑕疵），整体估值不算太贵（当然也不一定特别便宜）。尤其在考虑到市场中的细分投资标的时（比如一个股票市场中不同的公司），投资者仍然可以在其中找到性价比不错的投资组合。

与许多人对熊市的恐惧不同，在这样的熊市里，如果投资者几乎没有赔钱，那就不一定是件好事。

2018年的A股市场，就是这样一个市场。在2017年底，A股市场的估值不算太贵（虽然也不是历史最低），许多优秀的上市公司仍然保持稳健运行。但是，2018 年的 A 股市场，可以说是无一幸免。好公司跌，差公司也跌；便宜公司跌，贵公司也跌。之前涨得多的公司跌，涨得少的也跌。当然，优质低价的公司，跌得更少一些。基本面糟糕、估值贵的公司，跌得更多一些。

那么，在这样一个市场里，如果到了年底，我们发现有一些以 A 股为主要投资标的的投资者，几乎没有亏钱甚至还赚了一点钱，说明什么呢？这主要说明两种情况。

第一种情况，投资者保持了空仓，并且依靠固定收益类投资赚了一点点钱。那么，投资者保持空仓的理由是什么呢？并不是 A 股完全没有投资价值，因为其中一些好公司是有价值的。而对于一些有价值的资产，保持完全的空仓，就是一种偏投机的做法。

而投资者怎么能保证，自己每次基于某些判断而不是价值衡量的理由，都一定正确呢？俗话说得好，久赌必输，常在河边走哪有不湿鞋。对于依据一些非长期、非基本面的理由，面对一些仍然有价值的标的，敢于完全保持空仓的投资者来说，一次胜利并不一定是好事。

第二种情况，则是投资者在 2018 年进行了频繁的交易，通过抓取股价的波动或者集中在少数几个标的上交易，避免了亏损，甚至获得了收益。在这种情况下，投资者仍然和第一种情况类似，采取了投机的做法，不同的仅仅是频率更高、赌注更大。而这种胜利，非但无益于投资者的长期回报（因为投机不可能永远正确），反而可能使投资者的信心膨胀，在将来导致更大的投机。

由此可见，在 2018 年的 A 股市场中，如果投资者几乎没有亏钱，那么基本可以说明，投资者对2018年的市场，基于种种理由保持了完全的回避，或者短线、集中的投机。那么，这种回避或者投机的态度，很可能会在将来的上涨中导致投资者继续因为某种理由做错交易。毕竟在这个世界上，很少有能把握每次市场波动的人。

当然，国际上一些经验也证明，有个别投机大师确实可以做到“久赌不输”。但是，按霍华德·马克斯先生的理论，“他们如此响亮的名声”这件事情本身，就说明投机是一件非常困难的事情，而非说明它是一件值得追寻的事情。这件事情如此困难，以至于那些极少量的成功者，就变得像大熊猫那样珍贵。

不只2018年，历史上A股的一些熊市年份，也同样有“亏得少不一定是好事”的情况。比如，在2004—2005年，市场上一些公司已经开始有价值（估值比较便宜，基本面稳健），但是A股的整体价格仍然下挫。如果投资者完美回避了2004年和2005年的A股市场，或者在这样的市场中买进卖出，那么很难想象这样的投资者能在之后的几年中取得多少收益。他们要么会继续保持空仓，要么会频繁买卖，反而错失牛市的一部分上涨。

当然，在这样的熊市中，亏得太少不一定是好事，并不代表亏得多就是好事。毕竟，对于任何一个市场来说，其中又贵又差的投资标的仍然不在少数。如果投资者是因为投资这些股票而亏了钱，或者是因为更加频繁的、低质量的投机交易而亏了钱，那么这些亏损也并不会比之前描述的不亏更好。

但是，当投资者在文章一开头所描述的第二种熊市中，因为坚定持有低价优质的公司而蒙受了短期亏损，则往往意味着投资者深度参与到市场中，坚定持有好的投资标的。这种特质，才是在牛市到来时赚大钱所必需的。

从中山与宜阳之战看投资中的用人之难

在战国时代，有两场著名的战争颇可以为今天的投资者借鉴，以此了解资产管理中，投资者关系至少与投资技巧同等重要，甚至比后者更为重要。这两场战争，就是魏国乐羊赢得的中山之役和秦国甘茂赢得的宜阳之役。

战国时，魏文侯命乐羊为将，攻打中山国（位于今天河北省中部太行山东）。乐羊打得很辛苦，足足打了三年，其间中山国国君甚至杀了乐羊的儿子，做成肉酱送给乐羊吃。最后乐羊成功灭掉中山，凯旋回国。当乐羊沾沾自夸时，魏文侯给他看了“谤书一箧”，就是一整箱各个大臣骂他的奏章。乐羊大为感慨，说：“此非臣之功，主君之力也。”（打下中山不是我的功绩，是文侯你的成就啊。）

可以说，乐羊是一个聪明的人，他看到一箱谤书，立即意识到如果不是魏文侯能不听诽谤、一直支持他在前线艰苦作战，那么就算有十个乐羊，恐怕中山国也打不下来。

一百年以后，秦武王命大将甘茂进攻宜阳，甘茂就和秦武王说了乐羊打中山的典故，以及著名的“曾参杀人”的故事。曾参即战国著名思想家曾子。有一次有人和他母亲说，曾子杀人了，他母亲嗤之以鼻，我儿子是贤人啊，他怎么会杀人呢。但是有第二个、第三个人接连来说，结果曾子的母亲吓得翻墙逃走。甘茂说，“今臣之贤不及曾子，王之信臣不如曾子之母，疑臣者不止三人”，那么曾子的母亲尚且不信曾子，大王你又怎能支持我打下坚城宜阳呢？

秦武王听后，与甘茂盟誓于息壤，以示绝不怀疑甘茂，甘茂于是带兵出征。结果，甘茂攻打宜阳五个月，城不能破，秦朝大臣纷纷说甘茂坏话。秦武王就问甘茂，你到底行不行？甘茂回答说，息壤之盟您还记得吗？秦武王恍然警醒，征发大军再交给甘茂，秦国终于拿下了宜阳这个战略要地，从此将自己的势力拓展到中原地区，为七十多年后一统天下打下了根基。

由此我们可以看到，虽然前线将军的指挥是战争胜利的直接原因，但是后方君王无条件的支持，更是战争得以继续的重要保障，其重要程度等同于甚至高于前线将领的指挥技巧。其实在今天，资产管理者所面对的情况也大同小异，价值投资者的投资技术固然不可或缺，但是后方资金拥有者的支持更为重要。

其实，从市场上什么资产有价值、什么资产性价比更高的角度来说，事情并不是很复杂。只要具备了基本的财务分析能力、行业分析能力、金融分析能力，价值投资者就不难找出这个市场上最有吸引力的资产。尽管由于不同投资者水平高低不等，对资产优劣的看法会有一定差别，但是总体来讲，他们的判断往往大同小异。

但是，买到有价值的资产绝不意味着能立即赚钱。这时候更经常遇到的情况，却是越有价值的资产，其近期价格走势越糟糕，市场名声越差（否则估值也便宜不下来）。而且，糟糕的价格趋势往往还有自我维持性，会在价格已经低于合理价值时，继续导致价格低迷一段时间。

这时候，市场上往往会出现一种“是人就知道这种资产不能买”的氛围。而此时，有经验的资产管理者，就会像陷入中山之战的乐羊、宜阳之战的甘茂一样，正在阵前苦苦挣扎。

此时，对于坐镇后方的资产持有者来说，耳边则会听到无数“大臣”的劝告：“你的基金净值表现太糟糕了，你看它都持有些什么东西啊，最近价格都跌了很多，大家都知道不能买，就这样的基金经理还能信吗？赶快赎回算了。”而且，随着现代发达的信息传播途径，我们的资产持有者，往往收到的远不止“谤书一箧”，而是电视、手机、报纸、网络、广播、报告、亲朋好友“全垒打”。

在这时候，投资者还能相信自己的资产管理者吗？当然，如果一开始就选错了资产管理者，那么撤资的速度自然越快越好。但是，如果投资者确认自己的资产管理者没有挑错，基金业绩的惨淡不是投资技巧不行，而只是市场波动不利于价值投资而已，那么这时候应该做的，就是学习秦武王，“悉起兵，复使甘茂攻之，遂拔宜阳”(《战国策 · 卷三 · 秦策》)。

资产管理者和客户的利益一致性应当得到重视

在人类的各种制度建设中，一个重要的问题就是代理人机制。也就是说，当你雇佣了一个人以后，你希望这个人的利益方向和你希望的利益方向一致。而不希望这个被雇佣的人，利用你的信任和托付给的权力，做出有利于他、不利于你的事情。

解决代理人问题的一个重要方法就是利益捆绑。也就说，雇佣者更倾向于采取一种“结果导向型”的方法，把被雇佣者的利益和雇佣者完全捆绑在一起。由于在操作过程中，决策权是由被雇佣者执行的，因此雇佣者就很难监测、监管所有的活动（如果雇佣者有这个能力，他其实也就不用雇佣人了）。因此，结果导向的“一荣俱荣，一损俱损”，就能在花费最小成本的情况下，最大限度地保证被雇佣者为雇佣者的利益考虑。

在资本市场上，要避免资产管理者利用投资者的托付，做出不利于投资者长期最高利益的行为。这里，让我们来看几个例子。

对于收取固定管理费用的资产管理者来说，为了避免投资者撤资，往往更倾向于采取保守而不是冒险的策略。只要稳定住足够的客户规模，那么就有了稳定饭票。而做出与市场不同的、特立独行的交易，则可能损失客户，进而损失管理费用。

举例来说，在 20 世纪 90 年代末期的美国科技股泡沫中，共同基金经理虽然都知道科技股太贵，但是敢于不买的人却少之又少。如果不买，而市场继续上涨（哪怕是不可持续的），那么产品的短期业绩和同行之间的差距所导致的客户流失，就会成为不可承受之重。只有沃伦·巴菲特这样坚定的价值投资者，才敢于坚定地远离科技股。

另一方面，对于收取浮动管理费（按照客户盈利的一定比例收钱，通常是 20%）的资产管理者来说，他们有时候又会倾向于冒过度的风险。举例来说，一个需要全仓投入的机会，有 50% 的可能赚 5 倍、50% 的可能赔到 0，那么尽管这个机会的预期回报是一个挺大的正数，对于客户来说也不一定是值得参与的。因为亏损到 0 带来的痛苦，可能远大于资产翻 5 倍带来的喜悦。

但是，对于收取浮动管理费的资产管理者来说，在客户赚 5 倍的时候，他也可以赚到一大笔钱，客户亏到 0 的时候他却不用掏钱。因此，对于资产管理者来说，这样一个机会的诱惑就会非常大。

解决这一代理人机制问题的方法，是促进资产管理者和投资者的利益一致。而促进利益一致性最好的方法，就是让资产管理者也变成投资者。也就是说，如果资产管理者自己购买了许多自己管理的产品，并且有一定时间的锁定，那么客户就不用太担心这样的资产管理者会在主观上做出不利于自己的事情来。

当然，资产管理者自购产品，并不能保证产品不亏损。毕竟，这个世界上没有神，谁也不能保证自己所有的投资一定赚钱。但是，这种做法最起码可以保证资产管理者尽心尽责，使出全部的本事。

在早期的股东信中，巴菲特就曾经说过，他和他家庭的几乎所有可投资资产（如果我没记错的话，是 90% 以上），都在他管理的投资组合中。所以，他是和他的客户荣辱与共的。彼得 · 林奇在自传中也曾说过，他大部分的个人资产，是投入产品中和客户的资产混同投资的。在今天的海外市场，当一个资产管理者成立一家新的基金公司时，把自己的大部分资产投入基金中，也是一个取信于客户的好方法。

在今天的内地资本市场我们也可以看到，不少基金经理开始主动把自己的利益和客户的利益，通过自购产品的方式绑定在一起。不过，由于内地市场发展时间较短，加上内地房地产市场太贵、还贷压力太大，因此资产管理者购买自己管理的产品的比例和金额，仍然与海外市场有较大差距。在未来的市场发展中，如果能够促进这种利益捆绑的进一步发展，无疑对我们的市场进步大有裨益。

其实，自购产品对于资产管理者来说，并不完全是一种付出，而是一种双赢的结果。有研究显示，在内地资本市场，自购产品金额比较大的资产管理者，其长期业绩要比平均水平优秀不少。因此，有经验的投资者在选择产品时，也会将管理者是否自购产品、是否承诺锁定等利益一致性的因素列入考量标准。因此，自购产品对于销售产品、扩大资产管理规模来说，本身也是一件有促进意义的事情。这正所谓“以诚取人，合作共赢”，促进资产管理者和客户的利益一致性，是双赢无害、促进市场更加成熟有效的工作。

从《货殖列传》看优秀投资者的四种性格：智、勇、仁、强

国学大师南怀瑾先生在谈到做生意时，曾经非常推崇《史记》中的一篇文章《货殖列传》。《货殖列传》是一部商人的传记，在其中，司马迁专门描绘了历史上一些做生意的大家。

在这篇文章中，有一段经典的语录。一个名叫白圭的大商人说："吾治生产，犹伊尹、吕尚之谋，孙吴用兵，商鞅行法是也。是故其智不足与权变，勇不足以决断，仁不能以取予，强不能有所守，虽欲学吾术，终不告之矣。"

这段话的意思就是说，经商之道博大精深，就好比伊尹、吕尚的谋略，孙子、吴起用兵打仗，商鞅治国行法一样。所以如果一个人智慧不能够权变，勇气不足以决断，仁爱不足以明白取舍，坚强不足以坚持，那么虽然这人想学我白圭做生意的方法，我也不会告诉他。

白圭后来被中国人誉为"商祖"，就是商人之祖，而他提出的智、勇、仁、强四种品质，也被证明在获取商业成功方面有不可忽视的作用。那么，对于投资者来说，智、勇、仁、强四种品质，又分别有什么作用呢？

先来说"智"，可以说，投资是最需要智的工作。这个智有很多层面，比如最基本的，投资者需要了解市场的基础情况，懂得各种金融工具的具体条款和数据，等等。可惜，即使这一点，我们许多投资者都没有做到，他们既不怎么了解企业的基本生产经营情况，也不太懂金融衍生品的条款设计，就盲目下注，几乎可以说是以赌博代替投资，最后亏损无数。

在了解金融市场的技术细节以后，投资者还需要懂这个社会的构成，明白商业的规律，懂得历史发展和现代社会的关系，洞悉政治和社会、经济之间的关系，理解市场的心理构成，能够区分海外市场和内地市场的不同，等等。可以说，没有"智"，投资者在这个市场中就如同旱地行船、水中开车，寸步难行。

在完全理解社会、经济和市场之后，投资者就开始需要第二个性格，“勇”。要知道，人的决策不可能百算百中（这种情况只出现在小说《三国演义》描写诸葛亮的时候），而一旦判断失误，在财务、事业、名声上往往会受到损失。这时候，如果坚信判断正确，那么执行这个判断就需要莫大的勇气。

不光投资中的思考和决策所承受的压力不同，在很多事情来说都是如此。对于走钢丝的杂技演员来说，钢丝绳下是保护网还是百米深渊，心理压力是极不一样的。对于电视主持人、嘉宾来说，节目是直播还是录播，心理压力也是不一样的：直播完全没有犯错的机会。对于射击运动员和狙击手来说，心理压力也是不一样的：运动员打偏靶不过成绩下降，狙击手一旦失误则有性命之忧。

我在中国国际电视台（CGTN）参加节目录制的时候，就曾经学到一件有趣的事情。如果在一次直播中只有一个主播和一个嘉宾，那么嘉宾的表现往往会差一些（他们毕竟不是主播那样的专业播音员）。但是，如果有两个主播一起和嘉宾讨论，嘉宾的状态往往就会好很多。究其原因，就是当主播问嘉宾问题时，如果只有嘉宾一个人，那么答不上来就是答不上来，在直播的电光火石之中，没有犯错的机会，嘉宾的心理压力就会很大。反之，如果边上还有一个主播，那么即使答不上来，也不至于节目冷场，嘉宾的心理压力就会减小，表现也就会更好。

在有了“勇”之后，投资者就需要坚持自己的判断，这时候就要用到“强”，也就是白圭所说的“强能有所守”。

要知道，市场波涛汹涌、有逆有顺。许多著名的投资者，比如美国的沃伦·巴菲特、乔治·索罗斯、霍华德·马克斯，中国的陈光明等，都曾经历过非常艰难的时期。在这些时候，虽然他们的判断最终被市场证明是对的，但是由于当时的市场情况有暂时的偏离（有时长达数年之久），他们往往承受着巨大的压力。在面对压力的时候，如果性格中没有“强”这一项，往往很难坚持下去。

最后，再来看看“仁”。如果说白圭说的前三点“智足与权变，勇足以决断，强能有所守”还比较容易理解，那么“仁能以取予”又有什么作用呢？

其实，这里的“仁能以取予”，指的是一种取舍的态度。因为有仁爱之心，所以凡事能不做尽，力气能不使尽，利益能不占尽，精力能不耗尽，永远保持一颗有取、有舍之心，在合规、盈利、风险、用人等各个方面，永远保持足够的安全边际、照顾方方面面的诉求，这样才能让投资者在市场中长久存活下去。

我们经常看到，有些智商够高的投资者，因为承担了过度的风险而最终一败涂地，或者因为踩到法律的红线而前功尽弃，又或者因为过度劳累而把身体用垮，这些都是不会取舍的表现，也就是白圭所说的不够“仁”。历来常享盛名的投资者，没有不把各种安全边际放在首位的，宁可慢一点、利益少一点，也要足够安全。因为只有足够安全，才能够长盛不衰。

智、勇、仁、强，这四种性格，由两千多年前的商祖白圭指出，被《史记》记载下来，指导了中国一代代的商人。希望这中华古老文化中的商业智慧，也能指导我们的投资者们在今天金融业对外开放的大时代中一路前行。

为何不同投资者描述的回报率差异那么大？

如果你问大家，对一家公司每年的净资产回报率、股价增长率、基金的每年净值增长率期望是多少，曾经获得的投资回报率怎样，你会发现，不同的人群给出的答案迥然不同。

对于理性的二级市场投资者来说，他们大多会认为15%就是个不错的数字，25%～30%简直就是顶尖的水平。但是，对于中小型企业的经营者以及IT行业的投资者来说（尤其是后者），他们往往会给出更高的答案。

中小型企业的经营者往往会认为，一个项目如果没有50%每年的投入资本回报，就不是一个好项目。而说起自己在历史上曾经经营过的成功项目，每年100%的回报也是比较常见的（比如开一家餐厅投入100万元，第一年就赚了八九十万元之类）。但是，如果我们实际考察这些经营者在长期的收益，能做到每年以50%速度递增的其实很少。也就是说，他们实际上没有赚到他们所预期或者成功投资的项目那么高的回报。

这种中小型企业经营者和二级市场证券投资者之间的预期差异，主要来自两者所在领域中损失率和回报率的不同。

对于二级市场投资者来说，如果同时持有20个产品，那么其中某一个亏损到50%的概率是不大的，完全亏光的概率，除非水平特别差、运气特别不好，否则也是几乎不存在的。他们投资标的的回报确定性，相对来说高得多。所以对于这些投资者来说，他们不太需要用高盈利项目所赚的钱去弥补其他项目的巨大亏损。因此，他们也就不会对盈利项目的回报率有过多的要求。

对于中小型企业的经营者来说，经常会遇到投资的企业关张倒闭甚至血本无归的情况。这种风险来自许多方面，有行业的周期风险、商业的经营风险、人事风险、法律风险、政策风险，等等。而且，对于越小的企业来说，这种巨额亏损产生的概率就越大。因此，他们在谈论盈利的项目需要赚多少钱的时候，也就需要一个更高的百分比。

同样，二级市场的企业往往比较稳定，盈利的企业也不会赚到太多。而中小企业的不稳定性，在导致了更高损失率的同时，也给其中赚钱的项目带来了更高的盈利百分比。不过，这种盈利的项目总是只占整体投资的一小部分。

同样的道理，对 IT 行业的投资者来说，投资的项目血本无归的概率比中小型企业还要大很多。因此，他们也往往会要求高额回报。

对于中小型企业来讲，投入的资本中很大一部分会以机器、材料、租约等形式体现，经营不善之后多少还有一些剩余资产价值，或者变卖给同行，也能赚回一些，100% 亏损概率不大。

但是，IT 行业的投资中，投入的资本往往花在人力成本、推广费用等方面，一旦项目失败，回收的百分比几乎为 0。此外，由于 IT 行业有明显的“赢家通吃”特征，因此这个行业的投资项目亏损率也就特别高。这就要求在IT行业中，盈利项目的利润预期必须以数十倍乃至数百倍计，才能弥补大量项目带来的亏损。

同时，IT行业中“赢家通吃”的现象也导致其中的赢家能够赚到一般投资者想象不到的钱，获利百倍甚至千倍者都有。因此，IT行业的投资者也就敢于追求这种极高的投资回报率，尽管这种高回报率是建立在低概率之上的。

所以说，亏损率的不同、盈利倍数的差异，造成了二级市场投资者、中小型企业投资者和IT行业投资者，对于盈利的投资所期盼的投资回报的差异。而这种差异，同时也造成了外界对这三个不同领域回报率高低的错误认识。

一般来说，投资者更倾向于宣传自己成功的投资项目，而会相应回避失败的投资项目或者整体的投资回报。原因是多方面的：宣传单个投资项目比谈论整体投资回报更有趣，更吸引人，更容易描述细节；宣传成功的项目可以吸引更多的资本、更多的项目，还可以获取更大的名声和广告效果；人性本身就更爱谈论自己的成功而不是失败，等等。

而这种宣传，不免使得不详加思考的听众对不同领域的真实整体投资回报产生不正确的认知。其实，如果我们仔细考察这三个领域中整体投资回报率的差别，就会发现它们在长期也没有那么大差距。毕竟，在市场经济中，真实整体回报率更高的地方往往会很快吸引更多的资金，增加投资的供给，从而降低资本回报率。

主曰无战，必战可也

“战道必胜，主曰无战，必战可也。”这句话出自《孙子兵法·地形》，意思是说，如果对一场战斗有必然的把握，那么即使国家的君主说不可以打，好的将领也应该选择主动作战。“故进不求名，退不避罪，唯人是保，而利合于主，国之宝也。”这样不求名誉、不怕讥毁、一心为了国家利益的人，是一个国家真正的珍宝。

在中国五千年历史中，我们一再看到，前线带兵打仗的将领们为了保护自己的名誉，不敢违抗上级的命令去自主选择战与不战，最后导致良机丧失，甚至国破家亡。其中最有名的莫过于长平之战，赵王嫌廉颇坚守不出，换赵括带兵，结果不该打而打，最终秦军“前后斩首虏四十五万人，赵人大震。”

千百年过去，人心仍然没有改变。现在，对这一类现象的学术总称，叫作“代理人问题”（Agency Problem），指的就是受委托人为了自身的利益，做出一些与委托人最终利益不相符合的事情。当然，代理人问题有很多，不敢违抗上级命令，因而做出遵守指令的错误行动，只是其中一种。

投资大师霍华德·马克斯在2015年的一次访谈中提到，他认为沃伦·巴菲特之所以能那么成功，很重要的一点就是：他没有老板，所以不怕被炒鱿鱼。

因此，巴菲特可以在市场错误的时候做出特立独行的决定，并且一直坚持下去。老先生曾经在1995年就看空科技股泡沫，在

2014年就看空虚拟货币的翘楚比特币。众所周知，这两种资产在之后的几年里都大涨特涨。而在2008年美国股市大跌、估值骤降时，他也能写下那篇著名的短文《我正在购买美国》。

可惜，霍华德说，有巴菲特这个优势的人太少了。即使是霍华德自己，虽然他没有老板（他自己就是公司老板），但是他仍然管理着客户的钱，而客户的眼光是有限的（否则还要霍华德管钱干吗）。也就是说，在市场逆风的时候，客户会给投资管理者巨大的压力，而扛不住这种压力的投资管理者，就会做出错误的决定，即使他知道这是错误的。

由此引出一个经典的问题，为什么大部分机构投资者喜欢抱团取暖？为什么能够独树一帜、取得超额收益的机构投资者如此之少？其中很重要的一个因素，就是“主曰必战，不敢不战”。

在市场癫狂的时候，比如2015年的第二季度，如果一个机构投资者觉得市场风险太大，因而降低仓位，那么在4月、5月和6月上旬，他的业绩都会大幅跑输同行。在这时候，他的AUM（资产管理规模，asset under management）会下降多少？基于资产管理规模的管理费会少多少？而放弃这么一个大牛市带来的迅速扩张资产管理规模的机会，他又会受到多大的来自于股东、管理层、销售部门、同行排名的压力？这时候，我们又能指望有多少投资者能够扛住巨大的压力，从而做出完全独立的、正确的判断？

反之，市场特别惨淡的时候，也是一样的道理。在2016年年初香港股市最低点的时候，香港市场上大批海外机构减持内地公司的股票，其中不乏西方最著名的投资银行、商业银行，而当时新加坡淡马锡投资屡屡增持的新闻，也就显得格外醒目。后来，港股市场大涨，2016 年年初被证明是一个极好的买入时点，淡马锡也再次被证明不负盛名。

那么，为什么淡马锡能够如此特立独行？其中一个原因就是其独立、不受干扰的决策机制。

在 2016 年港股最低点的时候，我曾经问几个新加坡朋友，怎么看待淡马锡屡屡增持港股的举动？他们大多感到不解："这么差的市场怎么能买，跌得好惨的，你看欧美大行好多都在卖啊，输了钱我们新加坡还要变穷。"可想而知，如果淡马锡的投资决策不能做到不受市场舆论、大众情绪的干扰，而一味要做到"每时每刻都让所有人满意"，那么它恐怕就不可能取得如此优秀的长期投资业绩。

当投资不顺利的时候，投资者是否曾经审视自己的四周，是不是受到了太多来自市场以外的干扰？当购买的基金业绩表现不佳时，投资者是否曾经反思，是否给了资产管理者太大的压力？要知道，这个世界上，有时候聪明人之间的智商差别并没有多大，而优秀的、能让最聪明的人发挥最大潜能的制度，才是长期制胜的关键。

度不中不发：李广射箭与投资之道

中国历史上的名将，绝大多数是靠兵法、智谋、领导力，而不是靠个人武力成名。原因很简单，中国地大人多，古代战争动不动就是几万、几十万人的大阵仗，匹夫之勇难以奏效。但这之中，却有一个例外：养由基。

养由基是春秋时代楚国名将，极善射箭，相传一箭可以射穿七层铠甲，百步之外射柳叶百发百中。因此当时人称“养一箭”，即上阵杀敌不用第二箭。由于养由基每战都能轻松射杀对方将领，因此无需兵法，战则必胜，威震诸侯。

但是，有一次养由基在公开炫耀箭术时，却有一个人说，我可以教将军你射箭。养由基很奇怪，谁还能教我射箭呢？那人说，将军现在名震天下，杀人不用第二箭，号称“养一箭”，诸侯军队见到你都害怕，你也就因此事半功倍。可是你毕竟不能保证万无一失，你现在到处表演射箭，万一哪天不小心一箭射偏，你的名声就会大受影响，天下诸侯就不会再那么畏惧你，你将来做事也就不会有这么容易。养由基听罢大悟，从此不再轻易拉弓炫耀。

射箭如此，投资的机会也是如此。在绝大多数时候，面对绝大多数的市场机会，都不值得投资者轻易射出自己的“箭”。这箭一旦射偏，养由基损失的是震动天下的名声，投资者损失的是金钱和可能赚得更多的机会。

从原理上讲，资本市场的长期价格几乎完全由基本面驱动。但是，它的短期价格则由各种偏见、谬误、悖论、情绪驱动。这些非理性因素就像大气中的气流，在绝大多数时候只带来微风，顶多是大风，但是极偶尔，它们会变成毁灭性的风暴。当这种风暴导致价格上涨时，我们就会看到史无前例的泡沫（比如现在的虚拟货币）。反之，我们则会得到稀有、珍贵的投资机会。

面对这种风暴带来的投资机会，如果投资者轻射轻发，就会在等到最优投资机会之前过早用光自己的仓位。股神沃伦·巴菲特就经常说，如果限定投资者们一生中只许做20次投资决策，他们往往会得到更好的回报。可惜，对于绝大多数投资者来说，耐心和淡定，往往是最缺乏的东西。

在2000年，A股市场的投资者醉心于买卖估值已经很高的股票，当时的上证综合指数PE估值已经超过60倍。在接下来的几年里，投资者买买卖卖，但他们完全没有意识到，最优投资机会直到5年以后的2005年才到来。

在2005年，股票的价值已经变得十分有利于投资者，不光许多上市公司的PE估值只有十几倍甚至十倍，而且股权分置改革带来的送股，更使这些公司的估值又下降了几十个百分点。但是，经历了多年熊市的投资者，这些过早、过于频繁射出自己手中箭的投资者，绝大多数已经没有精力和斗志再去抓住2005年的巨大投资机会了。

在日常生活中，我们常常见到各种点评市场的观点，它们每天都会出现在电视、报纸、广播、新媒体上，似乎投资就应该是这个样子，每天一小会、每周一大会，根据最近的新闻，稳稳当当、雷打不动地做出投资分析，据此频繁地制定决策。实际上，真正优秀的投资者，应当是那种静则数年无声、动则势如雷霆的风格，正所谓三年不鸣、一鸣惊人，三年不飞、一飞冲天。

这就好比在现代射箭比赛中，射手们对着固定的、不会还手的、人畜无害的箭靶，慢慢地一箭一箭射出去，射中红心，引起观众的一片叫好，似乎这就是真正的射箭之道。但是，在真正的史料中，善射者却绝非如此。

据《史记 · 李将军列传》记载，汉代最负盛名的飞将军李广射术惊人。他射箭时，敌人“非在数十步之内，度不中不发，发即应弦而倒”。李广以这种等敌人进入几十步（一步大约相当于今天 0.6 米）之内才射，射则敌人无不应声倒的射法，才打下赫赫威名。这种战阵之上电光火石、生死一线的箭法，又怎么是今天赛场上的射术所能比拟的呢？

“度不中不发”，这才是射箭的至高境界。而看不到真正优秀的机会，就宁可不投资，一旦投资则坚定持有、绝不轻易改变，这也才是当代股神巴菲特的心法至要。

其兴也勃，其亡也忽：从前秦帝国的崩溃看根基不牢者的脆弱

在十六国时期，中国北方曾经出现过一位精明强干的君主，前秦帝国的皇帝苻坚。公元 357 年，苻坚通过政变登基，从此开始励精图治。他任用贤良、修明法制、安抚百姓，养精蓄锐十余年后，苻坚在公元 371 年带领前秦帝国开始征战四方。

短短数年，苻坚灭前燕帝国、破仇池国、取蜀汉、并凉州、吞代国，统一了中国北方和西南方，并且攻取了东晋的南阳、襄阳、彭城三大战略要地，完成了伐晋的战略部署。可以说，苻坚统治下的前秦帝国，其扩张速度之快、国家战略之恢弘，在中华民族五千

年历史上，是不多见的。

于是，在公元 383 年，苻坚发动大军近百万，南下伐晋。苻坚本部到达河南项城时，其凉州出发的军队才到陕西咸阳，四川的军队刚开始顺长江而下，从河北出发的军队才到今天江苏的北部，“东西万里、水陆并进，诚中国战史上罕见之大举也”。

结果，前秦前军在淝水一战大败，百万大军瞬间崩溃，帝国之内随之叛乱四起，之前被征服的鲜卑、羌等部族纷纷叛乱。几十年心血创建的帝国一夜崩塌，苻坚拼尽全力平叛未果，两年以后战败被俘，为羌人姚苌所杀。中国历史上有名的大帝国前秦，也在九年以后灰飞烟灭。

苻秦之所以从极其强大到灭亡如此迅速，按《中国历代战争史》一书的总结，原因有六：第一，苻坚本族氐族作为一个少数民族，人少势单；第二，苻坚手下人才不够，尤其在他的栋梁之臣王猛去世后，缺乏后继良才；第三，手下大将苻睿不知兵；第四，国内人心不稳、派系林立；第五，苻坚赏罚失措、御下无方；第六，苻坚屡胜而骄，战略失误。

其实，除了最后一条以外，前五条可以总结为一句话：根基不牢。苻坚统治下的前秦帝国，虽然貌似强大，西起今天的新疆，东至辽东，西南达到四川，但是治下大都是刚被征服的地区和人民，忠于本朝的人民既少，优良将相又寡。结果，虽然帝国崛起的速度无比之快，但是淝水一战而败，这个根基不牢的大帝国，就迅速陷入崩溃的状态。

前秦帝国烟消云散，徒留下一段历史令人唏嘘。在今天的资本市场上，我们也能看到不少投资者、基金、企业，“其兴也勃，其亡也忽”，衰退的速度几乎和崛起的速度一样让人惊诧。究其原因，无外乎“根基不牢”这四个字。

由于杠杆的存在，在一场债券牛市里，我们看到收益率最高的债券投资者，往往不是水平最好，而是最敢加杠杆、上久期的投资者。但是，这样的高收益率并不稳定（通过选择资质更好、判断市场拐点更准确的债券获取收益，相对来说更加稳定）。根基不牢的结果是熊市一旦来袭，这些债券投资者常常会吃大亏，净值折损的速度有时候比波动大的股票型组合还要厉害。

在货币基金界也流传着一句话：“如果一个货币基金收益率高得非同寻常，那么它多半做了些非同寻常的（坏）事。”也就是说，如果一个货币基金收益率特别高，那么它多半为了获取高收益，买入了一些相对于货币基金的流动性要求来说，风险过大、久期过长的产品。这个逻辑拿到 P2P（互联网金融点对点借贷）、小额现金贷款等领域，也说得通：太高的收益、太快的发展，往往伴随着不怎么牢固的根基。

交易型的期货投资者也是如此，我们偶尔会在媒体上看到久负盛名的期货投资者突然之间蒙受巨大的亏损，就是因为不少交易型的期货投资者依赖自己对市场的感觉、判断以及杠杆的运用，从而取得了辉煌的战绩。但是，感觉有不准的时候、判断有出错的时候，而在这些时候，杠杆就会迅速放大这些错误，从而给不恰当运用它们的投资者带来巨大的损失。

如果我们看那些被市场证明是真正价值投资者的人，他们很少突然陷入总崩溃的地步。即使有时候短暂失利，往往也不会造成致命后果，舔舐伤口之后常常能东山再起。这就是因为这些投资者的投资业绩基于企业和资产价值，而非市场涨跌趋势判断和杠杆，根基更加深厚，所以更能够承受风险的缘故。

不光投资，企业经营也是一样。我们经常看到，一些企业用巨量的广告投入、返现促销、压价揽客等方法，业绩在短时间内爆发式增长。但是，这种增长没有护城河的支持，没有忠实的客户群体、独特的技术、牢固的品牌做后盾，结果繁华过后，往往留下一地鸡毛。

从 1600 多年前的苻坚，到今天的资本市场，无数的故事教育了我们，赚钱不难，稳妥地赚钱才难；出名不难，出好名才难；做事业不难，做百年的事业才难，如此种种。所以说，“其兴也勃，其亡也忽”，唯有根基牢固者，才能度过这世上的风风雨雨，长盛不衰。

后记

算上 2018 年出版的《投资精要》，这是我撰写的第二本投资类书籍。相对于《投资精要》，本书在细节上更加深入，毕竟多见了两年世面，思考也多了一些。不过，本书在原理上的阐述，不如前作全面，原因主要是很多投资的原理在《投资精要》中已经写过了，所以本书不再赘述。

一直以来，对于投资的研究，我都强调实事求是，对就是对、错就是错，心里怎么想就怎么说、文章就怎么写。孔子云“吾无隐乎尔”，这个世界上哪里有不犯错误的研究者？哪里有什么都懂、什么都能看对的人？为了取悦投资者而故意说一些市场爱听的话，为了取悦读者而故意写一些他们想看的内容，为了证明自己的能力而故意隐藏一些过去犯下的错误，这不是正确的做事态度。

所以，在整理书稿时，碰到一些历史上自己做出的错误预测，我没有选择删除它们，而是把这些和后来价格发展不尽相同的判断，连同做出这些判断的时间，原封不动地放在书里。我觉得，只有这样读者才能清晰地认识到，价值投资是如何做预测的，又可能在短期甚至以几年为单位的中期里遇到怎样的问题。

比如，2017 年 8 月，我在《证券市场周刊》上发表了一篇文章，题为《虚拟货币：一个标准的金融泡沫》。但是，虚拟货币在之后却一路大涨，投机回报率在短短几个月内高达几百个百分点。从短期看来，我错得非常离谱。但是，隐瞒这种错误没有任何价值，而坦率地把这错误拎出来，恰恰能给读者一个非常好的、解释价值投资在短期可能受到的挑战的例子：任何一个认为价值投资在下个月乃至明年后年就一定能带来收益的投资者，都应该重新审视他对价值投资的理解。

事实上，对于投资的研究越深入，我发现的问题也越多，发现越多的不确定性，而不是越多的确定性。在我很小的时候，父亲就教过我一个道理：你的知识就像一个圆圈，圆圈里是你懂的东西，圆圈外是你不懂的；你的圆圈越大，圆圈的边长也会越长，你接触到不懂的知识就越多。随着对投资的研究越来越深入，我发现了越来越多不明白或者说不确定的事情。

曾几何时，我以为价值投资就是简单的“买得又好又便宜”。但是慢慢我发现，“好”的资产不一定就好，“便宜”的资产也不一定就便宜，在好和便宜以上，也仍然有许多方法可以改进价值投资的效果。而对于企业和行业的理解，对于经济体和国家的理解，对技术路径和市场竞争之间的关系的理解，对比较优势和护城河的理解，也一直在刷新我的认知。这也就是为什么《投资的奥妙》一书比《投资精要》在细节上更加深入。

13 年前，我在牛津大学的历史课程上到了最后几堂课时，Avner Offer 教授问全班学生：“你们在这儿学了一年，觉得学到的知识里哪些最让你们难忘？”有个美国学生困惑地说：“我觉得我没学到什么知识，我只学到了更多的问题。”Avner 教授非常开心，因为更多的问题而不是有限的知识，才是他真正想让我们学会的东西。在投资研究的工作中，事情也是一样：如果你觉得自己学会了很多的知识，但同时又有了更多的问题，那么恭喜你，你正走在正确的路上。

我亲爱的读者，希望这本书在给你带来更大的圆圈时，也能够带给你更多的思考与问题。

图书在版编目（CIP）数据

投资的奥妙 / 陈嘉禾著 . —北京：中国人民大学出版社，2019.8

ISBN 978-7-300-27243-6

Ⅰ . ①投…　Ⅱ . ①陈…　Ⅲ . ①证券投资—基本知识　Ⅳ . ① F830.91

中国版本图书馆 CIP 数据核字（2019）第 160385 号

投资的奥妙

陈嘉禾　著

Touzi de Aomiao

出版发行	中国人民大学出版社			
社　　址	北京中关村大街 31 号	**邮政编码**	100080	
电　　话	010-62511242（总编室）		010-62511770（质管部）	
	010-82501766（自营网店）		010-62514148（明德书店）	
	010-62511173（销售部）		010-62515275（盗版举报）	
网　　址	http://www.crup.com.cn			
经　　销	新华书店			
印　　刷	德富泰（唐山）印务有限公司			
开　　本	890mm × 1240mm　1/32	**版　　次**	2019 年 8 月第 1 版	
印　　张	11.875 插页 2	**印　　次**	2025 年 11 月第 5 次印刷	
字　　数	250 000	**定　　价**	68.00 元	